人工智能技术丛书

Python

量化交易实战

李天胜◎编著

中国水利水电出版社

www.waterpub.com.cn

·北京·

内 容 提 要

《Python 量化交易实战》基于 Python 3.7 版本，围绕 Python 即时量化系统的开发实践展开，重点展示了不同的开发过程及多种场景下的应用。

全书共分为 3 篇：第 1 篇是量化交易基础篇，主要讲解了 Python 量化交易技术、Python 量化交易环境的搭建和米筐量化回测技术；第 2 篇是爬虫基础与实践篇，主要讲解了爬虫技术的基础应用、爬取股票个股资金流及板块资金流、基于动态网页爬取股票人气排名、使用多线程爬取股票人气排名、使用 Appium 爬取游资与机构股票、抓包并获取 API；第 3 篇是个人实践篇，主要讲解了爬取资源整合及可视化实战、策略主体框架研发实战、即时指标编写实战、布林带开口策略及低分型策略实战。

本书内容精练，案例丰富，实践性极强，便于快速学习和上手实践，适合具有一定 Python 基础且对量化交易感兴趣的人员使用，也适合数据科学、数据挖掘、机器学习等领域的工程师以及其他对 Python 量化领域感兴趣的各类投资者学习。

图书在版编目（ＣＩＰ）数据

Python量化交易实战 / 李天胜编著. -- 北京 ：中国水利水电出版社，2022.8
（人工智能技术丛书）
ISBN 978-7-5226-0282-0

Ⅰ. ①P… Ⅱ. ①李… Ⅲ. ①股票交易—应用软件
Ⅳ. ①F830.91

中国版本图书馆 CIP 数据核字 (2021) 第 251229 号

丛 书 名	人工智能技术丛书
书 名	Python 量化交易实战 Python LIANGHUA JIAOYI SHIZHAN
作 者	李天胜 编著
出版发行	中国水利水电出版社 （北京市海淀区玉渊潭南路 1 号 D 座　100038） 网址：www.waterpub.com.cn E-mail：zhiboshangshu@163.com 电话：（010）62572966-2205/2266/2201（营销中心）
经 售	北京科水图书销售有限公司 电话：（010）68545874、63202643 全国各地新华书店和相关出版物销售网点
排 版	北京智博尚书文化传媒有限公司
印 刷	河北鲁汇荣彩印刷有限公司
规 格	190 mm× 235 mm　16 开本　15.25 印张　364 千字
版 次	2022 年 8 月第 1 版　2022 年 8 月第 1 次印刷
印 数	0001—3000 册
定 价	69.80 元

凡购买我社图书，如有缺页、倒页、脱页的，本社营销中心负责调换

前　言

本书的特色和价值

- 简单易学：本书使用 Python 3.7 版本进行编写，代码简单，易于读者学习。
- 实践为主：本书不空讲 Python 理论知识，而是以实际的案例清晰、简明地介绍了如何用 Python 实现即时量化交易选股系统的开发落地。
- 内容全面：覆盖量化回测步骤及即时选股系统搭建。
- 配备数据和源代码：提供所有案例的数据文件和 Python 源代码，供读者操作练习、快速上手。
- 学习路线图清晰：每章均是基于"需求分析→步骤分解→Python 编程开发"的学习路线，并根据项目的一般工作流程逐步展开，分析逻辑清晰，层层递进，由浅入深。

Python量化的优劣

随着计算机技术的飞速发展，未来程序量化操作必然是主流趋势。及时、高效、客观、自动化，充分展现了量化的优点。

然而，量化技术的泛滥与雷同，致使大部分人选择的是调参，其结果会导致过拟合，表面上看是局部最优解，其内涵却是错误的。毕竟市场在变化，策略也需要不断进化，代码需要不断地维护与更新，互联网时代的数据分析师和量化交易者需要不断地在数据研究的方法上进行创新和突破。

如何使用本书

结合个人量化经历，笔者推荐读者按以下内容进行学习：

（1）使用成熟的策略模型。

（2）掌握 Python 基础及 Pandas 库。

（3）掌握回测平台开发（笔者使用的是米筐量化回测平台）。

（4）编写即时量化框架。

（5）实盘观察量化模型收益情况并迭代模型策略。

（6）实盘操作。

因为市面上已经存在大量讲解 Python 入门基础的书，故本书略过基础的语法和数据结构，直接从米筐量化回测平台开始讲解。如果你之前从未使用过 Python，那么建议先阅读一两本基础书，学习 Python 的一些基本语法、特性和内置数据结构（如列表、元组、字典等）。本书中涉及的 Pandas 等库都是直接使用，不作过多讲解；不懂的读者可以自学小知识点，它们也相对简单。

与 Python 量化投资相关的内容非常多，限于篇幅，不逐一介绍，笔者主要介绍了一些个人不断迭代的研究案例，如爬取手机 App、破解 API 接口、爬取市场热点 TOP100 股票等。

如果读者对某个模块特别感兴趣，想要深入研究，或者发现书中所讲有误，可以直接联系笔者，微信号为 ltsjim，邮箱为 ltsjim@163.com，或者关注并私信哔哩哔哩 up 主：Python 量化交易讨论。

本书资源下载

本书提供实例的源码文件和课后习题答案，读者使用手机微信扫一扫下面的二维码，或者在微信公众号中搜索"人人都是程序猿"，关注后输入 PY0282 至公众号后台，即可获取本书的资源下载链接。将该链接复制到计算机浏览器的地址栏中，根据提示进行下载（一定要复制到计算机浏览器的地址栏中进行下载）。读者可加入本书的读者交流圈，与编者和其他读者进行在线交流与学习，或查看本书的相关资讯。

人人都是程序猿　　　　　　读者交流圈

特别说明：本书中所涉及的网址，仅是为了讲解本书所涉及的相关技术而引用，为了方便读者学习，已将部分网址收集在 Word 文档中，读者可视个人情况，根据前言中的本书资源下载方式下载学习，也可下载本书的源码文件进行操作练习。

读者对象

- Python 量化交易投资者
- 数据科学家
- 数据挖掘工程师
- 机器学习工程师

● 其他对 Python 量化领域感兴趣的读者

致谢

最后感谢哔哩哔哩网站的两位 up 主在笔者努力研究期间给予的技术交流与支持。

感谢罗雨露女士及诸多编辑对本书提出的建议及帮助。

感谢一直喜欢宽客量化技术的粉丝对本书给予的大力支持。

希望读者能在阅读本书后不断进步，不仅能够畅享编程乐趣、享受交易过程，还能够打造属于自己的个人交易系统，跑赢通胀，实现财富增值的梦想。

编　者

2022 年 6 月

目　录

第 3 篇　个人实践

CHAPTER 1

第 1 篇

量化交易基础

第1章

Python 量化交易技术

量化技术在国外已经实行了很长时间，并因其及时、高效、客观、自动化，取得了较好的成绩。量化投资在国内还是比较新兴的投资流派。投资策略包括技术流派的 macd 双均线策略、海龟交易策略、网络交易策略等；偏价值投资的股票基本面分析；偏学术流派的多因子策略、二八轮动策略、时间序列分析等。还有近几年很火热的机器学习策略和神经网络。

量化的核心有两个：

（1）筛选模型（即选股策略）。

（2）将模型变成计算机语言（即将策略变成计算机语言）。

虽然每个人对于投资策略的筛选都有自己的想法和套路，而且细节、方法各不相同，但是将投资策略变成计算机语言的工具比较固定。当我们准备进行实际研究和交易时，必须使用相应的工具来实现研究、回测、交易等功能。相对于投资策略而言，这部分工作更清晰，也更容易标准化，所以出现了大量的第三方平台，如期货界的文华财经、TradeBlazer 和股票界的优矿 uqer.io、聚宽量化 joinquant.com、米筐量化 ricequant.com 等。

1.1 量化交易简介

量化投资诞生于 20 世纪 60 年代，经过不断的发展，已经进入蓬勃发展的时期。随着近代金融业的飞速发展，量化投资也在高速发展。使用量化投资技术的从业人员也越来越多。

1.1.1 全球量化交易的发展

（1）量化投资的产生（20 世纪 60 年代）。1969 年，爱德华·索普利用他发明的"科学股票市场系统"，成立了第一个量化投资基金。索普也被称为"量化投资的鼻祖"。

（2）量化投资的兴起（20 世纪 70—80 年代）。1988 年，詹姆斯·西蒙斯成立了大奖章基金，从事高频交易和多策略交易。基金成立 20 多年来收益率达到了年化 70% 左右，除去报酬后达到 40% 以上。西蒙斯也因此被称为"量化对冲之王"。

（3）量化交易的繁荣（20 世纪 90 年代）。1991 年，彼得·穆勒发明了 alpha 系统策略等，开始用计算机+金融数据来设计模型、构建组合。

1.1.2 国内量化交易的发展

2012 年至 2016 年，量化对冲策略管理的资金规模增长了 20 倍，采用管理期货策略的更是增长了 30 倍，增长速度是所有策略中最快的。相比美国量化基金的发展历程，我国现在基本处于美国 20 世纪 90 年代至 21 世纪之间的阶段。

（1）量化投资元年。2010 年，沪深 300 股指期货上市，此时的量化基金终于具备了可行的对冲工具，各种量化投资策略如 alpha 策略、股指期货套利策略才真正有了大展拳脚的空间，可以说 2010 年是中国量化投资元年。

（2）量化投资高速发展、多元化发展。2013 年至 2015 年，股指新政之前可以说是国内量化基金有史以来最风光的一段时期。国内量化投资机构成批涌现，国内量化投资高速发展。

在目前不断变化、蓬勃发展的中国资本市场中，量化投资作为新兴的投资方法引来越来越多的关注，使用量化投资技术的证券从业人员也越来越多。

1.1.3 量化投资的基本概念

广义上认为，凡是借助于数学模型或物理模型，并用计算机实现的投资方法都可以称为量化投资。

目前，国内比较常见的量化投资方法包括股票多因子策略（alpha）、期货 CTA 策略。至于套利策略和高频交易策略等，笔者认为其理论可行，但实际操作作用不大。理由是：第一，国内做空机制不完善，套利策略较难应用；第二，"刮头皮"策略对网速带宽、编程逻辑、策略完备性有严格的要求。

量化投资在 2010 年之后开始出现井喷现象，原因就是沪深 300 指数期货的出现。中长线 CTA 策略与股票 alpha 策略都取得了非常好的业绩。2010 年至 2014 年是量化投资的红利期，各类量化投资策略都赚取了足够多的利润。利润是最好的广告，很多人开始关注量化投资，量化投资基金的规模因此开始快速增长。

当然量化也不是万能的。股指被限、行情切换、轮动效应、基金赎回、策略失效、业绩下滑等让很多人开始反思，量化并不是一切，并不能解决所有的问题。量化投资本身也是具有很大局限性的，特别是震荡行情、市场热度低、资金不愿意参与、散户追高被套、机构博反弹被砸盘。

所以我们要从多方面解读量化，不仅专注技术策略，还要从行情基本面、大资金流向、机构持有度、业绩提升、行业利好等多维度筛选和分析。行情在变化，我们的策略与方法也要不断地创新与突破。

1.1.4 量化交易的现状

近几年，人工智能（Artificial Intelligence，AI）商业化普及，我们看到在围棋比赛中 alpha 狗完胜人类，DotaII 游戏竞技比赛人工智能 3 比 1 完胜人类职业选手。卷积神经网络 CNN 落地带来的面部识别技术、语音识别技术等铺天盖地充斥着我们的生活。

但是量化和棋类游戏与神经网络的主要区别如下：

（1）棋类游戏可以在有限算力情况下，通过优化算法及不断迭代处理，逼近最优解并保证寻找到较优解。在数学中，它是一个"求导"的过程。

（2）神经网络是拟合数据。在实盘中，人为情绪因素、人气涨跌、大资金量的进出都随时左右着股票价格，这是一个"随机事件"与"预测"问题。"预测"可谓极其困难，即使是大数据也较难在快速变化的行情中占到些许便宜。

对于 AI 与量化在金融投资领域的应用，人们普遍存在着过高的期待。大家都想通过"黑盒"操作，简单、便捷地寻找出会增值的股票。而数据界有句经典的台词：垃圾数据进，垃圾数据出。意思就是无论多么好的模型，如果初期数据筛选不充分、不科学，就会造成垃圾数据进入模型，即使通过 AI 的训练，输出的结果同样是垃圾数据。与此同时，模型也很难有大幅度的提升。所以 AI 与量化的进展在现实中是非常缓慢的。

1.2 Python 简介

Python 是由荷兰数学和计算机科学研究学会于 20 世纪 90 年代设计的，主要作为 ABC 语言的替代品被使用。经过发展，Python 不但可以提供高效的高级数据结构，而且能提供简单、有效的面向对象编程。Python 动态类及解释型语言的本质，使它成为大多数平台上开发应用的编程语言之一。

Python 已经逐渐成为广受欢迎的程序设计语言。由于 Python 语言的简洁性、易读性及"胶水语言"的可扩展性，使用 Python 做科学计算的研究机构与企业日益增多，国际一些知名大学已经采用 Python 来教授程序设计课程，国内大学也打算使用 Python 语言作为编程基础语言。众多开源的科学计算软件包都提供了 Python 的调用接口，如知名的计算机视觉库 OpenCV、三维可视化库 VTK、医学图像处理库 ITK。而 Python 专用的科学计算扩展库就更多了，如 NumPy、SciPy 与 Matplotlib，分别为 Python 提供了数组处理、数值运算及绘图功能。

1．Python 语言的特点

（1）简单、易学：Python 是一种简单的语言，容易上手，并且 Python 提供了极其简单的说明文档。

（2）运行速度快：Python 的底层是用 C 语言编写的，很多标准库和第三方库也都是用 C 语言编写的，所以它的运行速度非常快。

（3）免费、开源：Python 是开源码软件之一。使用者可以自由发布这个软件的副本、阅读与改动它的源代码，也可以在 Github 上上传自己的开源代码。

（4）丰富的移植性：由于 Python 的开源本质，它已经被移植到许多主流平台上。这些平台包括 Linux、Windows、FreeBSD、PocketPC、Symbian，以及 Google 公司基于 Linux 开发的 Android 平台。

（5）面向对象：Python 既支持面向过程的编程，也支持面向对象的编程。在面向过程的语言中，程序是由过程或仅仅是由可重用代码的函数构建起来的。在面向对象的语言中，程序是由数据和功能组合而成的对象构建起来的。

（6）丰富的库：Python 标准库确实很庞大。它可以帮助处理各种工作，如正则表达式、文档生成、单元测试、线程、数据库、网页浏览器、Python 图像库等。

2．Python 语言的应用领域

Python 是一种解释型脚本语言，可以应用于以下领域：

（1）Web 和 Internet 开发。

（2）科学计算和统计。

（3）人工智能。

（4）桌面界面开发。

（5）软件开发。

（6）后端开发。

1.3　为什么使用 Python 进行量化交易

Python 是一种功能丰富的语言，它拥有强大的基本类库和数量众多的扩展第三方生态。Python

几乎在各个领域都有对应的开源项目，因此我们不必重新开发。Python 还有很多优秀的量化、数据分析、机器学习（ML）工具，如 NumPy、SciPy、Pandas、Scikit-Learn 和 Matplotlib 等。

我们可以用 Python 构建一条完整的量化投资路线。当然，对于某些环节，有些语言相对于 Python 也有其优势，如 R 的统计库、Matlab 的科学计算、C++构建高速交易系统等。不过这些优势并非十分显著，除了少数业务场景之外，绝大部分工作 Python 都能胜任。

在量化投资领域中，大多数需求都可以用 Python 完成，这样可以为团队节省大量的时间。短期开发需求的改变也令 Python 量化开发有着较好的适应能力。

使用 Python 进行量化交易有以下优势：

（1）Python 语言具有很强的普适性，能完成许多工作。例如，系统运维、图形处理、数学处理、文本处理、数据库编程、网络编程、多媒体应用、黑客编程、爬虫编写、机器学习、人工智能、游戏开发等，只要是能想到的常见领域，几乎都可以使用 Python 语言来完成相应工作。应对这些领域工作，像 Matlab、R 和 SAS 这种专业数据分析软件是不可能做到的。量化投资并不仅仅是数据分析，还会涉及数据收集系统（如网络爬虫）、交易系统等，甚至有的数据可能还需要用到人工智能算法（例如，文本的自然语言解析），而人工智能算法又正好是 Python 的强项。除了极个别的领域需要用到其他语言，量化投资生产线中的绝大部分工作都完全可以用 Python 来完成，因此选择 Python 可以极大地节省人力和开发成本。

（2）丰富的开源项目。在 Github 上搜索投资或量化相关的主题，可以看到 Python 的项目数量全方位领先于其他语言。

（3）Python 拥有一个强大的标准库。Python 提供了大量现成的工具可以直接使用，如针对获取数据、因子分析、回测系统、交易平台等都有现成的工具。即使不直接使用现成的工具，想要自行开发，Python 也有大量的源代码可以参考使用，同时能帮助减少工作量和降低出错的可能性。使用 Python 搭建整个体系，可以以最小的成本、最快的速度完成开发。

随着投资行业的发展，单打独斗、小作坊式的运作方式会被逐渐淘汰，标准化的量化投资生产线将会越来越多。如何快速且准确地构建标准化、流程化的量化投资生产线，将会是摆在从业人员面前的一个重要问题。Python 由于其具备优秀的特性，极其可能成为量化投资生产线的基础语言。

1.4　小结

综上所述，Python 语言是数据挖掘、数据分析与金融量化的基础必备语言之一。因其简单通俗的语法与结构，强大的第三方库支持与敏捷开发、不断快速试错迭代的能力，可以让数据量化的研发工作快速迭代，形成适合个人投资者、团队投资者、机构投资者、金融市场的完整量化交易体系。

随着金融量化的不断发展，越来越多的个人、团体与机构公司对量化进行不断深入研究与了解。从最开始的简单回归模型到主成分分析模型，再到排名与板块热门分析等，已经深入到人工智能算法，大大节约了人力与开发成本。相信不久的将来，Python 量化金融强化学习等的出现，能够带给投资者更多的收益。

1.5　习题

通过下面的习题来检验本章的学习。

（1）了解 Python 语言进行量化分析的优势。

（2）了解市场主流数据分析软件。

（3）通过研究对比，分析 Python 是否为学习人工智能的基础语言。

第 **2** 章

Python 量化交易环境的搭建

在开启 Python 量化交易之旅前，要先学会安装 Python，并熟悉 Python 常用于数据处理的第三方库，如 NumPy、SciPy、Pandas 和 Matplotlib。下面介绍如何搭建 Python 量化运行平台。

2.1 搭建开发环境

Python 作为开发量化交易系统的必知必会工具之一，重要性是毋庸置疑的。

我们要考虑以下几个问题：

（1）选择什么样的操作系统？

（2）使用哪一个 Python 版本？

（3）安装哪些 Python 库？

2.1.1 选择操作系统

目前主流的操作系统有三种：Windows、Linux、Mac OS X。基于这三种操作系统，用户都可以搭建完整的开发平台。作为一门主流的开发语言，Python 支持 Windows、Linux 和 Mac OS X。

读者可以根据自身需求和偏好进行操作系统选择。但笔者推荐使用 Windows 操作系统，因为其可视化界面对新手较为友好，新手不用记住复杂的 Linux 命令，并且市面上与其后期环境变量配置相关的教程较多。当然，如果你是一位对任何平台都会熟练使用的计算机高手，或者是一名专业程序员，则可以任意选择。

2.1.2 下载和安装 Python 3.7

截至笔者撰稿时，主流的 Python 版本是 2.7 和 3.7。可以预见的是，Python 3.7 是主流的方向，所以本书主要以 Python 3.7 为例进行下载和安装演示。

直接使用 Python 官方安装包。用户可以从官网选择、下载 Python 3.7 安装包，如图 2.1 所示。

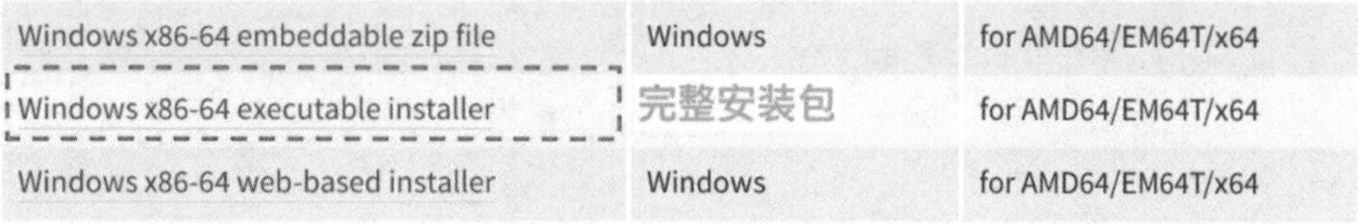

Windows x86-64 embeddable zip file	Windows	for AMD64/EM64T/x64
Windows x86-64 executable installer	完整安装包	for AMD64/EM64T/x64
Windows x86-64 web-based installer	Windows	for AMD64/EM64T/x64

图 2.1　安装包

下载完成后，直接双击安装文件，打开安装向导界面，如图 2.2 所示。

安装完成后，测试一下是否安装成功。按组合键 Win+R，输入 cmd，并按 Enter 键。进入命令行窗口。输入 Python 命令后，进入交互式的 Python 控制台，显示版本号为 3.7.0，证明已经安装成功，并且可用，如图 2.3 所示。

下面再验证一下 pip 工具是否也已经被安装，如图 2.4 所示。

图 2.4 中显示安装了两个包：pip 和 setuptools。

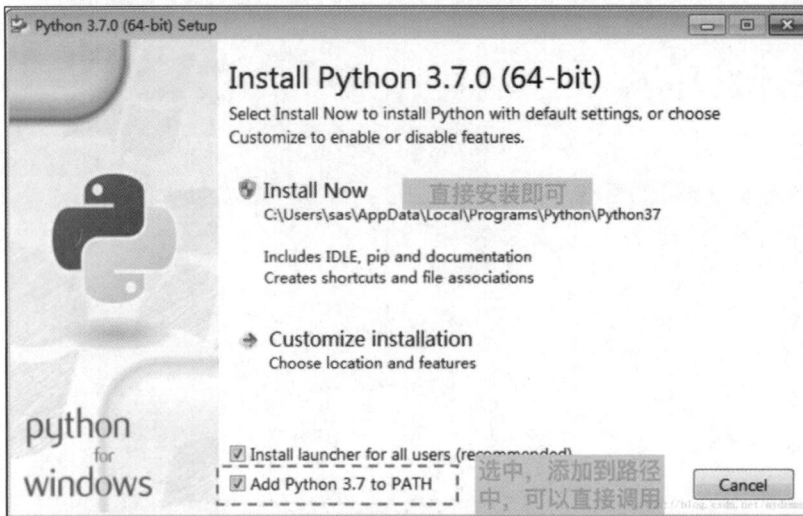

图 2.2　Python 安装向导界面

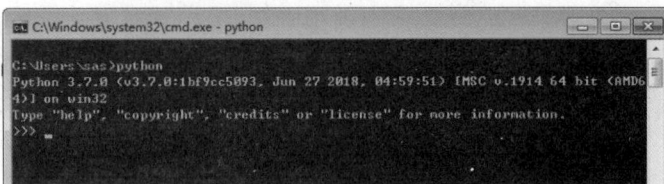

图 2.3　用 cmd 验证 Python 安装成功

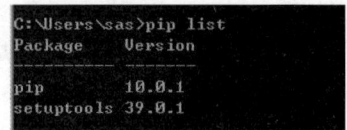

图 2.4　验证 pip 是否被安装

2.1.3　使用 pip 管理工具安装第三方库

pip 是 Python 包的管理工具，下面是其几个最常见的使用场景。

（1）安装 NumPy 库。

在命令行窗口中输入 pip install numpy。

```
# pip install numpy
Collecting numpy
  Downloading
http://mirrors.aliyun.com/pypi/packages/6a/a9/c01a2d5f7b045f508c8cefef3b079fe8c
413d05498ca0ae877cffa230564/numpy-1.14.5-cp27-cp27mu-manylinux1_x86_64.whl (12.1MB)
    100% |████████████████████████████████| 12.1MB 79.0MB/s
Installing collected packages: numpy
Successfully installed numpy-1.14.5
```

如果显示 Successfully installed numpy-1.14.5，即为安装成功。这里 NumPy 的版本号为 1.14.5。

（2）查看：pip list 命令用于查看已经安装软件的信息（包括包名称和版本号）。

```
Package                              Version
```

```
------------------------------------------------ -------------------
-                             p
-ip                           20.0.2
alabaster                     0.7.10
altgraph                      0.16.1
anaconda-client               1.6.5
anaconda-navigator  .         1.6.8
anaconda-project              0.8.0
Appium-Python-Client          1.0.2
APScheduler                   3.6.0
asn1crypto                    0.22.0
...
```

（3）卸载：pip uninstall 命令可以卸载一个软件包。

```
# pip uninstall numpy
Uninstalling numpy-1.14.5:
  Would remove:
    /usr/bin/f2py
    /usr/lib64/python2.7/site-packages/numpy-1.14.5.dist-info/*
    /usr/lib64/python2.7/site-packages/numpy/*
...
```

（4）升级：如果用 pip install 命令安装时指定 upgrade 选项，就可以升级软件包。

```
# pip install --upgrade numpy
Requirement already up-to-date: numpy in /usr/lib64/python3.7/site-packages
# pip install --upgrade pip
Collecting pip
  Downloading
http://mirrors.aliyun.com/pypi/packages/0f/74/ecd13431bcc456ed390b44c8a6e917c1820365c
bebcb6a8974d1cd045ab4/pip-10.0.1-py2.py3-none-any.whl (1.3MB)
    100% |████████████████████████████████| 1.3MB 73.7MB/s
Installing collected packages: pip
  Found existing installation: pip 8.1.2
    Uninstalling pip-8.1.2:
      Successfully uninstalled pip-8.1.2
Successfully installed pip-10.0.1
```

PyPi 是 Python 包的索引网站，如果需要使用某一方面的功能，但不知道应该安装哪个包，用户可以到该网站上搜索。

2.2　常用集成包的安装

Python 环境的搭建方式多种多样，导致初学者在摸索时会出现各种问题。因为对于不同的需求，安装的环境是不太一样的，例如数据分析师和爬虫工程师的编程环境搭建会有一定的差别。网上的很多 Python 教程都是针对爬虫工程师的，这就导致了很多想学习数据分析的朋友按照爬虫的方式去安装编程环境，越使用就越感觉不对劲，怎么操作都不方便。

在安装工具包方面，这里笔者推荐 Anaconda 集成包，原因如下：Anaconda 指的是一个开源的 Python 发行版本，它是一种科学计算环境，如果安装了 Anaconda，就相当于安装好了 Python 和一些常用的库。Anaconda3 囊括了数据分析领域绝大部分的库，如 NumPy、Pandas、Scikit-Learn 等，Anaconda3 也包含了常用的开发环境，如 Spyder、Jupyter Notebook 等。

2.2.1　下载和安装 Anaconda

Anaconda 下载起来非常方便，只需打开 Anaconda 官网下载地址进行下载。这里的版本会随时更新，以读者见到的版本为准，但笔者建议选择安装 3.7 版本。Anaconda 的安装与安装其他程序一样，一般是一直单击"下一步"按钮即可，这里就不赘述了。

2.2.2　管理工具 pip 与 conda 的比较

安装好 Anaconda 后，就可以使用 conda 命令。conda 是一个开源的包、环境管理器，表 2.1 为管理工具 pip 与 conda 的比较。

表 2.1　管理工具 pip 与 conda 的比较

功　能	pip	conda
依赖项检查	不一定会展示所需其他依赖包；安装包时或许会直接忽略依赖项而安装，仅在结果中提示错误	列出所需其他依赖包；安装包时自动安装其依赖项；可以便捷地在包的不同版本之间自由切换
环境管理	维护多个环境难度较大	可以比较方便地在不同环境之间进行切换，环境管理较为简单
对系统自带 Python 的影响	在系统自带 Python 中包的更新、回退版本、卸载将影响其他程序	不会影响系统自带 Python
适用语言	仅适用于 Python	适用于 Python、R、Ruby、Lua、Scala、Java、JavaScript、C/C++、Fortran

另外，提及 conda 与 pip、virtualenv 的关系，可以说 conda 结合了 pip 和 virtualenv 的功能。

2.2.3　Anaconda 安装成功校验及使用 conda 命令安装第三方库

Anaconda 安装成功后，在命令行窗口中输入 conda，会有如下显示：

```
usage: conda [-h] [-V] command ...

conda is a tool for managing and deploying applications, environments and packages.
```

```
Options:
positional arguments:
  command
    info        Display information about current conda install.
    help        Displays a list of available conda commands and their help
                strings.
    list        List linked packages in a conda environment.
...
    clean       Remove unused packages and caches.
    package     Low-level conda package utility. (EXPERIMENTAL)

optional arguments:
  -h, --help    Show this help message and exit.
  -V, --version  Show the conda version number and exit.

other commands, such as "conda build", are available when additional conda
packages (e.g. conda-build) are installed
```

以上显示结果证明 Anaconda 安装成功。

使用 conda 命令安装第三方库,其命令与 pip 命令类似,下面以笔者将要使用的 tushare 库与 funcat 库进行演示。

1. 安装 tushare 库与 funcat 库

```
conda install tushare
conda install funcat
```

2. 查看

使用 conda list 命令查看已经安装的软件,包括列表包名称和版本号。

```
# packages in environment at C:\ProgramData\Anaconda3:
#
_ipyw_jlab_nb_ext_conf  0.1.0   py37he6757f0_0    defaults
alabaster               0.7.10  py37hcd07829_0    defaults
altgraph                0.16.1  <pip>
anaconda      custom    py37_0   https://mirrors.tuna.tsinghua.edu.cn/anaconda/pkgs/free
anaconda-client         1.6.5   py37hd36550c_0    defaults
anaconda-navigator      1.6.8   py37h4b7dd57_0    defaults
anaconda-project        0.8.0   py37h8b3bf89_0    defaults
Appium-Python-Client    1.0.2   <pip>
```

2.2.4　PyCharm 集成开发环境简介

除了安装底层库,还要选择一个合适的集成开发环境(IDE)才能正式进行开发。IDE 的作用可以理解为：如果需要编写 Python 代码，那么 Python 代码在哪里编写？编写之后又怎么展现出来？有问题怎么方便修改？这些都是 IDE 需要干的事情。

市面上比较流行的有 4 种 IDE：Jupyter Notebook、Spyder、PyCharm、VS Code（Visual Studio Code）。其中，Jupyter Notebook 和 Spyder 是 Anaconda 自带的两个开发环境。

（1）Jupyter Notebook 是一个交互式笔记本，其本质是一个 Web 应用程序，便于创建和共享程序文档，支持实时代码、数学方程、可视化和 Markdown。使用 Jupyter Notebook 最大的好处是，代码和中间的运行结果可以与文字和公式混合排在一起，就像文档一样，非常方便分享给其他人。

（2）Spyder 与 Jupyter Notebook 的设计不一样。用过 Matlab 的读者可能比较容易适应 Spyder，这是因为 Spyder 的界面与 Matlab、R-Studio 比较类似，也很适合进行数据分析。

（3）PyCharm 是一款重量级的 Python 开发 IDE，分为免费版和收费版。由于 PyCharm 是 Python 专用的 IDE，因此它的很多功能是专门针对 Python 优化而设计的。笔者是在安装完 Anaconda3 之后安装的 PyCharm。PyCharm 比较适合用于开发大型的项目，如交易平台、后台系统等，一般它在后台程序员中比较流行。

（4）VS Code 是微软公司推出的一款轻量级 IDE。这款 IDE 可以很方便地进行系统级开发，也包含了一些数据分析插件。

2.3　第一个使用 Jupyter Notebook 操作的例子

安装完 Anaconda 之后，用户就可以使用 Jupyter Notebook 进行数据科学的入门。

Jupyter notebook 是一款 Web 应用程序，能让用户将说明文本、数学方程、代码和可视化内容全部组合到一个易于共享的文档中。它允许直接在代码旁写出叙述性文档，而不是另外编写单独的文档。也就是说，它可以将代码、文档等集中到一处，使用户一目了然。它功能强大，支持 40 多种编程语言，可共享，并提供在同一环境中构建可视化应用的服务。

Jupyter Notebook 的主要特点如下：

（1）编程时具有语法高亮、缩进、tab 补全的功能。

（2）可以直接通过浏览器运行代码，同时在代码块下方展示运行结果。

（3）以富媒体格式展示计算结果。富媒体格式包括 HTML、LaTeX、PNG、SVG 等。

（4）为代码编写说明文档或语句时，支持 Markdown 语法。

（5）支持使用 LaTeX 编写数学性说明。

2.3.1　Jupyter 界面简介

用户可以直接在 Anaconda 的菜单中打开 Jupyter Notebook，也可以通过在命令行窗口中输入 jupyter notebook 或 jupyter-notebook 来打开。

Jupyter 显示界面如图 2.5 所示。

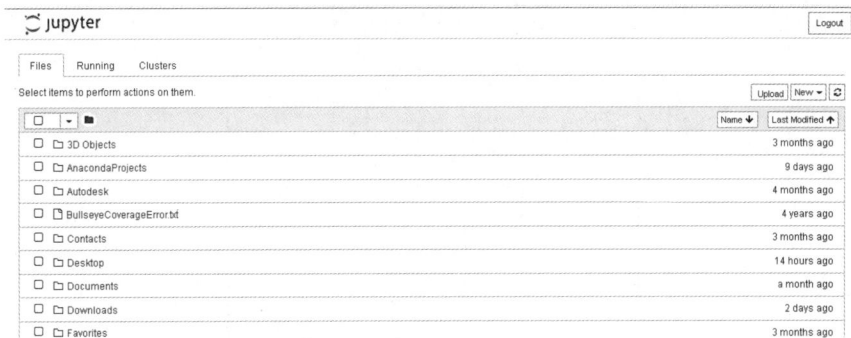

图 2.5　Jupyter 显示界面

　　如果浏览器没有跳转到图 2.5 所示的界面，用户需要在浏览器中输入 http://localhost:8888/tree。有时需要 token，如图 2.6 所示。

图 2.6　需要 token

　　在命令行窗口中找到网址后面的 tokenhttp://localhost:8888/?token=d45b5c04afc 57330f92663a2ecad1e35e7790772f53af336，如图 2.7 所示。

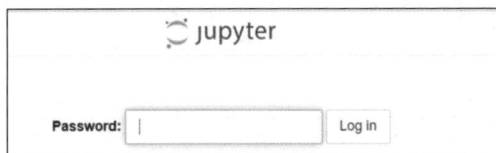

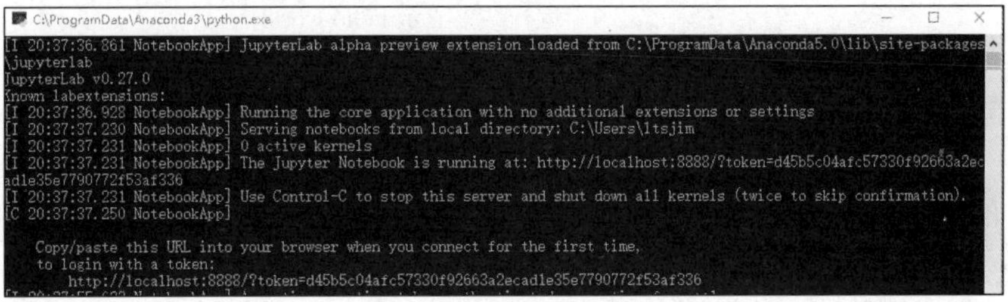

图 2.7　token 的位置

2.3.2　Jupyter 基本操作

　　在 Jupyter 界面右上角单击 New 下拉按钮，会展开如图 2.8 所示的下拉菜单。

　　在弹出的下拉菜单中包括以下选项：

（1）Python 3：表示默认为 Python 3 kernel，它是随着 Anaconda 一起安装的。

（2）Text File：表示新建一个文本文件。

（3）Folder：表示新建一个文件夹。

（4）Terminal：表示在浏览器中新建一个用户终端，即类似于 cmd 的 shell。

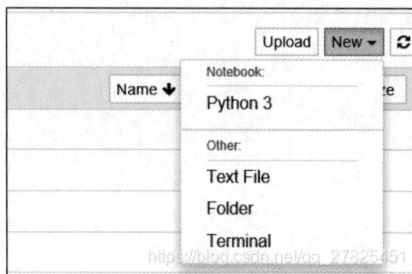

图 2.8 打开下拉菜单

单击 Python 3，将文件名称由 Untitled.ipynb 修改为 hello.ipynb。
输入：

```
print("hello world")
```

运行结果如图 2.9 所示。

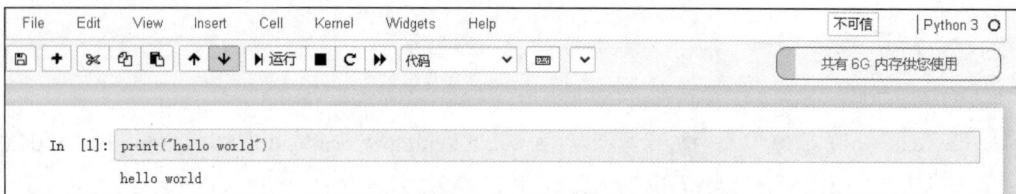

图 2.9 运行结果显示 hello world

2.3.3 第三方库简介（NumPy、Pandas、SciPy）

NumPy、Pandas、SciPy 这三个库是 Python 数据分析的基础组件。

（1）NumPy（Numerical Python）是 Python 语言的一个扩展程序库，支持大量的维度数组与矩阵运算，此外也针对数组运算提供大量的数学函数库。

（2）Pandas 是由 Wes McKinney 在大型对冲基金 AQR Capital Management 任职时开发的，并于 2009 年年底开源，目前由专注于 Python 数据包开发的 PyData 开发团队继续开发和维护，属于 PyData 项目的一部分。Pandas 具有 NumPy 的 ndarray 所不具有的很多功能，如集成时间序列、按轴对齐数据、处理缺失数据等常用功能。Pandas 最初是针对金融分析而开发的，所以很适合用于量化投资。

（3）SciPy 是一个用于数学、科学、工程领域的常用软件包，可以处理插值、积分、优化、图像处理、常微分方程数值解的求解、信号处理等问题。它用于有效计算 NumPy 矩阵，使 NumPy 和 SciPy 协同工作，以高效解决问题。

这里，笔者重点介绍 Pandas 库。Pandas 库提供了高性能、易使用的数据结构与数据分析工具，具有以下功能：

　　（1）读取文件（如 TXT、CSV、HDF5 等）IO 工具。

　　（2）数据表格化（DataFrame）。

　　（3）索引与选择数据。

　　（4）多层索引与高级索引。

　　（5）合并与连接。

　　（6）塑与数据透视表。

　　（7）处理缺失数据。

　　（8）可空的整型数据。

　　（9）计算工具。

　　（10）重采样。

　　（11）日期偏移。

2.3.4　Pandas 的描述性统计

　　描述性统计是指运用制表和分类、图形及计算概括性数据来描述数据特征的各项活动。描述性统计分析要对调查总体所有变量的有关数据进行统计性描述，其主要包括数据的频数分析、集中趋势分析、离散程度分析、分布及绘制统计图形。

　　（1）数据的频数分析：在数据的预处理部分，利用频数分析和交叉频数分析可以检验异常值。

　　（2）数据的集中趋势分析：用来反映数据的一般水平，常用的指标有平均值、中位数和众数等。

　　（3）数据的离散程度分析：主要用来反映数据之间的差异程度，常用的指标有方差和标准差。

　　（4）数据的分布：在统计分析中，通常要假设样本所属总体的分布属于正态分布，因此需要用偏度和峰度两个指标来检查样本数据是否符合正态分布。

　　（5）绘制统计图：用图形来表达数据比用文字表达更清晰、更简明。在 SPSS 软件中，用户可以很容易地绘制各个变量的统计图形，如条形图、饼图和折线图等。

　　在使用 Pandas 描述性统计之前，我们要先获取股票数据，笔者推荐使用开源 tushare 库来获取数据。当然，baostock 库最近的口碑也在暴涨，笔者认为，不要过多地关注数据获取，要把精力放在数据处理与分析中。只要 tushare 库的数据比自己制作爬虫方便且快捷就好。

　　tushare 是一个免费、开源的 Python 财经数据接口包。它主要实现对股票等金融数据从数据采集、清洗加工到数据存储的过程，能够为金融分析人员提供快速、整洁和多样的便于分析的数据，为他们在数据获取方面极大地减轻工作量。下面使用 tushare 包的 get_k_data()函数来获取股票交易数据。

1. 导入第三方库

```
#先引入后面可能用到的包
import pandas as pd
import numpy as np
import matplotlib.pyplot as plt
#正常显示画图时出现的中文
from pylab import mpl
#画图时显示负号
mpl.rcParams['axes.unicode_minus']=False
import seaborn as sns  #画图用的
import tushare as ts
#Jupyter Notebook 特有的 magic 命令
#直接在行内显示图形
%matplotlib inline
```

2. 数据获取

```
sh=ts.get_k_data(code='sh',ktype='D',
  autype='qfq', start='2019-12-20')
#code: 股票代码，个股主要使用代码，如'600000'
#ktype: 'D'表示日数据；'M'表示月数据，'Y'表示年数据
#autype: 复权选择，默认'qfq'表示前复权
#start: 起始时间
#end: 默认当前时间
#查看数据前 5 行
sh.head(5)
```

其运行结果如下：

	date	open	close	high	low	volume	code
236	2019-12-20	3019.64	3004.94	3027.48	3002.26	215075755.0	sh
237	2019-12-23	2999.04	2962.75	3009.34	2960.44	205716617.0	sh
238	2019-12-24	2965.83	2982.68	2983.82	2960.68	163030250.0	sh
239	2019-12-25	2980.43	2981.88	2988.29	2970.66	175654028.0	sh
240	2019-12-26	2981.25	3007.35	3007.35	2980.40	182440426.0	sh

3. 数据可视化

```
#将数据列表中的第 0 列'date'设置为索引
sh.index=pd.to_datetime(sh.date)
#画出上证指数收盘价的走势
sh['close'].plot(figsize=(12,6))
plt.show()
```

所得股票走势如图 2.10 所示。

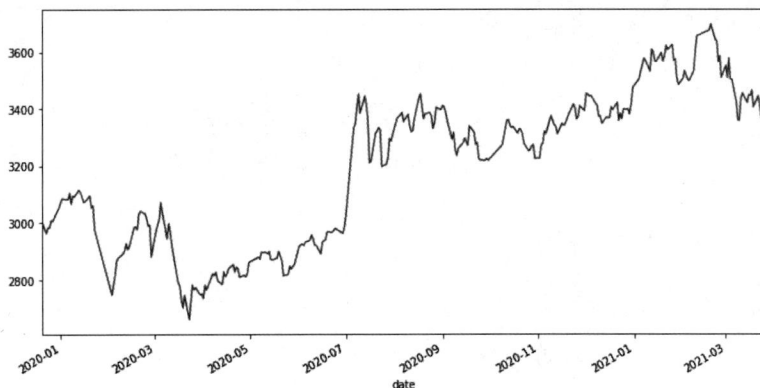

图 2.10　股票走势

4．描述性统计

```
sh.info()
```

其运行结果如下：

```
<class 'pandas.core.frame.DataFrame'>
Int64Index: 306 entries, 236 to 541
Data columns (total 7 columns):
date        306 non-null object
open        306 non-null float64
close       306 non-null float64
high        306 non-null float64
low         306 non-null float64
volume      306 non-null float64
code        306 non-null object
dtypes: float64(5), object(2)
memory usage: 19.1+ KB
```

以上运行结果说明获取股票数据 306 行。

```
#Pandas 的 describe()函数提供了数据的描述性统计
#count 表示数据样本；mean 表示均值；std 表示标准差
sh.describe().round(2)
```

其运行结果如下：

	open	close	high	low	volume
count	306.00	306.00	306.00	306.00	3.060000e+02
mean	3193.20	3196.33	3216.08	3170.87	2.872845e+08
std	263.07	261.36	264.22	258.83	8.636816e+07
min	2677.59	2660.17	2703.33	2646.80	1.491156e+08
25%	2936.71	2943.40	2953.77	2923.24	2.234480e+08
50%	3278.74	3278.40	3300.08	3255.97	2.712651e+08

75%	3390.79	3395.48	3415.64	3368.79	3.274355e+08
max	3721.09	3696.17	3731.69	3663.66	6.578402e+08

从上述结果可以看出，上证指数从 2020 年 1 月 20 日至 2021 年 3 月 28 日（最后交易日是当前运行时间）一共有 306 个样本，均值为 3196.33 点，标准差为 264.22 点（波动还是比较大的），最大值是 3696.17 点。

下面再将成交量进行数据可视化：

```
#再查看一下每日成交量
sh.index=pd.to_datetime(sh.date)
sh["volume"].plot(figsize=(12,6))
plt.title('2020-2021')
plt.xlabel('日期')
plt.show()
```

其运行结果如图 2.11 所示。

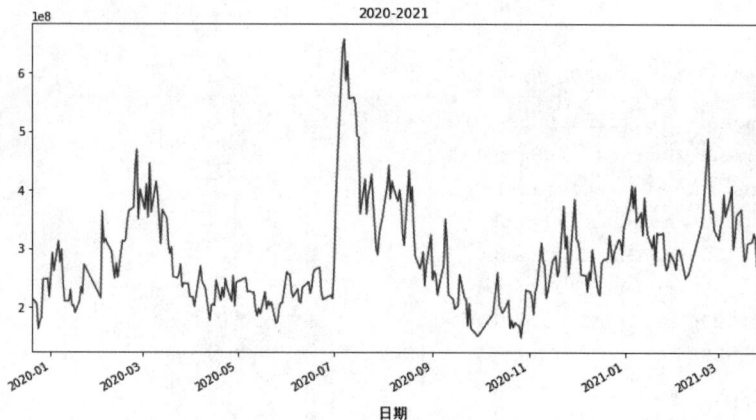

图 2.11　数据可视化

从图 2.11 中可以发现，2020 年 7 月末，成交量有明显增长。牛市很可能是天量的交易推动起来的，因为这期间实体经济并不景气，央行多次降息降准，货币宽松，资金流入股市，银行理财等影子银行在这期间疯狂扩张，场外加杠杆和配资主导了这一场牛市。感兴趣的读者可以结合货币供给、实体经济指标、影子银行等数据一起分析，进行交叉验证。

5. 均线分析

```
#这里的平均线是通过自定义函数手动设置的 20、50、100 日均线
#移动平均线
sh.index=pd.to_datetime(sh.date)
ma_day = [20,50,100]
for ma in ma_day:
    column_name = "MA%s" %(str(ma))
    sh[column_name] =sh["close"].rolling(ma).mean()
```

```
#sh.tail(3)
#画出2020年以来的收盘价和均线图
sh[["close", "MA20","MA50","MA100"]].plot(figsize=(12,6))
plt.title('2020-2021')
plt.xlabel('日期')
plt.show()
```

其运行结果如图 2.12 所示。

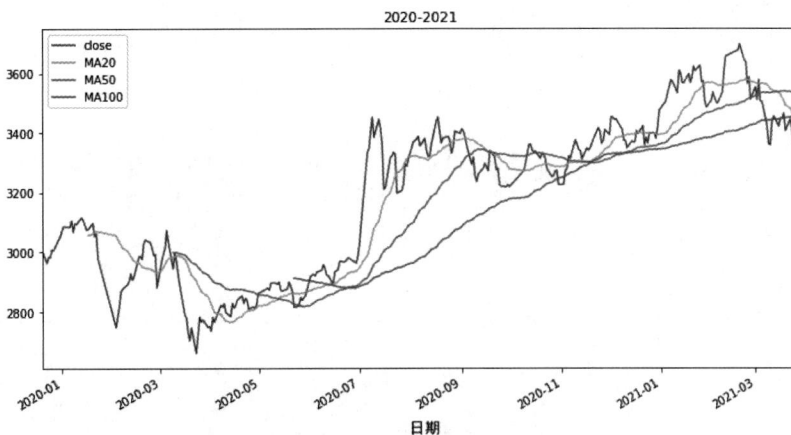

图 2.12　均线分析

6. 日收益率可视化

```
sh["日收益率"] = sh["close"].pct_change()
sh["日收益率"].plot(figsize=(12,4))
plt.xlabel('日期')
plt.ylabel('收益率')
plt.title('2020-2021')
plt.show()
```

其运行结果如图 2.13 所示。

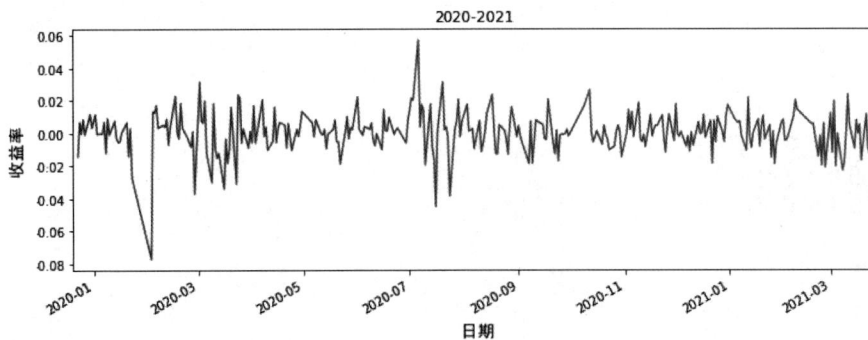

图 2.13　日收益率

改变线条的显示类型和加一些标记等：

```
#这里改变线条的类型 linestyle 和加一些标记 marker
sh["日收益率"].plot(figsize=(12,4),linestyle="--",marker="o",color="g")
plt.title('2020-2021')
plt.xlabel('日期')
plt.show()
```

其运行结果如图 2.14 所示。

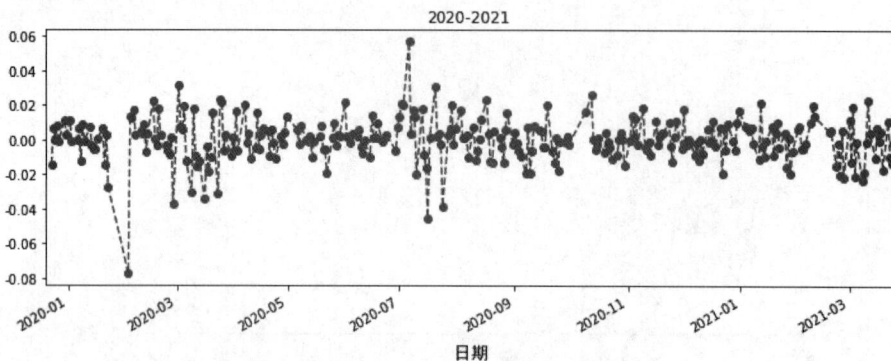

图 2.14 收益率修改后的显示效果

2.3.5 多股票可视化分析

```
#分析以下常见的几个股票指数
stocks={'上证指数':'sh','深证指数':'sz','沪深 300':'hs300',
        '上证 50':'sz50','中小板指':'zxb','创业板':'cyb'}
stock_index=pd.DataFrame()
for stock in stocks.values():
    stock_index[stock]=ts.get_k_data(stock,ktype='D', autype='qfq', start='2020-01-01')['close']
#stock_index.head()
#计算这些股票指数每日涨跌幅
tech_rets = stock_index.pct_change()[1:]
#tech_rets.head()
#收益率描述性统计
tech_rets.describe()
#结果不在此报告
#均值其实都大于 0
tech_rets.mean()*100  #转换为%
```

其运行结果如下：

```
sh      0.042808
sz      0.101230
hs300   0.075993
```

```
sz50      0.054763
zxb       0.107989
cyb       0.156758
dtype: float64
```

1. 对上述股票指数之间的相关性进行可视化分析

```
#jointplot()函数可以画出两个指数的"相关性系数"或皮尔逊相关系数
sns.jointplot('sh','sz',data=tech_rets)
```

其运行结果如图 2.15 所示。

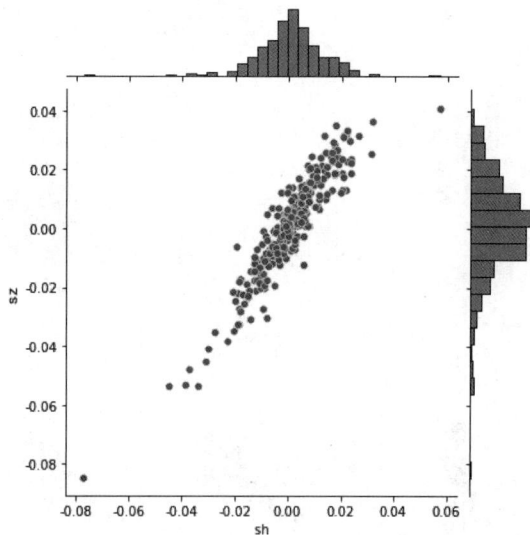

图 2.15   相关性可视化分析

2. 成对地比较不同数据集之间的相关性

```
#而对角线则会显示该数据集的直方图
sns.pairplot(tech_rets.iloc[:,3:].dropna())
```

其运行结果如图 2.16 所示。

```
returns_fig = sns.PairGrid(tech_rets.iloc[:,3:].dropna())
###在右上角画散点图
returns_fig.map_upper(plt.scatter,color="purple")
###在左下角画核密度图
returns_fig.map_lower(sns.kdeplot,cmap="cool_d")
###在对角线画直方图
returns_fig.map_diag(plt.hist,bins=30)
```

其运行结果如图 2.17 所示。

```
<seaborn.axisgrid.PairGrid at 0x7f0b5ca11748>
```

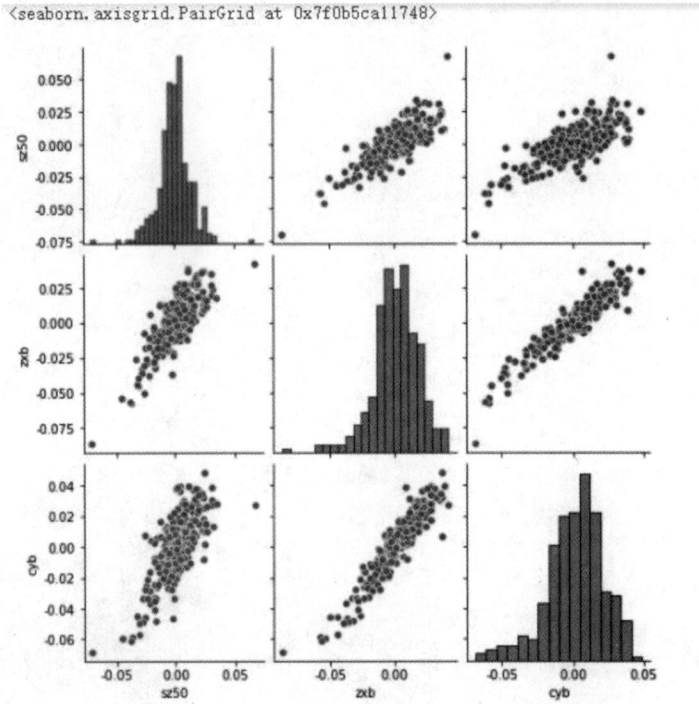

图 2.16　对比相关性 1

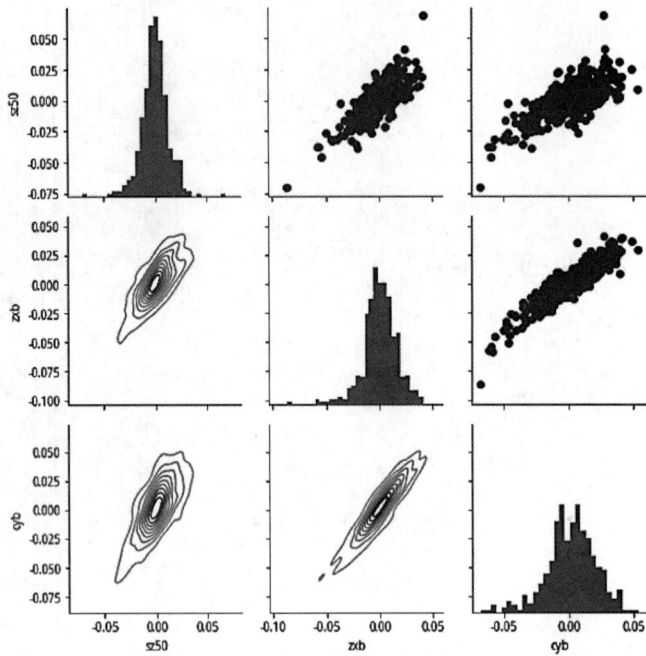

图 2.17　对比相关性 2

3．收益率与风险

使用均值和标准差分别刻画股票（指数）的收益率和标准差，对比分析不同股票（指数）的收益和风险情况。

```python
#构建一个计算股票收益率和标准差的函数
#默认起始时间为'2020-01-01'
def return_risk(stocks,startdate='2020-01-01'):
    close=pd.DataFrame()
    for stock in stocks.values():
        close[stock]=ts.get_k_data(stock,ktype='D', autype='qfq', start=startdate)['close']
    tech_rets = close.pct_change()[1:]
    rets = tech_rets.dropna()
    ret_mean=rets.mean()*100
    ret_std=rets.std()*100
    return ret_mean,ret_std
```

```python
#画图函数
def plot_return_risk():
    ret,vol=return_risk(stocks)
    color=np.array([ 0.18, 0.96, 0.75, 0.3, 0.9,0.5])
    plt.scatter(ret, vol, marker = 'o',
    c=color,s = 500,cmap=plt.get_cmap('Spectral'))
    plt.xlabel("日收益率均值%")
    plt.ylabel("标准差%")
    for label,x,y in zip(stocks.keys(),ret,vol):
        plt.annotate(label,xy = (x,y),xytext = (20,20),
            textcoords = "offset points",
            ha = "right",va = "bottom",
            bbox = dict(boxstyle = 'round,pad=0.5',
            fc = 'yellow', alpha = 0.5),
                arrowprops = dict(arrowstyle = "->",
                    connectionstyle = "arc3,rad=0"))
stocks={'上证指数':'sh','深证指数':'sz','沪深300':'hs300',
        '上证50':'sz50','中小板指数':'zxb','创业板指数':'cyb'}
plot_return_risk()
```

其运行结果如图2.18所示。

```python
stocks={'中国平安':'601318','格力电器':'000651',
        '招商银行':'600036','贵州茅台':'600519',
        '比亚迪':'002594','华友钴业':'603799'}
startdate='2020-01-01'
plot_return_risk()
```

其运行结果如图2.19所示。

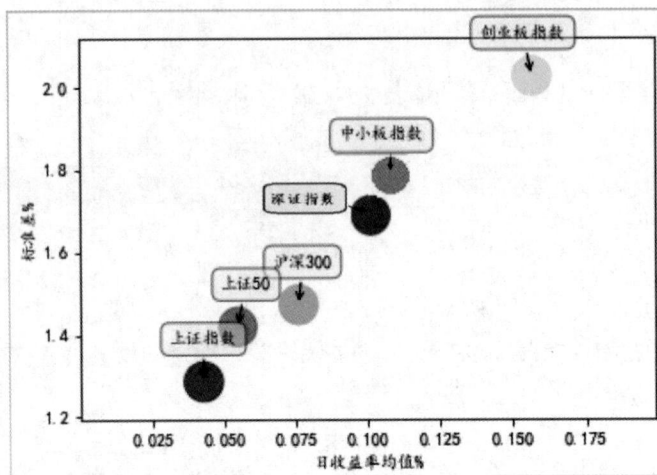

图 2.18　指数收益与风险

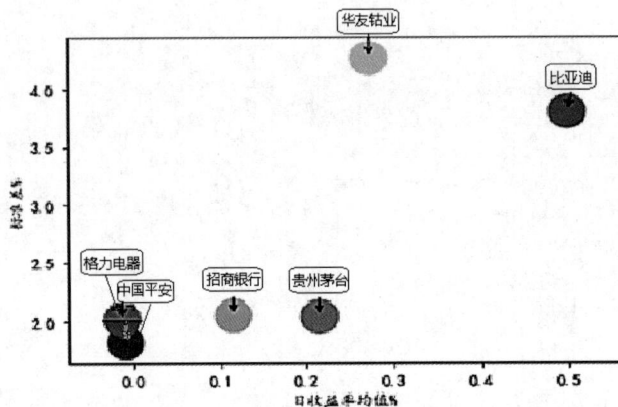

图 2.19　中国平安等股票的收益与风险

从图 2.19 中可以看到，新能源的"比亚迪"与有色板块的"华友钴业"的日收益率均值超过了"贵州茅台"与"格力电器"等行业龙头。

4. 蒙特卡洛模拟分析

蒙特卡洛模拟是一种统计学方法，用来模拟数据的演变趋势。蒙特卡洛模拟是在第二次世界大战期间的原子弹研制项目中，为了模拟裂变物质的中子随机扩散现象，由美国数学家冯·诺伊曼和乌拉姆等发明的一种统计方法。之所以起名叫蒙特卡洛模拟，是因为蒙特卡洛是欧洲袖珍国家摩纳哥的一座城市，这座城市在当时是非常知名的一个赌城，赌博的本质是算概率，而蒙特卡洛模拟正是以概率为基础的一种方法，所以用赌城的名字为这种方法命名。使用蒙特卡洛模拟在每次输入时都随机选择输入值，通过大量的模拟，最终得出一个累计概率分布图。

```
df=ts.get_k_data('sh',ktype='D', autype='qfq', start='2020-01-01')
```

```
df.index=pd.to_datetime(df.date)
tech_rets = df.close.pct_change()[1:]
rets = tech_rets.dropna()
#rets.head()
#下面的结果说明，95%的置信使一天的损失不会超过 0.0264...
rets.quantile(0.05)
```

其运行结果如下：

```
-0.018744500895258965
```

5. 构建蒙特卡洛模拟函数

```
def monte_carlo(start_price,days,mu,sigma):
    dt=1/days
    price = np.zeros(days)
    price[0] = start_price
    shock = np.zeros(days)
    drift = np.zeros(days)

    for x in range(1,days):
        shock[x] = np.random.normal(loc=mu * dt, scale=sigma * np.sqrt(dt))
        drift[x] = mu * dt
        price[x] = price[x-1] + (price[x-1] * (drift[x] + shock[x]))
    return price
#模拟次数
runs = 10000
start_price = 3418.33              #今日收盘价
days = 60
mu=rets.mean()
sigma=rets.std()
simulations = np.zeros(runs)

for run in range(runs):
    simulations[run] = monte_carlo(start_price, days,mu,sigma)[days-1]
q = np.percentile(simulations,1)
plt.figure(figsize=(8,6))
plt.hist(simulations,bins=50,color='grey')
plt.figtext(0.6,0.8,s="初始价格: %.2f" % start_price)
plt.figtext(0.6,0.7,"预期价格均值: %.2f" %simulations.mean())
plt.figtext(0.15,0.6,"q(0.99: %.2f)" %q)
plt.axvline(x=q,linewidth=6,color="r")
plt.title("经过 %s 天后上证指数模拟价格分布图" %days,weight="bold")
```

其运行结果如图 2.20 所示。

<matplotlib.text.Text at 0x20bfbd85c18>

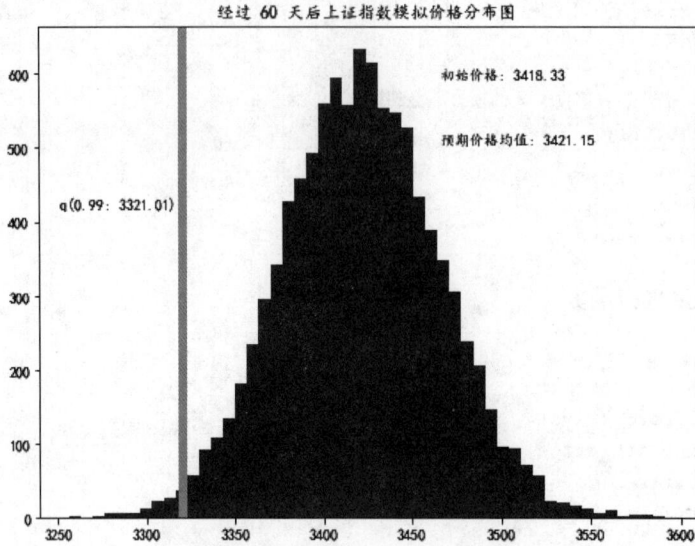

图 2.20　蒙特卡洛模拟函数

实际上，蒙特卡洛模拟在期权定价中还是很有用的。下面借用期权定价中对未来股票走势的假定进行蒙特卡洛模拟。

```
import numpy as np
from time import time
np.random.seed(2018)
t0=time()
S0=3418.33
T=1.0;
r=0.05;
sigma=rets.std()
M=50;
dt=T/M;
I=250000
S=np.zeros((M+1,I))
S[0]=S0
for t in range(1,M+1):
    z=np.random.standard_normal(I)
    S[t]=S[t-1]*np.exp((r-0.5*sigma**2)*dt+sigma*np.sqrt(dt)*z)
s_m=np.sum(S[-1])/I
tnp1=time()-t0
print('经过 250000 次模拟，得出 1 年以后上证指数的预期平均收盘价为：%.2f'%s_m)

%matplotlib inline
import matplotlib.pyplot as plt
```

```
plt.figure(figsize=(10,6))
plt.plot(S[:,:10])
plt.grid(True)
plt.title('上证指数蒙特卡洛模拟其中10条模拟路径图')
plt.xlabel('时间')
plt.ylabel('指数')
plt.show()
```

其运行结果如图 2.21 所示。

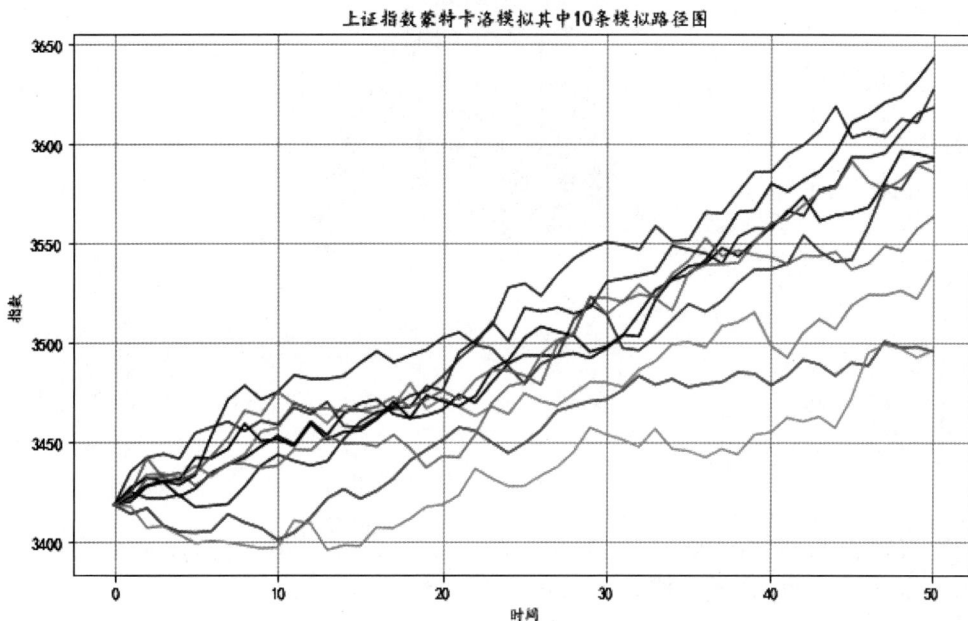

图 2.21　上证平均收盘价格

经过 250000 次模拟，得出 1 年以后上证指数的预期平均收盘价为 3593.67。

```
plt.figure(figsize=(10,6))
plt.hist(S[-1], bins=120)
plt.grid(True)
plt.xlabel('指数水平')
plt.ylabel('频数')
plt.title('上证指数蒙特卡洛模拟')
```

其运行结果如图 2.22 所示。

本章主要介绍了如何使用 Python 获取股票数据，并进行简单的统计分析和可视化，综合运用了 Python 金融量化分析的 Pandas、NumPy 和 Matplotlib 等包。

`<matplotlib.text.Text at 0x20bfc3c2908>`

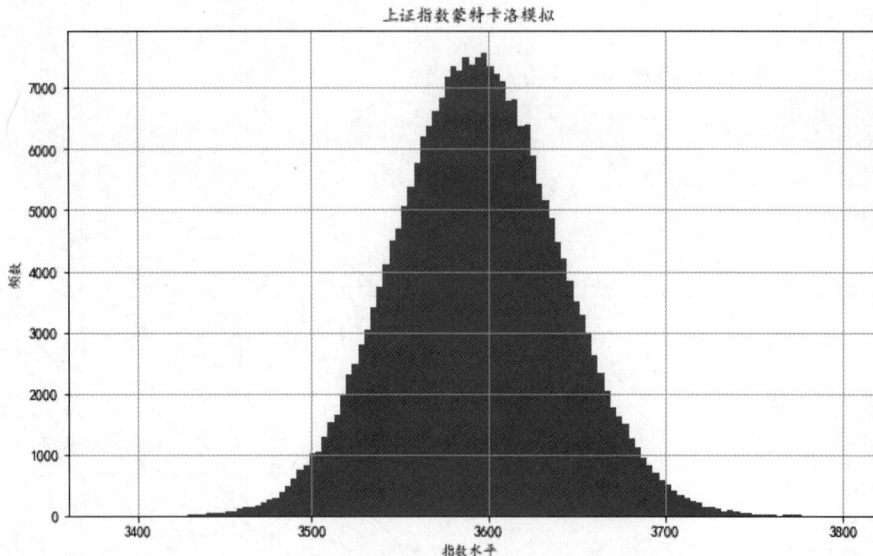

图 2.22　蒙特卡洛模拟

2.4　小结

通过上面的学习，我们已经可以在个人计算机上自行搭建 Python 环境，并安装常用数据包（NumPy、Pandas、SciPy）。为便捷开发，初学者推荐使用 Jupyter，有经验的程序员与机构推荐使用 Pycharm 集成开发环境。

对于初学者，本章结尾提供了习题，有基础的读者可以跳过习题，直接阅读下一章。

2.5　习题

通过下面的习题来检验本章的学习。

（1）使用 pip 命令安装 seaborn（一个基于 matplotlib 进行高级封装的可视化库）。

（2）使用 pip 命令安装 TA-Lib 库（Technical Analysis Library，技术分析库）。

（3）如果使用 pip 命令安装 TA-Lib 库时出现错误，如何手动安装 TA-Lib 库？

第 **3** 章

米筐量化回测

熟悉了 Python 金融量化的 Pandas、NumPy 和 Matplotlib 等包后，我们就要开始量化的正式讲解了。

首先介绍一下国内现有做量化的网站：米筐、BigQuant、优矿、掘金、果仁、同花顺、京东量化等。有些网站是行业先锋，做得不错，各有优缺点，如表 3.1 所示。

表 3.1　量化网站对比

量化平台	成立时间	语言	优势
米筐	2014 年 12 月	Python、Java	视觉设计和文档制作得非常棒
BigQuant	2016 年 4 月	Python	可供选择的因子多
优矿	2015 年 10 月	Python	数据全面
聚宽	2015 年 5 月	Python、R	API 丰富且友好
掘金	2015 年 1 月	C/C++、C#、Matlab、Python、R	可定制性强

米筐量化回测平台是笔者一直使用的网站，该平台见证了笔者如何从一个无知"小白"开始不断摸索前进。该网站的目标客户是有经验的 quant，其支持分钟回测，视觉设计和文档制作得非常棒。改版后的网站取消了社区与教程，网站更加专业。当然缺点也是因为其取消社区与教程后对"小白"更加不友好，不适合量化新手使用。

如果是量化新手，则更推荐使用 BigQuant 平台。该网站的目标客户是新手，其有基础教程，门槛较低，有自动生成策略的界面，对于新手来说，使用历史数据研究机器学习进行交易相当友好。

3.1　米筐量化回测平台界面简介

米筐量化回测平台采用量化交易的基本统一框架，左边是代码区，右边是回测显示区，如图 3.1 所示。

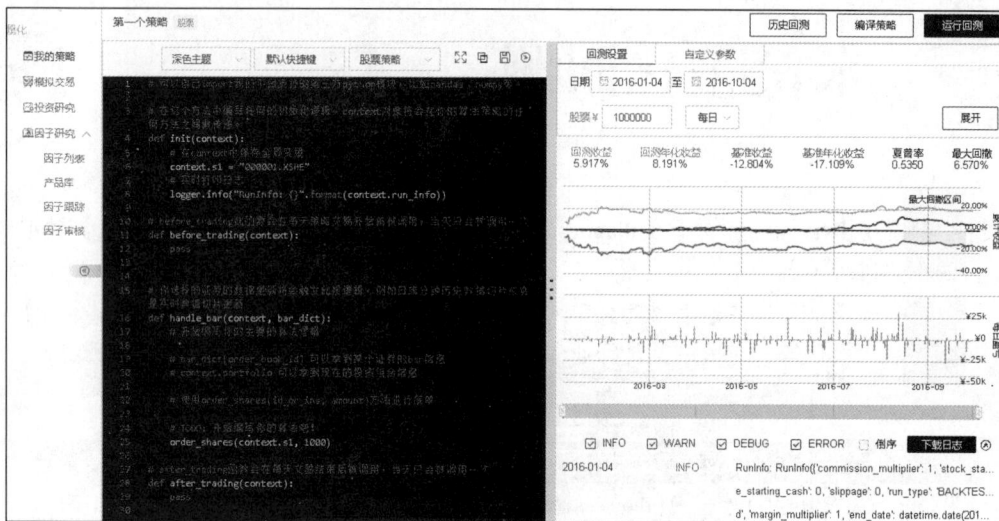

图 3.1　米筐量化回测平台界面

使用流程如下：

（1）在左边代码区中编写代码，完成策略。

（2）单击"编译策略"按钮（根据策略选取按每日回测或按分钟回测，笔者推荐新手先选取按每日回测）。

（3）选取回测收益较大、夏普比率较大、回撤较小的策略进行优化。

（4）放大时间段并调整参数。

（5）不断优化策略。

流程看似简单，其中每一个步骤都步履艰辛。例如：

（1）编写代码。选股思路是获取所有股票代码，去掉包含 ST 的股票、临时停牌的股票、财务亏损的股票。不熟悉米筐平台 API 的读者可能就无从下手，写不了这个策略。

（2）编译策略，程序运行中会出现诸多 BUG。有些是数据获取时出错，有些是数据处理中出错，有些是策略编写问题，这些问题通过异常处理可以较快解决。但有些是量化网站 BUG，量化工作者也无法轻易解决。

（3）选取回测收益较大、夏普比率较大的策略。很多策略本身的数学模型都不完善，没有科学性、严谨性。试验很多策略回测，可能收益都跑不赢大盘。能跑赢大盘的，也有可能是周期性个股或赶上大盘牛市。

（4）放大时间段并调整参数。市场风向一直在变，2020 年，如果量化酿酒板块和有色板块，则定会有不错的收益，涨幅平均为 30%～50%；如果量化半导体与芯片板块，则亏损都是 20%以上。通过参数优化会寻找局部最优解，产生过度优化。策略交易者对过去的行情进行过度拟合，却并不考虑这个拟合方程不适用于未来，其结果会与未来运行结果存在较大的差异。

（5）不断优化策略，即通过快速迭代选取合适的策略。基础量化教程都是选取固定股票作为量化内容，形式较为单一。好一些的量化会有量化池，但里面股票较为单一，如优化好板块的白马股、最近风口的新能源板块或几个板块的组合。总之，样本量过少，使用时间跨度小。有些策略更是使用未来函数来优化胜率，实际实盘效果不好。

以上诸多问题限制了量化的成功率。当然仅存的一些经典理论还是要不断尝试的。在海量的数据中多角度地观察市场，多层次地挖掘更多的投资机会一直都是投资人所偏好的。

3.2　量化函数主体简介

图 3.1 中的左边是代码区，该代码主要由 5 个部分组成，分别是 init()函数、before_trading()函数、handle_bar()函数、after_trading()函数和自己编写的函数。

1．init()函数

init()函数又称为初始化方法，它在回测和实时模拟交易中只会在启动时触发一次。在算法中可以使用这个方法设置各种初始化配置。

```
def init(context):
    # cash_limit 属性是根据用户需求定义的，用户可以定义无限多种自己随后需要的属性
    # 米筐的系统默认只通过占用 context.portfolio 的关键字来调用策略的投资组合信息
    context.cash_limit = 5000
    # 在 context 中保存全局变量
        context.s1 = "000001.XSHE"
    # 实时打印日志
        logger.info("RunInfo: {}".format(context.run_info))
```

context 参数将在算法的所有其他方法之间进行传递，以方便获取到。

2．handle_bar()函数

handle_bar()是量化框架中重要的函数，负责 K 线数据更新。函数中 bar 数据的更新会自动触发该方法的调用。策略的具体逻辑可以在该方法内实现，如交易信号的产生、订单的创建等。在实时模拟交易中，该函数在交易时间内会每分钟触发一次。

```
def handle_bar(context, bar_dict):
    # 开始编写主要算法逻辑
    # ...
```

```
order_shares('000001.XSHE', 500)
# ...
```

3. before_trading()函数与 after_trading()函数

before_trading()是盘前函数，每天在策略开始交易前会被调用。需要注意的是，不能在这个函数中发送订单，该函数的触发时间取决于用户当前所订阅合约的交易时间。

例如，如果用户订阅的合约中存在夜盘交易的期货合约，则该函数可能会在前一日的 20:00 触发，而不是早晨 8:00。

```
def before_trading(context, bar_dict):
    logger.info("This is before trading")
```

after_trading()是盘后函数，每天在收盘后被调用。需要注意的是，不能在这个函数中发送订单，可以在该函数中进行当日收盘后的一些计算。在实时模拟交易中，该函数会在每天 15:30 触发。

我们使用 before_trading()函数会更多一些，这是因为在盘前可以设定一些参数。例如：

（1）选择全部股票，代码如下：

```
def before_trading(context):
fundamentals_df=get_fundamentals(
query(
fundamentals.eod_derivative_indicator.market_cap_2))
S1=list(fundamentals_df.columns.values)
```

（2）不是停牌股票，代码如下：

```
def filter_paused(stock_list):
    return [stock for stock in stock_list if not is_suspended(stock)]
```

（3）不是 ST 股票，代码如下：

```
def filter_st(stock_list):
    return [stock for stock in stock_list if not is_st_stock(stock)]
```

（4）不是新股，代码如下：

```
def filter_new(stock_list):
    return [stock for stock in stock_list if instruments(stock).days_from_listed() >= 180]
```

结合上面全部代码，我们可以在 before_trading()函数中编写如下策略：从全部股票中选取当日不停牌、不是 ST 股票且上市时间大于 180 天的股票，并计算每日全部股票的数量。这样就不会只在 init()函数中设置固定股票代码或固定的股票池，样本空间将更大。代码如下：

```
# before_trading()函数会在每天策略交易开始前被调用，当天只会被调用一次
def before_trading(context):
    fundamentals_df=get_fundamentals(
    query(
    fundamentals.eod_derivative_indicator.market_cap_2))
```

```
        S1=list(fundamentals_df.columns.values)
        stocks = filter_paused(S1)
        stocks = filter_st(stocks)
        context.stocks = filter_new(stocks)
        #logger.info("context.stocks"+str(context.stocks))
        print('股票总数: ',len(S1))
        print('------')
def filter_paused(stock_list):
        return [stock for stock in stock_list if not is_suspended(stock)]

def filter_st(stock_list):
        return [stock for stock in stock_list if not is_st_stock(stock)]

def filter_new(stock_list):
        return [stock for stock in stock_list if instruments(stock).days_from_listed() >= 180]
```

从右侧编译策略中可以看到，2021年2月1日，当日不停牌、不是ST股票且上市时间大于180天的股票是4172支，此后每日递增2支左右，如图3.2所示。

图3.2　编译策略后显示的股票数量

4. 自己编写的函数

读者如果是股票技术流派，会熟悉很多指标。其中，异同移动平均线（Moving Average Convergence/Divergence，MACD）指标、随机指标（Stochastic Indicator，KDJ）指标、布林带（Bollinger Bands）指标、一目均衡云（Ichimoku Kinko Hyo）指标等被广大股票技术流派认可，它们从20世纪80年代创立至今，经历了40多年的历史检验。

读者可以自己设计并编写指标公式。MACD指标、KDJ指标、BOLL指标、Ichimoku Kinko Hyo指标等的公式代码如下：

```python
def KDJ(N=9, M1=3, M2=3):
    """
    KDJ 指标
    """
    RSV = (CLOSE - LLV(LOW, N)) / (HHV(HIGH, N) - LLV(LOW, N)) * 100
    K = EMA(RSV, (M1 * 2 - 1))
    D = EMA(K, (M2 * 2 - 1))
    J = K * 3 - D * 2
    return K, D, J

def MACD(SHORT=12, LONG=26, M=9):
    """
    MACD 指标
    """
    DIFF = EMA(CLOSE, SHORT) - EMA(CLOSE, LONG)
    DEA = EMA(DIFF, M)
    MACD = (DIFF - DEA) * 2
    return DIFF,DEA,MACD

def BOLL(N=20, P=2):
    """
    BOLL 指标
    """
    MID = MA(CLOSE, N)
    UPPER = MID + STD(CLOSE, N) * P
    LOWER = MID - STD(CLOSE, N) * P
    return UPPER, MID, LOWER

def Kinko Hyo (M1=7, M2=22,M3=44):
    """
    Ichimoku Kinko Hyo 指标
    """
    zk=(HHV(HIGH,M1)+LLV(LOW,M1))/2
    zd=(HHV(HIGH,M2)+LLV(LOW,M2))/2
    hy=REF(C,M2)
    za=REF((zk+zd)/2,M2)
    zb=REF((HHV(HIGH,M3)+LLV(LOW,M3))/2,M2)
    za_f=(zk+zd)/2
    zb_f=(HHV(HIGH,M3)+LLV(LOW,M3))/2
    return zk,zd,za,zb,za_f,zb_f
```

当然，通过学习与爬贴，读者要学会编写较复杂的指标代码、了解其工作原理，并熟悉指标的使用情景。

3.3　第一个量化策略

前面已经介绍了米筐量化界面与流程、量化函数的主体，现在就开始编写第一个简单量化策略。

3.3.1　第一个买入茅台股票策略

以买入贵州茅台股票作为第一个策略。买入资金量的占比为总仓位的 100%，并且一直持有。提示：向 order_percent() 函数中传入 1，代表买入。代码如下：

```
# 在这个方法中编写任意的初始化逻辑。context 对象将会在算法策略的任何方法之间进行传递
def init(context):
    logger.info("init")
    context.s1 = "600519.XSHG"
    update_universe(context.s1)
    # 是否已经发送了 order
    context.fired = False
    context.cnt = 1
def before_trading(context):
    logger.info("Before Trading", context.cnt)
    context.cnt += 1
# 选择的证券数据的更新将会触发此段逻辑。例如，日、分钟历史数据切片或实时数据切片更新
def handle_bar(context, bar_dict):
    context.cnt += 1
    logger.info("handle_bar", context.cnt)
    # 开始编写主要的算法逻辑

    # bar_dict[order_book_id] 获取某个证券的 bar 信息
    # context.portfolio 获取现在的投资组合状态信息

    # 使用 order_shares(id_or_ins, amount)方法进行落单

    # TODO: 开始编写算法
    if not context.fired:
        # order_percent 传入 1，代表买入该股票并使其占投资组合的 100%
        order_percent(context.s1, 1)
        context.fired = True
```

策略回测如图 3.3 所示。

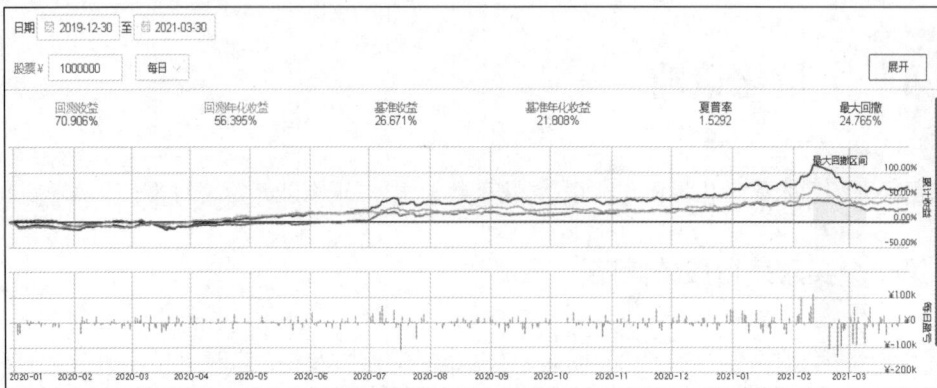

图 3.3 策略回测

order_percent()函数实现按指定比例下单，即发送一个花费价值等于目前投资组合（市场价值和目前现金的总和）一定百分比现金的买/卖单，正数代表买，负数代表卖。股票的股数总是会被调整成对应的一手股票数的倍数（1 手是 100 股）。百分比是一个小数，并且小于或等于 1 （<=100%），0.5 表示的是 50%。需要注意的是，如果资金不足，该 API 将不会创建发送订单。

交易除按一定比例下单外，还有 order_shares（按指定股数交易）、order_lots（按指定手数交易）、order_value（按指定价值交易）、order_target_percent（按目标比例下单）、order_target_portfolio（批量调仓）等方式。

（1）order_shares：下单量，正数代表买入，负数代表卖出。将会根据一手××股来向下调整到一手的倍数，如中国 A 股就是调整成 100 股的倍数。例如：

```
#购买 2000 股的平安银行股票，并且发送市价单
order_shares('000001.XSHE', 2000)
#卖出 2000 股的平安银行股票，并且发送市价单
order_shares('000001.XSHE', -2000)
#购买 1000 股的平安银行股票，并且发送限价单，价格为￥10
order_shares('000001.XSHG', 1000, style=LimitOrder(10))
```

（2）order_lots：下单量，正数代表买入，负数代表卖出。将会根据一手××股来向下调整到一手的倍数，如中国 A 股就是调整成 100 股的倍数。例如：

```
#买入 20 手的平安银行股票，并且发送市价单
order_lots('000001.XSHE', 20)
#买入 10 手平安银行股票，并且发送限价单，价格为￥10
order_lots('000001.XSHE', 10, style=LimitOrder(10))
```

（3）order_value：使用想要花费的金钱买入/卖出股，正数代表买入，负数代表卖出。股票的股数总是被调整成对应的 100 股的倍数（在中国 A 股市场中，1 手是 100 股）。如果资金不足，该 API 将不会创建发送订单。例如：

```
#花费最多￥10000 买入平安银行股票，并且发送市价单。具体下单数量与策略税费相关的配置有关
```

```
order_value('000001.XSHE', 10000)
#卖出价值￥10000的现在持有的平安银行股票
order_value('000001.XSHE', -10000)
```

TIP 　　当你提交一个买单时，代表的是你希望买入股票消耗的金额（包含税费），最终买入的股数不仅与发单的价格有关，还与税费相关的参数设置有关。当你提交一个卖单时，代表的是你希望卖出股票的总价值。如果金额超出了你所持有股票的价值，那么你将卖出所有股票。

（4）order_target_percent：在加仓时，percent 代表证券已有持仓的价值加上即将花费的现金（包含税费）的总值占当前投资组合总价值的比例。在减仓时，percent 代表证券被调整到的目标价占当前投资组合总价值的比例。投资组合价值等于所有已有仓位的价值和剩余现金的总和。买/卖单会被向下舍入一手股数（A 股是 100 的倍数）的倍数。目标百分比应该是一个小数，并且最大值应该小于或等于 1，如 0.5 表示 50%。例如：

```
#如果投资组合中已经有了平安银行股票的仓位，并且占据目前投资组合10%的价值，那么以下代码
#会消耗相当于当前投资组合价值5%的现金买入平安银行股票
order_target_percent('000001.XSHE', 0.15)
```

（5）order_target_portfolio：买入/卖出证券以批量调整证券的仓位，以期使其持仓市值占账户总权益的比重达到指定值。例如：

```
# 调整仓位，使平安银行和万科 A 的持仓占比分别达到 10%和 15%
order_target_portfolio({
    '000001.XSHE': 0.1
    '000002.XSHE': 0.15
})
```

本小节讲解了第一个买入贵州茅台股票策略及交易时开仓与平仓使用的代码接口。3.3.2 小节将讲解在 init()函数中设置的参数，并结合指标进行交易。

3.3.2　金叉策略编写

下面结合 MA 指标（均线指标）详细讲解一下量化金叉策略的编写。
（1）MA 指标择时：MA60～MA20。
（2）MA 金叉：MA20 由下向上突破 MA60，为买入信号。
（3）MA 死叉：MA20 由上向下突破 MA60，为卖出信号。
以买入贵州茅台为例，贵州茅台走势如图 3.4 所示。
股价大幅上涨，带动 MA20 金叉 MA60，表明市场短期价格比较火热，受到市场追捧，股价上涨。
策略编写思路：init()函数中有两个参数，一个参数是 20，另一个参数是 60。在 handle_bar()函数中先获得价格，再读取历史数据，做成 MA20 均线与 MA60 均线。获得以下持仓仓位，如果 MA20

死叉 MA60 且持仓量大于 0，则进行清仓操作；如果 MA20 金叉 MA60，则进行满仓操作。

图 3.4　贵州茅台走势 1

代码如下：

```python
import talib
# 在这个方法中编写任意的初始化逻辑。context 对象将会在算法策略的任何方法之间传递
def init(context):
    context.s1 = "600519.XSHG"

    # 设置这个策略中会用到的参数，在策略中可以随时调用；这个策略使用长短均线，在这里设定
    # 长线和短线的区间，在调试寻找最佳区间时只需在这里进行数值改动
    context.SHORTPERIOD = 20
    context.LONGPERIOD = 60


# 如果选择的证券数据更新，将会触发此段逻辑。例如，日或分钟历史数据切片或实时数据切片更新
def handle_bar(context, bar_dict):
    # 开始编写主要的算法逻辑

    # bar_dict[order_book_id] 获取某个证券的 bar 信息
    # context.portfolio 获取现在的投资组合状态信息

    # 使用 order_shares(id_or_ins, amount)方法进行落单

    # TODO：开始编写算法

    # 因为策略需要用到均线，所以需要读取历史数据
    prices = history_bars(context.s1, context.LONGPERIOD+1, '1d', 'close')

    # 使用 talib 计算长短两根均线，均线以 array 的格式表达
    short_avg = talib.SMA(prices, context.SHORTPERIOD)
    long_avg = talib.SMA(prices, context.LONGPERIOD)
```

```
plot("short avg", short_avg[-1])
plot("long avg", long_avg[-1])

# 获取当前投资组合中股票的仓位
cur_position = get_position(context.s1).quantity
# 计算现在portfolio中的现金可以购买多少股票
shares = context.portfolio.cash/bar_dict[context.s1].close

# 如果短均线从上往下跌破长均线，也就是目前的bar短线平均值低于长线平均值，而上一个
# bar的短线平均值高于长线平均值
if short_avg[-1] - long_avg[-1] < 0 and short_avg[-2] - long_avg[-2] > 0 and
cur_position > 0:
    # 进行清仓
    order_target_value(context.s1, 0)

# 如果短均线从下往上突破长均线，为入场信号
if short_avg[-1] - long_avg[-1] > 0 and short_avg[-2] - long_avg[-2] < 0:
    # 满仓入股
    order_shares(context.s1, shares)
```

其量化回测如图 3.5 所示。

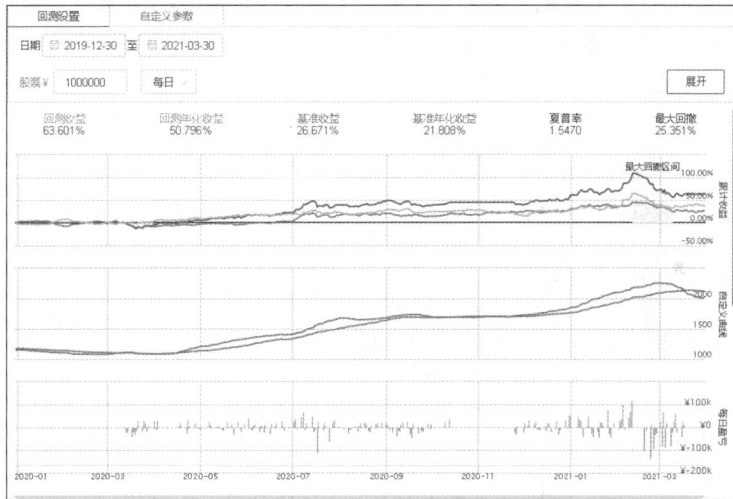

图 3.5　金叉量化回测

3.3.3　MACD 策略编写

下面结合 MACD 指标，详细讲解量化 MACD 策略的编写。

（1）MACD 指标择时：MACD=2×(DIFF−DEA)。

（2）MACD 金叉：DIFF 由下向上突破 DEA，为买入信号。

（3）MACD 死叉：DIFF 由上向下突破 DEA，为卖出信号。

以买入贵州茅台为例，贵州茅台走势如图 3.6 所示。

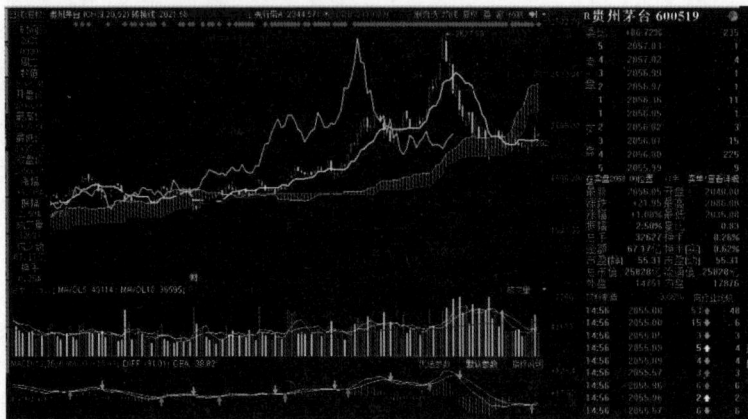

图 3.6　贵州茅台走势 2

股价大幅上涨，带动 DIFF 金叉 DEA，表明市场短期价格比较火热，受到市场追捧，股价上涨。

策略编写思路：init()函数中有三个参数，第一个参数是 12，第二个参数是 26，第三个参数是 9。在 handle_bar()函数中读取历史数据，先获得价格，talib 库中的 MACD()函数可以计算输出值，分别用 macd、signal、hist 这三个变量进行传参。如果 macd 死叉 signal 且持仓量大于 0，则进行清仓操作；如果 macd 死叉 signal，则进行满仓操作。

代码如下：

```python
import talib
# 在这个方法中编写任何的初始化逻辑。context 对象将会在算法策略的任何方法之间进行传递
def init(context):
    context.s1 = "600519.XSHG"

    # 使用 MACD 需要设置长短均线和 MACD 平均线的参数
    context.SHORTPERIOD = 12
    context.LONGPERIOD = 26
    context.SMOOTHPERIOD = 9
    context.OBSERVATION = 100


# 如果选择的证券数据更新，将会触发此段逻辑。例如，日、分钟历史数据切片或实时数据切片更新
def handle_bar(context, bar_dict):
    # 开始编写主要算法逻辑

    # bar_dict[order_book_id] 获取某个证券的 bar 信息
    # context.portfolio 获取现在的投资组合状态信息

    # 使用 order_shares(id_or_ins, amount)方法进行落单
    # TODO: 开始编写算法
```

```
prices = history_bars(context.s1, context.OBSERVATION,'1d','close')

# 用 talib 计算 MACD 取值，得到三个时间序列数组，分别为 macd、signal 和 hist
macd, signal, hist = talib.MACD(prices, context.SHORTPERIOD,
                            context.LONGPERIOD, context.SMOOTHPERIOD)

plot("macd", macd[-1])
plot("macd signal", signal[-1])

# macd 是长短均线的差值，signal 是 macd 的均线，使用 macd 策略有几种不同的方法，
# 这里采用 macd 线突破 signal 线的判断方法

# 如果 macd 从上往下跌破 macd_signal

if macd[-1] - signal[-1] < 0 and macd[-2] - signal[-2] > 0:
    # 获取当前投资组合中股票的仓位
    curPosition = get_position(context.s1).quantity
    #进行清仓
    if curPosition > 0:
        order_target_value(context.s1, 0)

# 如果短均线从下往上突破长均线，则为入场信号
if macd[-1] - signal[-1] > 0 and macd[-2] - signal[-2] < 0:
    # 满仓入股
    order_target_percent(context.s1, 1)
```

其量化回测如图 3.7 所示。

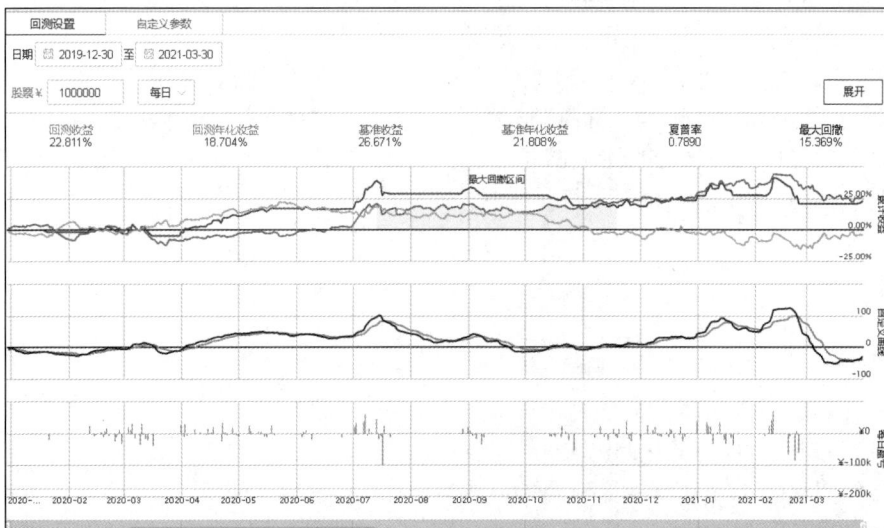

图 3.7 　MACD 量化回测

3.4　小结

　　通过上面三个简短的量化小案例，初步讲解了量化的大致流程。在面对复杂的市场环境时，策略也应该不断地更新与进步。市场上不存在一个永恒不变的策略圣杯去通吃整个市场。回测贵州茅台均线金叉表现好，因为 2020 年白酒板块相对别的板块较为火爆，所以持仓时间越长，收益也越大。这就是均线金叉策略比 MACD 策略回测收益要高很多的原因。因为其收益高，所以带动所有指标（年化收益率、夏普比率）都非常好看。

　　其实量化是有一些误区的，人们总是在用历史规律去预测未来会发生什么，这就是认知偏差。通过归纳法思维，人们总是由个别到一般。虽然贵州茅台均线金叉表现好，但是不代表回测美的集团（000333）均线金叉策略就比 MACD 策略要好很多，也不能代表任意股票、任意时间段都是均线金叉策略比 MACD 策略好。所以都是一个策略在一定时间段或某一板块上因为资金的流入而表现得很好，在股票价格走势上表现为上涨。用量化的语言表示就是，通过量化筛选某些股票，市场在某一时间段由于资金流入或市场供需关系的原因导致股票价格的不断上涨。可见，量化在某种程度上也有一定的局限性。

　　前面初步讲解了量化的基本操作（开仓、平仓、均线指标、MACD 指标执行策略等），以科普居多。真实的量化交易以清洗数据、梳理数据为主，写代码做回测在实际工作中占比不大，贡献估计在 20%～30%。交易这门学问就存在人为的追涨杀跌与情绪化操作，这导致股票的价格涨跌是一件随机事件，具体涨跌多少要看市场的情绪、供需关系和支撑与否。

　　即便价格因素可以人为制造，但是成交量与资金量却是实实在在的"真金白银"，主力存在故意互倒来拉高成交，但是从长期来看，互倒的成本也相对较高，一般成交量放大且价格在低位，可以认为是主力短期吸筹。当然，结合缠论的底背离，成功的概率将极大提高，但凡事皆有例外，底背离之后继续放量杀跌，也不是不可以，还是要注意风险。

　　所以在第 4 章中，笔者希望对从最开始的爬虫技术，到爬取股票资金流、爬取股票人气排名、多线程爬取，再到爬取"游资"与"机构"股票进行讲解。其主要思想还是从资金面与资金量出发，真实地爬取这些股票，通过筛选与分析将这些股票增加到股票池中。目的：一是可以提高量化的胜率；二是可以为以后 Python 量化交易实战打下基础。

3.5　习题

　　通过下面的习题来检验本章的学习。

　　（1）使用 talib.kdj 指标量化回测 KDJ 金叉策略。

　　（2）多股票 KDJ 金叉策略（提示：4000 支股票筛选完之后，使用 for 循环遍历 4000 支股票，筛选金叉股票进行买入）。

CHAPTER 2

第 2 篇

爬虫基础与实践

第4章

爬虫技术的基本应用

市面上大多数 Python 量化书籍从第 3 章以后，就开始进行 Python 库与量化知识的讲解：小到教你如何使用 Pandas、可视化分析 Matplotlib 与 seaborn、数据与处理，大到时间序列分析、统计基础分析（方差/标准差/贝叶斯公式/正态分布/偏态分布/回归分析）、量化金融概念，其实这些对于真实的量化所起到的帮助并不是很大。原因是，基础知识都很简单，但想做到有效的模型与量化策略却很难。本章主要从爬虫技术出发，教大家从 4000 多支股票中筛选出有价值的股票。

爬虫工程师作为网络中专业工种的从业者，可以将网站的信息进行结构化处理，爬取到想要的信息，聚合数据并保存到数据库中。有时会遇到网址变更、ip 封锁、登录限制、验证码、JavaScript 脚本动态网站数据等限制爬取的情况发生，爬虫工程师会结合自身经验，不断尝试。爬虫工程师需要完成数据的网页抓取、采集、清洗、分析及数据的监控、性能调优等工作，所以其需要具有较强的分析和解决问题的能力，需要扎实的算法与数据结构功底，以及对新的知识和技术有强烈的热情。

虽然我们不是要做专业的爬虫工程师，但是在遇到想处理的金融问题时，也可以通过知识去解决问题。

本章主要涉及的知识点：

- 爬虫步骤。学会爬取所需网页的三个步骤。
- 爬取百度动态 Logo。学会爬取并保存到本地。

4.1 爬虫技术概述

随着社会的发展与时代的进步，如何有效地利用网络信息并从这些信息中提取有效信息，成为一个巨大的挑战。搜索引擎 Google 是最开始做这件事情的。该搜索引擎（Search Engine）定向抓取相关网络资源，并返回给用户，它已经成为辅助人类信息检索的一个工具，极大地缩短了人们查找信息的时间，提升了查找效率。之后，国内搜索引擎百度应运而生。

经过搜索引擎的网页分析与算法处理，如数据分析、筛选、重建索引、优化显示等操作，会将有效链接放在显示队列中。

网络爬虫（Web Crawler）是一种按照一定的设计筛选规则，自动地抓取网络信息的程序或脚本，它被广泛用于互联网搜索引擎或其他类似网站中。它可以自动采集所有能够访问到的页面内容，以便获取与浏览这些网站的内容。

4.1.1 爬虫爬取网页的步骤及网页分类

爬取一个网页一般分为三个步骤：网页数据采集、网页数据处理、网页数据保存。

通过以上三个步骤可以将网页所需内容爬取到数据库中。例如，使用 Google Chrome 浏览器在网络地址栏中输入 www.baidu.com，按回车键后再按 F12 键（打开开发调试工具），显示界面如图 4.1 所示。

图 4.1　Google Chrome 浏览器开发调试工具

单击 Network，可以查看相关网络请求信息。如果没有信息，请按 F5 键对页面进行刷新操作。如果是动态网页，则可以选择 XHR 或 JS 获取动态网页数据。如果是静态网页，则可以在 Elements 中寻找该元素所对应的位置，如图 4.2 所示。

图 4.2　在 Elements 中寻找元素

单击小箭头或按 Ctrl+Shift+C 组合键选择元素，即可对应元素所对应的代码。显示界面如图 4.3 所示。

图 4.3　百度网站元素所对应的位置

网页分为以下两大类：

（1）静态网页。静态下载的优势是下载速度快，但是页面只是一个枯燥的 HTML，因为页面链接分析中获取的只是带 < a > 标签的 href 属性。在 Python 中可以利用 BeautifulSoup 模块 HTML 解析器等为用户提供需要抓取的数据。

（2）动态网页。网页会使用 JavaScript 处理，网页内容通过 Ajax 异步获取。

我们喜欢爬取动态网页内容，因为动态网页直接返回的就是一个 JSON，传给 DataFrame 就能构成一个数据表，而动态网页经常设置 token 及将 JavaScript 经过代码混淆和加密。

4.1.2　网页爬虫 Selenium 及手机 App 爬虫 Appium

Selenium 是一个 Web 应用程序的自动化框架。通过它可以写出自动化程序，像人一样在浏览器中操作 Web 界面。例如，单击界面按钮、在文本框中输入文字信息、滑动界面、翻页等操作。后期需要 Selenium 自动爬取某财经网站股票人气。

Appium 是一个自动化测试开源工具，支持 iOS 平台和 Android 平台上的原生应用、Web 应用和混合应用。当然，Appium 也可作为手机爬虫工具来使用。它的原理与 Selenium 的原理很像，因为 Appium 自动化架构就是借鉴 Selenium 的。手机 App 自动化可以完成一些重复性的任务，或者有的系统没有网页，也不方便通过 HTTP 爬取的任务。重要的是，Appium 是一个跨平台的工具，它允许测试人员在不同的平台（iOS、Android）中使用同一套 API 来写自动化测试脚本，这样极大增加了 iOS 和 Android 测试套件间代码的复用性。

Appium 是可跨多平台的（包括 MAC、Windows 和 Linux 操作系统），又同时支持 Android 和 iOS 两个手机操作系统。Appium 选择了 Client/Server 设计模式。如果 Client 能够发送 http 请求给 Server，那么 Client 用什么语言来实现都是可以的，从而省去了为每种语言开发一个 Client 的工作量。Appium-client 及 Selenium（WebDriver）支持的多语言包括 Python、JavaScript（Node.js）、PHP、Ruby、C#（.NET）。

我们使用 Appium 是为了爬取手机 App 上的游资与机构的股票，以缩小量化筛选范围、提高胜率为主要思想。

4.2　爬取百度网站 Logo 及思路分析

我们已初步了解了爬虫的工作原理及分类，现在自己动手使用 Python 编写一个爬虫程序来爬取百度网站上的 Logo。要记住前面讲解的爬取网页三步骤：网页数据采集、网页数据处理和网页数据保存。

4.2.1　爬取百度网站 Logo

下面介绍具体操作步骤。

（1）输入网址：在 Google Chrome 网址栏中输入要爬取的目标网站网址 www.baidu.com。

（2）打开调试工具：按 F12 键，在 Elements 中寻找目标元素，百度网站如图 4.4 所示。

（3）定位元素：单击小箭头或按 Ctrl+Shift+C 组合键选择元素，即可对应元素所对应的代码，如图 4.5 所示。

我们要爬取的动图是百度网站的 Logo，如图 4.6 所示。

图 4.4　百度网站

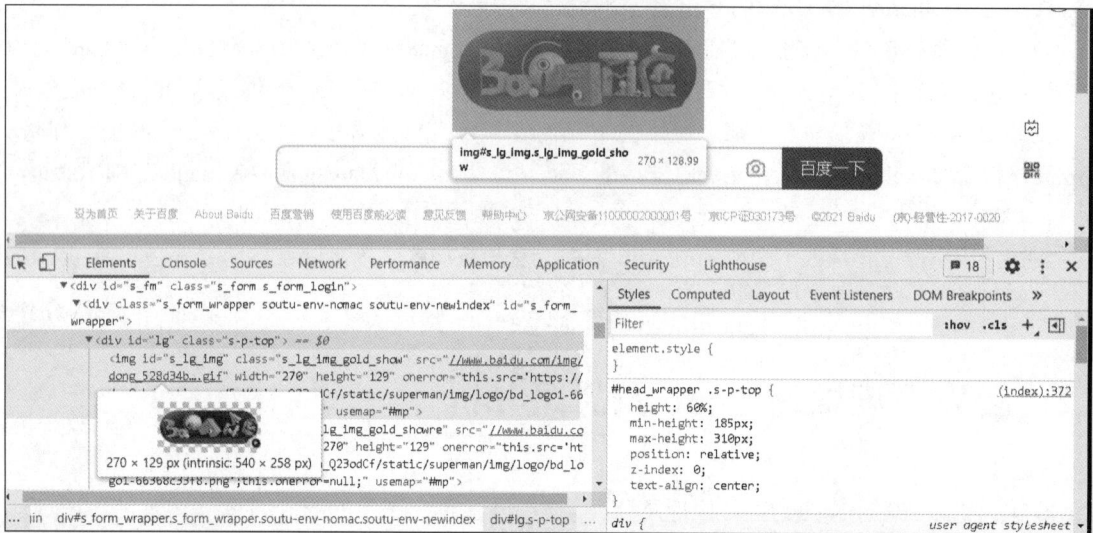

图 4.5　百度动图

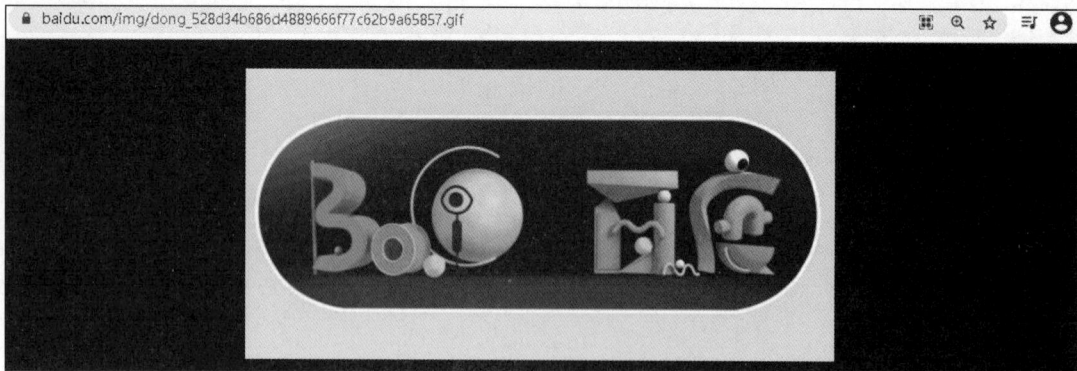

图 4.6　动图网址

（4）编写爬虫代码。代码如下：

```
# coding=utf-8
import requests
r = requests.get("https://www.baidu.com/img/dong_528d34b686d4889666f77c62b9a65857.gif")
with open("baidu.png","wb") as f:
    f.write(r.content)
```

（5）检查目标 Logo 图片，如图 4.7 所示。

图 4.7　将动图爬取到本地

4.2.2　思路分析

因为每次爬取动态图片都需要知道图片的具体网址，所以有没有一种简单的方法，只要输入 www.baidu.com，就能获取当日动态图片呢？答案是有的。下面来分析一下百度网。

首先运行以下代码：

```
# coding=utf-8
import requests
r = requests.get("https://www.baidu.com ")
r.text
```

返回结果如下：

```
'<!DOCTYPE html>\r\n<!--STATUS OK--><html> <head><meta http-equiv=content-type content=
text/html;charset=utf-8><meta http-equiv=X-UA-Compatible content=IE=Edge><meta content=
always name=referrer><link rel=stylesheet type=text/css href=https://ss1.bdstatic.com/
5eN1bjq8AAUYm2zgoY3K/r/www/cache/bdorz/baidu.min.css><title>ç\x99¾å°¦ä¸\x80ä¸\x8bï¼\x
8cä½\xa0å°±ç\x9f¥é\x81\x93</title></head> <body link=#0000cc> <div id=wrapper> <div
id=head> <div class=head_wrapper> <div class=s_form> <div class=s_form_wrapper> <div id=lg>
<img hidefocus=true src=//www.baidu.com/img/bd_logo1.png width=270 height=129> </div>
<form id=form name=f action=//www.baidu.com/s class=fm> <input type=hidden name=bdorz_
come value=1> <input type=hidden name=ie value=utf-8> <input type=hidden name=f value=8>
<input type=hidden name=rsv_bp value=1> <input type=hidden name=rsv_idx value=1> <input
type=hidden name=tn value=baidu><span class="bg s_ipt_wr"><input id=kw name=wd class=
s_ipt value maxlength=255 autocomplete=off autofocus=autofocus></span><span class="bg
```

s_btn_wr"><input type=submit id=su value=ç\x99¾å°¦ä¸\x80ä¸\x8b class="bg s_btn" autofocus></span> </form> </div> </div> <div id=u1> <a href=http://news.baidu.com name=tj_trnews class=mnav>æ\x96°é\x97»</a> <a href=https://www.hao123.com name=tj_trhao123 class=mnav>hao123</a> <a href=http://map.baidu.com name=tj_trmap class=mnav>å\x9c°å\x9b¾</a> <a href=http://v.baidu.com name=tj_trvideo class=mnav>è§\x86é¢\x91</a> <a href=http://tieba.baidu.com name=tj_trtieba class=mnav>è´´å\x90§</a> <noscript> <a href=http://www.baidu.com/bdorz/login.gif?login&tpl=mn&u=http%3A%2F%2Fwww.baidu.com%2f%3fbdorz_come%3d1 name=tj_login class=lb>ç\x99»å½\x95</a> </noscript> <script>document.write(\'<a href="http://www.baidu.com/bdorz/login.gif?login&tpl=mn&u=\'+ encodeURIComponent(window.location.href+(window.location.search === "" ? "?" : "&")+ "bdorz_come=1")+ \'" name="tj_login" class="lb">ç\x99»å½\x95</a>\');\r\n </script> <a href=//www.baidu.com/more/ name=tj_briicon class=bri style="display: block;">æ\x9b´å¤\x9aäº§å\x93\x81</a> </div> </div> </div> <div id=ftCon> <div id=ftConw> <p id=lh> <a href=http://home.baidu.com>å\x85³äº\x8eç\x99¾åº¦</a> <a href=http://ir.baidu.com>About Baidu</a> </p> <p id=cp>©2017 Baidu <a href=http://www.baidu.com/duty/>ä½¿ç\x94¨ç\x99¾åº¦å\x89å¿\x85读</a> <a href=http://jianyi.baidu.com/ class=cp-feedback>æ\x84\x8fè§\x81å\x8f\x8d馈</a> äº¬ICPè¯\x81030173å\x8f· <img src=//www.baidu.com/img/gs.gif> </p> </div> </div> </div> </body> </html>\r\n'

除了加密混淆之外，与我们正常看到的 Elements 代码还是不太一样。百度 Elements 代码如图 4.8 所示。

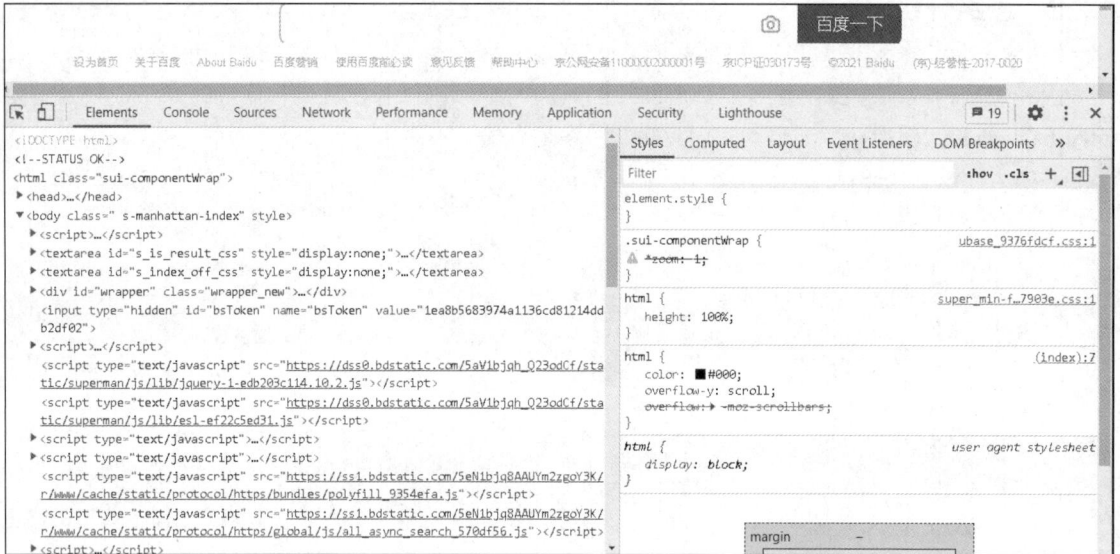

图 4.8　百度 Elements 代码

我们在 Network 中搜索 dong_528d34b686d4889666f77c62b9a65857.gif，会搜索到并显示所有关于 dong_528d34b686d4889666f77c62b9a65857.gif 的信息，显示结果如图 4.9 所示。在搜索结果中发现以下一些字典。

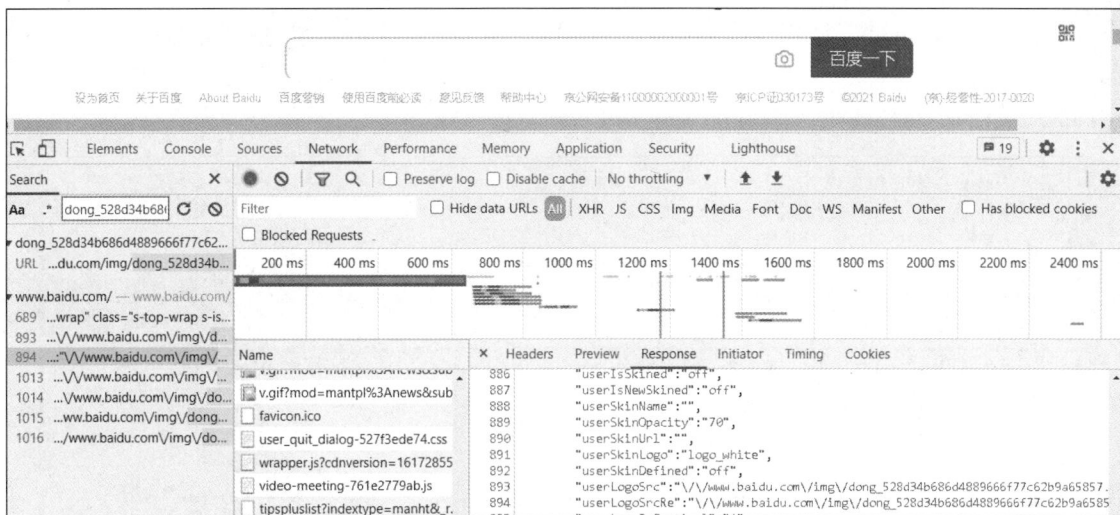

图 4.9　关于 GIF 动图搜索

```
"userLogoSrc":"\/\/www.baidu.com\/img\/dong_528d34b686d4889666f77c62b9a65857.gif",
"userLogoSrcRe":"\/\/www.baidu.com\/img\/dong_528d34b686d4889666f77c62b9a65857.gif",
```

　　然后搜索 userLogoSrc，从结果可以发现，它其实是在 JS 函数中，通过 JS 函数可以变相给图片加密，如图 4.10 所示。

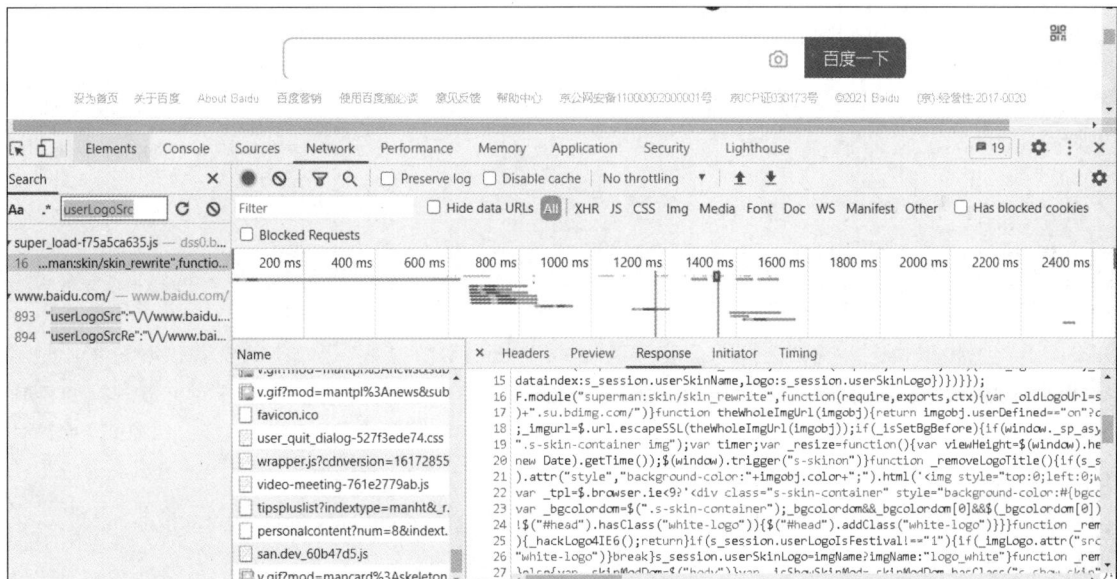

图 4.10　搜索 userLogoSrc

　　在上述分析中，读者可能认为无法自动获取动态图片地址。因为百度既通过加密，又通过 JS 函数来混淆，所以比较难直接获取动态图片所对应的网址，进而没法实现自动爬取功能。但答案是有办法，通过 Selenium 自动浏览网页造成了人工浏览的假象，以获取网页源代码，此时网页代码如图 4.11 所示。

然后通过 BeautifulSoup 和 bs.find 就可以定位图片所对应的网址，如图 4.12 所示。

```
1  from selenium import webdriver
2
3  # 创建 WebDriver 对象，指明使用chrome浏览器驱动
4  wd = webdriver.Chrome(r'd:\webdrivers\chromedriver.exe')
5  # 调用WebDriver 对象的get方法 可以让浏览器打开指定网址
6  wd.get('https://www.baidu.com')
7  elements = wd.find_element_by_id('s_lg_img')
8  print(elements)
9  print(wd.page_source)#打印网页源代码
```

sport.baidu.com/v2/?login&tpl=mn&u=http%3A%2F%2Fwww.baidu.com%2F&sms=5" name="tj_login" onclick="return false;">登录
　　　　<div class="guide-info-new s-top-loginbtn-bottom" style="left: -186px;top: 38px;">
　　　　　　<span>即刻登录，畅享度晓晓新皮肤</span>
　　　　　　<i class="c-icon guide-close"> </i>
　　　　　　<div class="guide-arrow-bottom">
　　　　　　</div>
　　　　</div>
　　　</a><div id="s-user-setting-menu" class="s-top-userset-menu c-floating-box c-font-normal"><div class="s-user-setting-pfmenu"></div><a class="s-set-hotsearch set-hide" href="javascript:;">关闭热搜</a><a class="s-set-hotsearch set-show" href="javascript:;" style="display: none;">开启热搜</a></div><div class="guide-info "><i class="c-icon guide-icon"> </i><span>牛年贺岁，登录设置新春皮肤！</span><i class="c-icon guide-close"> </i></div><div id="head_wrapper" class="head_wrapper s-isindex-wrap nologin"><div class="s_form s_form_nologin"><div class="s_form_wrapper soutu-env-nomac soutu-env-index"><style>.index-logo-srcnew,.index-logo-peak {display: none;}@media (-webkit-min-device-pixel-ratio: 2), (min-moz-device-pixel-ratio: 2), (-o-min-device-pixel-ratio: 2), (min-device-pixel-ratio: 2){.index-logo-src {display: none;}.index-logo-srcnew {display: inline;}}</style><div id="lg" class="s-p-top"><img hidefocus="true" id="s_lg_img" class="index-logo-src" src="//www.baidu.com/img/dong_528d34b686d4889666f77c62b9a65857.gif" width="270" height="129" onerror="this.src='//www.baidu.com/img/flexible/logo/pc/index.png';this.onerror=null;" usemap="#mp"><img hidefocus="true" id="s_lg_img_new" class="index-logo-srcnew" src="//www.baidu.com/img/dong_528d34b686d4889666f77c62b9a65857.gif" width="270" height="129" onerror="this.src='//www.baidu.com/img/flexible/logo/pc/index@2.png';this.onerror=null;" usemap="#mp"><map name="mp"><area style="outline:none;" hidefocus="true" shape="rect" coords="0,0,270,129" href="//www.baidu.com/?wd=%e6%84%9a%e4%ba%ba%e8%8a%82&sa=ire_dl_gh_logo_texing&rsv_dl=igh_logo_pcs" onmousedown="return ns_c({fm:

图 4.11　通过 Selenium 获取百度动图位置

```
1  from bs4 import BeautifulSoup
2  html=wd.page_source
```
```
1  bs = BeautifulSoup(html, "html.parser")
2  title = bs.find('div', id='lg').img
3  print(title.get("src")[2:])
```
www.baidu.com/img/dong_528d34b686d4889666f77c62b9a65857.gif

图 4.12　通过 BeautifulSoup 和 bs.find 成功获取百度动图

本节讲解了爬取百度动图的步骤及思路分析，步骤由简单到复杂，逐层分解、层层递进，很好地还原了一个爬虫新手可能会遇到的难题与挑战，以及应该怎样解决它。本节主要核心技术还是解析 HTML 源码。Python 默认可以使用 HtmlParser 来解析 HTML，还有很多第三方库可以解析 HTML（lxml/BeautifulSoup/…），甚至可以通过一些库（Selenium 等）来直接使用浏览器。你可以直接使用类似 body.div.a['href']这样简单的语法获取需要的内容。

以上涉及动态网页、静态网页和网页自动化的知识。其中网页自动化 Selenium 的详细安装，请见 6.3.2 小节。

4.3　小结

　　巧妇难为无米之炊，数据的获取永远是第一步，也是最重要的一步。很难想象一个数据分析处理模型在没有数据的情况下能做什么。所以爬虫采集数据的速度与稳定性必然是重中之重。

　　爬取速度的延迟、数据源的不稳定、数据源的滞后等诸多因素严重影响数据的有效性。对于高速运行的金融市场，数据的无效性等同于"无数据"，对量化结果会产生巨大的影响。当然，我们可以使用便捷的第三方库解决一些问题，但是基础的爬虫应用也是必须会的，毕竟第三方库不会提供想要的所有数据。

4.4　习题

　　通过下面的习题来检验本章的学习。

　　（1）尝试使用 requests.get 语句爬取目标网站（https://www.eastmoney.com/）中的 201909/20190912110958.jpg 图标。

　　（2）尝试使用 requests.get 语句爬取目标网站中的数据（可尝试爬取同花顺或东方财富股票数据）。

第 5 章

爬取股票个股资金流及板块资金流

股票的资金流向是必须密切注意的一项,它反映出投资者的买卖强弱。一般来讲,凡是资金大量流入的股票,虽然其股价不是必须涨,但是至少不会跌得太多;相反,大资金不断流出的股票,其股价就会逐步下跌,这也是市场使然。

有一些技术指标可用来表示资金流,如 Money Flow Index(MFI),即资金流向指标。投资者的行动轨迹在相当程度上指示了股价未来变动的方向。

我们不是要做 MFI 指标,而是要理解指标创作者的思维,通过提升自己的思维意识提高自己的认知水平。我们想通过获取不同时间段的股票资金流入情况,得到资金流与涨幅的关系。

本章主要涉及的知识点:

- 个股资金流爬取。学会如何找到 JSON 格式的数据,并顺利保存。
- 板块资金流爬取。通过前面案例的学习,爬取板块资金流并保存。

5.1　爬取股票个股资金流的优势

　　股票流通市场永远是资金在博弈。价格可以通过一些技巧去"人为画线"，例如，尾盘拉升，早盘高开。而资金量是买家与卖家为把价格打上去而付出的"真金白银"，所以如果有资金大幅度加仓某支股票，意味着市场一定是有某种利好，供不应求，市场买方意愿强烈，价格会大幅度地抬升。具体情况还得结合当时大盘背景与个股技术盘面。

　　当然，股票价格没过均线 MA60，短期放量与否都是不应该进场参与的。因为技术形态不好，可能到均线 MA60 日线还会大幅杀跌。即便短期资金有流入，也可能是抄底的资金，还是不能轻易参与。

　　下面列举两个例子。

　　（1）2021 年 2 月 8 日，浪潮信息（000977）有资金短期参与，当日净流入达 1.6 亿元，全市排名第 31 位。主力占比 8%，涨幅 6.7%。2021 年 2 月 8 日股票资金流数据如图 5.1 所示。因为技术形态较好，其后面也是一小段较为猛烈的上涨。浪潮信息（000977）2021 年走势如图 5.2 所示。

图 5.1　2021 年 2 月 8 日股票资金流数据

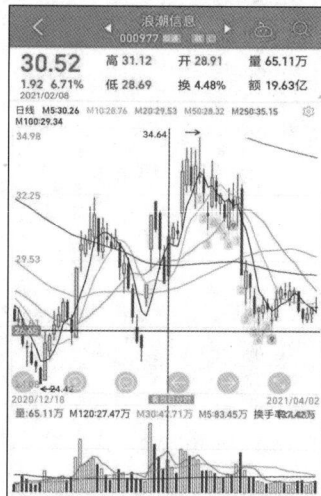

图 5.2　浪潮信息（000977）2021 年走势

　　（2）2021 年 2 月 8 日，南网能源（003035）有资金短期参与，当日净流入达 7.5 亿元，全市排名第 2 位。2021 年 2 月 26 日、3 月 8 日，接连获得全市净流入排名第 15 位、第 2 位。2021 年 2 月 26 日、3 月 8 日股票资金流入数据如图 5.3 和图 5.4 所示。

　　然后，南网能源（003035）在碳中和题材的炒作下，在 20 天内，顺利从 8 元拉升到 15 元，价格快要翻倍了，其走势如图 5.5 所示。

2021_02_26_1.txt ✓ 2021年2月26日
File Edit View Language

```
1  ,code,不知道,name,主占比√,价格,f204,f205,f206,涨幅,主净入√,超净入,超占比,大净入,大占比,中净入,中占比,小净入,小占比
2  0,300951,1614319656,N博硕,23.51,151.9,-,-,-,102.05,2.86,0.56,4.58,2.31,18.93,-3.72,-30.53,0.85,7.01
3  1,600276,1614319655,恒瑞医药,9.2,102.59,-,-,-,1.52,2.72,1.4,4.72,1.33,4.48,-1.56,-5.28,-1.16,-3.92
4  2,000625,1614319656,长安汽车,9.1,18.62,-,-,-,7.94,2.02,-0.08,-0.36,2.1,9.45,-0.47,-2.09,-1.55,-7.0
5  3,300949,1614319656,N奥雅,22.01,124.93,-,-,-,130.37,1.81,0.28,3.46,1.53,18.55,-1.75,-21.33,-0.06,-0.68
6  4,300122,1614319656,智飞生物,5.62,176.61,-,-,-,4.56,1.7,2.06,6.81,-0.36,-1.18,-0.55,-1.82,-1.15,-3.8
7  5,000816,1614319653,智慧农业,30.58,3.69,-,-,-,10.15,1.62,1.57,29.67,0.05,0.91,-0.44,-8.2,-1.19,-22.38
8  6,002557,1614319656,洽洽食品,19.04,57.08,-,-,-,4.93,1.5,0.34,4.28,1.16,14.76,-0.44,-8.11,-0.86,-10.94
9  7,002002,1614319653,鸿达兴业,13.77,3.93,-,-,-,10.08,1.49,2.41,22.33,-0.92,-8.56,-0.77,-7.15,-0.71,-6.62
10 8,000995,1614319650,皇台酒业,31.36,20.81,-,-,-,9.99,1.46,35.55,-0.2,-4.19,-0.7,-15.06,-0.76,-16.3
11 9,600703,1614319655,三安光电,6.22,29.98,-,-,-,2.22,1.41,1.6,7.03,-0.19,-0.82,-0.51,-2.27,-0.9,-3.95
12 10,600111,1614319655,北方稀土,3.27,20.78,-,-,-,3.9,1.4,1.5,7.1,1.3,3.99,-0.31,-1.63,-0.7,-1.64
13 11,601127,1614319656,小康股份,9.02,19.34,-,-,-,10.01,1.23,1.5,10.99,-0.27,-1.97,-0.61,-4.44,-0.62,-4.58
14 12,601607,1614319656,上海医药,11.49,20.43,-,-,-,6.85,1.18,0.76,7.42,0.42,4.08,-0.18,-1.72,-1.0,-9.78
15 13,002030,1614319656,达安基因,5.52,34.4,-,-,-,7.57,0.97,1.12,6.4,-0.15,-0.88,-0.0,-0.01,-0.97,-5.51
16 14,300115,1614319656,长盈精密,7.56,23.91,-,-,-,7.61,0.91,0.9,29.2,0.62,5.16,-0.09,-0.65,-0.83,-6.91
17 15,003035,1614319656,南网能源,7.09,6.58,-,-,-,7.87,0.88,1.03,8.32,-0.15,-1.24,-0.06,-0.48,-0.82,-6.6
18 16,300390,1614319656,天华超净,11.87,28.51,-,-,-,6.5,0.87,0.53,7.25,0.34,4.62,-0.59,-8.06,-0.28,-3.81
19 17,688677,1614319656,N海泰,12.63,60.0,-,-,-,67.79,0.8,0.31,3.29,0.59,9.34,0.04,0.56,-0.84,-13.19
20 18,600292,1614319656,远达环保,14.22,7.93,-,-,-,9.99,0.81,1.17,82,-0.2,-4.42,-7.42,-0.36,-6.8
21 19,002017,1614319650,东信和平,23.3,11.86,-,-,-,10.02,0.75,0.8,24.59,-0.04,-1.29,-0.3,-9.22,-0.46,-14.08
22 20,002311,1614319656,海大集团,10.09,75.59,-,-,-,1.31,0.74,-0.03,-0.47,0.78,10.57,-0.61,-8.38,-0.13,-1.72
23 21,300777,1614319656,中简科技,18.53,50.7,-,-,-,3.13,0.72,0.33,8.39,0.39,10.15,-0.26,-10.91,-0.3,-7.73
24 22,600776,1614319656,东方通信,10.51,14.54,-,-,-,9.98,0.7,0.68,10.3,0.09,1.28,-0.06,-0.33,-0.43,-6.53
25 23,601038,1614319655,一拖股份,19.65,10.2,-,-,-,9.99,0.67,0.61,17.87,0.06,1.6,-0.59,-18.35,-0.33,-9.82
26 24,002006,1614319650,精功科技,26.76,7.12,-,-,-,10.05,0.66,0.94,37.91,-0.28,-11.15,-0.36,-14.33,-0.31,-12.43
27 25,600230,1614319653,沧州大化,21.83,15.38,-,-,-,10.01,0.61,0.59,21.04,0.02,0.13,-0.51,-3.53,-1.03,-7.17
28 26,002601,1614319656,龙蟒佰利,5.26,40.81,-,-,-,1.73,0.55,0.19,1.84,0.36,3.43,-0.88,-8.52,0.34,3.26
29 27,000860,1614319656,顺鑫农业,11.93,54.98,-,-,-,1.63,0.54,-0.05,0.54,1.43,19.98,-0.02,-0.73
30 28,600237,1614319656,铜峰电子,31.16,5.74,-,-,-,9.96,0.53,0.46,27.01,0.07,4.15,-0.2,-11.78,-0.33,-19.38
```

图 5.3   2021 年 2 月 26 日股票资金流入数据

2021_03_08_1.txt ✓ 2021年3月8日
File Edit View Language

```
1  ,code,不知道,name,主占比√,价格,f204,f205,f206,涨幅,主净入√,超净入,超占比,大净入,大占比,中净入,中占比,小净入,小占比
2  0,601318,1615189179,中国平安,6.43,84.95,-,-,-,9.97,8.81,-2.15,-2.38,-3.72,-4.11,-2.09,-2.31
3  1,000725,1615189843,京东方A,4.46,6.27,-,-,-,0.64,3.67,1.48,1.8,2.19,2.66,-1.86,-2.26,-1.81,-2.2
4  2,003035,1615188843,南网能源,37.47,7.63,-,-,-,9.94,3.41,3.71,40.82,-0.3,-3.39,-15.31,-2.02,-22.58
5  3,600516,1615189193,方大炭素,20.45,9.45,-,-,-,10.01,3.21,3.87,24.64,-0.66,-4.19,-1.56,-9.95,-1.65,-10.5
6  4,601288,1615189179,农业银行,16.3,3.36,-,-,-,0.3,2.51,3.51,22.79,-1.0,-6.49,-1.12,-7.23,-1.4,-9.07
7  5,600111,1615189177,北方稀土,2.95,22.34,-,-,-,3.47,1.89,2.96,4.62,-1.07,-1.67,-1.57,-2.44,-0.32,-0.51
8  6,000825,1615188843,太钢不锈,37.44,4.3,-,-,-,9.97,1.81,2.15,44.51,-0.34,-7.07,-0.55,-10.83,-17.29
9  7,601016,1615189203,节能风电,10.7,3.88,-,-,-,6.3,1.54,1.52,10.57,0.02,0.13,-0.51,-3.53,-1.03,-7.17
10 8,600875,1615189200,东方电气,9.41,12.73,-,-,-,5.03,1.53,1.41,8.66,0.12,0.74,-0.86,-5.38,-0.66,-4.03
11 9,600707,1615189199,彩虹股份,8.68,9.08,-,-,-,6.45,1.53,1.8,10.23,-0.27,-1.55,-0.89,-6.36,-0.5,-3.08
12 10,300146,1615188843,汤臣倍健,5.49,28.08,-,-,-,20.0,1.53,2.67,9.62,-1.15,-4.13,-1.07,-3.85,-0.46,-1.64
13 11,000758,1615188843,中色股份,12.8,5.54,-,-,-,4.53,1.35,2.1,19.96,-0.76,-7.16,-0.95,-8.08,-0.5,-4.72
14 12,601857,1615189205,中国石油,9.22,4.51,-,-,-,2.04,1.33,1.86,12.92,-0.53,-3.7,-0.7,-4.85,-0.63,-4.37
15 13,000830,1615188843,鲁西化工,14.2,14.97,-,-,-,0.53,1.24,0.5,5.68,0.75,8.52,-0.31,-3.53,-0.93,-10.5
16 14,000703,1615188843,恒逸石化,9.03,17.08,-,-,-,0.06,1.2,-0.33,-2.5,1.53,11.53,-0.6,-9.79,-0.3,-2.24
17 15,300945,1615189188,曼卡龙,26.51,25.68,-,-,-,20.0,1.14,0.98,22.86,0.16,3.64,-0.44,-10.24,-0.7,-15.3
18 16,601611,1615189188,中国核建,41.16,7.94,-,-,-,9.97,1.03,1.07,42.55,-0.03,-1.39,-0.46,-18.13,-0.58,-23.02
19 17,000875,1615188843,吉电股份,10.45,4.82,-,-,-,1.97,0.98,11.24,0.09,1.16,-0.95,-4.98,-0.02,-0.81
20 18,002353,1615188843,杰瑞股份,12.39,44.99,-,-,-,1.1,0.97,0.88,11.24,0.76,7.3,-0.38,-0.02,-0.34
21 19,000903,1615188843,云内动力,3.8,3.96,-,-,-,0.97,1.0,0.39,5.8,-0.03,-1.38,-0.35,-13.82,-0.62,-24.38
22 20,600744,1615189199,华银电力,29.65,3.31,-,-,-,9.97,0.93,0.97,30.93,-0.14,-4.48,-0.48,-15.16
23 21,600028,1615189203,中国石化,6.18,4.56,-,-,-,1.33,0.9,1.47,10.08,-0.57,-3.9,-0.31,-2.1,-0.59,-4.02
```

图 5.4   2021 年 3 月 8 日股票资金流入数据

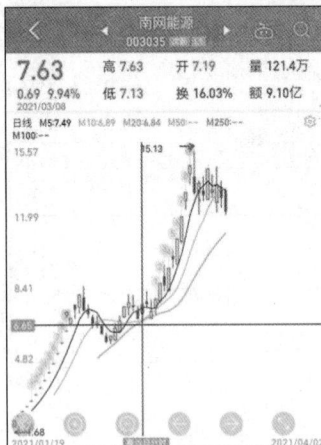

南网能源
003035

7.63   高 7.63   开 7.19   量 121.4万
0.69 9.94%   低 7.13   换 16.03%   额 9.10亿
2021/03/08
日线 MS7.49 M10:6.89 M20:6.84 M50:-- M250:--
M100:--
15.57
15.13
11.99
8.41
4.82
2021/01/19   003035   2021/04/02

图 5.5   2021 年南网能源（003035）走势

由以上两个例子可知，有效地获取、保存、分析股票资金流，利用数据筛选出资金大幅流入与加仓的股票和板块并提前布局，会提高量化交易的获利。这样做，真的会事半功倍。

当然，资金爬取也有弊端，因为是按交易金额排序，所以对大市值、机构股票较为有利，对小盘股不敏感。

5.2 写一个爬取股票个股资金流的 Python 程序

我们初步了解了爬取资金流的优势，现在就要动手自己编写 Python 程序，以爬取网上股票个股资金流。

5.2.1 寻找资金流网址

我们选择的股票资金流网址是东方财富网址，因为东方财富旗下拥有金融交易、行情查询、社区交流和数据支持等全方位金融服务平台，还拥有基金网站排名第 2 的天天基金网。天天基金网作为国内访问量大、用户影响力大的基金网站，一直致力于为广大的基民服务。

打开东方财富个股资金流网址，界面如图 5.6 所示。

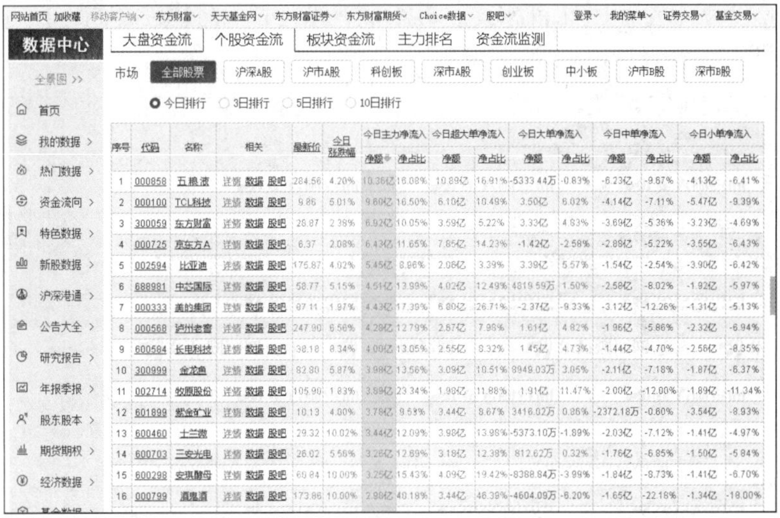

序号	代码	名称	相关	最新价	今日涨跌幅	今日主力净流入		今日超大单净流入		今日大单净流入		今日中单净流入		今日小单净流入	
						净额	净占比	净额	净占比	净额	净占比	净额	净占比	净额	净占比
1	000858	五粮液	详情 数据 股吧	284.56	4.20%	10.36亿	16.08%	10.89亿	16.91%	-5333.44万	-0.83%	-6.23亿	-9.67%	-4.13亿	-6.41%
2	000100	TCL科技	详情 数据 股吧	9.86	5.01%	9.60亿	16.50%	6.10亿	10.49%	3.50亿	6.02%	-4.14亿	-7.11%	-5.47亿	-9.39%
3	300059	东方财富	详情 数据 股吧	28.87	2.38%	6.92亿	10.05%	3.59亿	5.22%	3.33亿	4.83%	-3.69亿	-5.36%	-3.23亿	-4.69%
4	000725	京东方A	详情 数据 股吧	6.37	2.08%	6.43亿	11.65%	7.85亿	14.23%	-1.42亿	-2.58%	-2.88亿	-5.22%	-3.55亿	-6.43%
5	002594	比亚迪	详情 数据 股吧	175.87	4.02%	5.45亿	8.96%	2.06亿	3.39%	3.39亿	5.57%	-1.54亿	-2.54%	-3.90亿	-6.42%
6	688981	中芯国际	详情 数据 股吧	58.77	5.15%	4.51亿	13.99%	4.02亿	12.49%	4819.59万	1.50%	-2.58亿	-8.02%	-1.92亿	-5.97%
7	000333	美的集团	详情 数据 股吧	87.11	1.97%	4.43亿	17.39%	6.80亿	26.71%	-2.37亿	-9.33%	-3.12亿	-12.26%	-1.31亿	-5.13%
8	000568	泸州老窖	详情 数据 股吧	247.90	6.56%	4.28亿	12.79%	2.67亿	7.96%	1.61亿	4.82%	-1.96亿	-5.86%	-2.32亿	-6.94%
9	600584	长电科技	详情 数据 股吧	38.18	8.34%	4.00亿	13.05%	2.55亿	8.32%	1.45亿	4.73%	-1.44亿	-4.70%	-2.56亿	-8.35%
10	300999	金龙鱼	详情 数据 股吧	82.80	5.87%	3.98亿	13.56%	3.09亿	10.51%	8949.03万	3.05%	-2.11亿	-7.18%	-1.87亿	-6.37%
11	002714	牧原股份	详情 数据 股吧	105.90	1.83%	3.89亿	23.34%	1.98亿	11.88%	1.91亿	11.47%	-2.00亿	-12.00%	-1.89亿	-11.34%
12	601899	紫金矿业	详情 数据 股吧	10.13	4.00%	3.79亿	9.53%	3.44亿	8.67%	3416.02万	0.86%	-2372.18万	-0.60%	-3.54亿	-8.93%
13	600460	士兰微	详情 数据 股吧	29.32	10.02%	3.44亿	12.09%	3.98亿	13.98%	-5373.10万	-1.89%	-2.03亿	-7.12%	-1.41亿	-4.97%
14	600703	三安光电	详情 数据 股吧	26.02	5.56%	3.26亿	12.69%	3.18亿	12.38%	812.62万	0.32%	-1.76亿	-6.85%	-1.50亿	-5.84%
15	600298	安琪酵母	详情 数据 股吧	60.84	10.00%	3.25亿	15.43%	4.09亿	19.42%	-8388.84万	-3.99%	-1.84亿	-8.73%	-1.41亿	-6.70%
16	000799	酒鬼酒	详情 数据 股吧	173.86	10.00%	2.98亿	40.18%	3.44亿	46.39%	-4604.09万	-6.20%	-1.65亿	-22.18%	-1.34亿	-18.00%

图 5.6 东方财富个股资金流网址界面

5.2.2 使用 F12 键查找定位元素

经常使用爬虫的读者都知道，直接按 F12 键打开开发调试工具，并查找数据所对应的网页，如图 5.7 所示。

图 5.7　查找并定位网页

然后把网址输入浏览器中，网址比较长。

http://push2.eastmoney.com/api/qt/clist/get?cb=jQuery11230661837494366 0321_1617370973822&fid=f62&po=1&pz=50&pn=1&np=1&fltt=2&invt=2&ut=b2884a393a59ad64002292a3e90d46a5&fs=m%3A0%2Bt%3A6%2Bf%3A!2%2Cm%3A0%2Bt%3A13%2Bf%3A!2%2Cm%3A0%2Bt%3A80%2Bf%3A!2%2Cm%3A1%2Bt%3A2%2Bf%3A!2%2Cm%3A1%2Bt%3A23%2Bf%3A!2%2Cm%3A0%2Bt%3A7%2Bf%3A!2%2Cm%3A1%2Bt%3A3%2Bf%3A!2&fields=f12%2Cf14%2Cf2%2Cf3%2Cf62%2Cf184%2Cf66%2Cf69%2Cf72%2Cf75%2Cf78%2Cf81%2Cf84%2Cf87%2Cf204%2Cf205%2Cf124

此时，会得到网站的反馈，如图 5.8 所示。

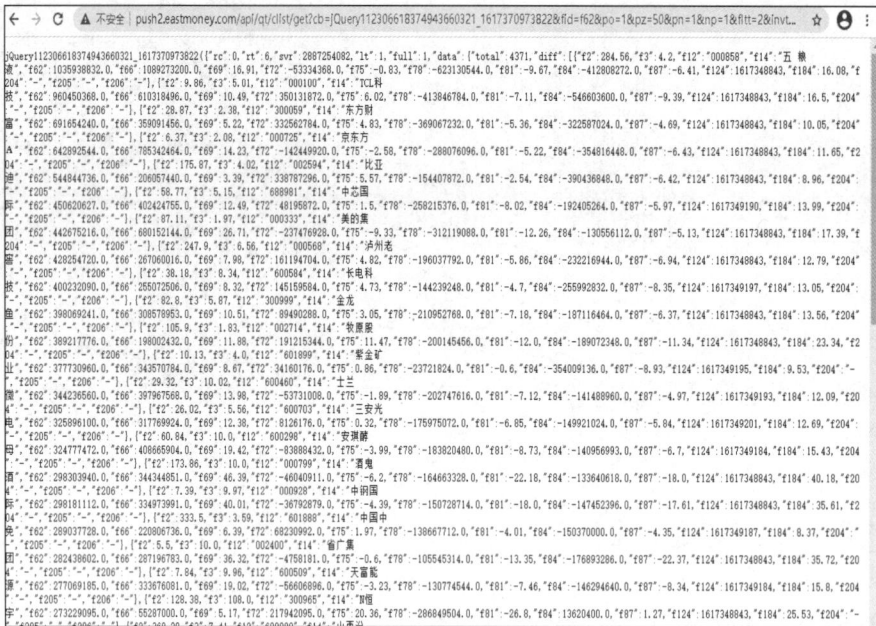

图 5.8　网站反馈

该网址对应的内容就是我们想要爬取的内容。

5.2.3　request 请求及 response 响应状态

编写爬虫代码，详见如下代码：

```
# coding=utf-8
import requests
url=" http://push2.eastmoney.com/api/qt/clist/get?cb=jQuery112306618374943660321_161
7370973822&fid=f62&po=1&pz=5&pn=1&np=1&fltt=2&invt=2&ut=b2884a393a59ad64002292a3e90d
46a5&fs=m%3A0%2Bt%3A6%2Bf%3A!2%2Cm%3A0%2Bt%3A13%2Bf%3A!2%2Cm%3A0%2Bt%3A80%2Bf%3A!2%2
Cm%3A1%2Bt%3A2%2Bf%3A!2%2Cm%3A1%2Bt%3A23%2Bf%3A!2%2Cm%3A0%2Bt%3A7%2Bf%3A!2%2Cm%3A1%2
Bt%3A3%2Bf%3A!2&fields=f12%2Cf14%2Cf2%2Cf3%2Cf62%2Cf184%2Cf66%2Cf69%2Cf72%2Cf75%2Cf7
8%2Cf81%2Cf84%2Cf87%2Cf204%2Cf205%2Cf124"
r = requests.get(url)
```

r.status_code 显示 200，表示响应状态正常。r.text 也有数据，说明爬取资金流数据是成功的，如图 5.9 所示。

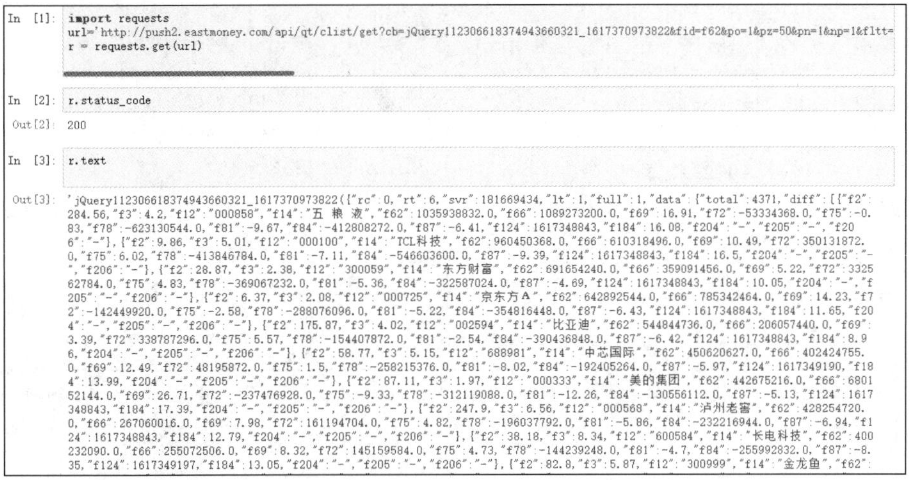

图 5.9　response 响应状态

5.2.4　清洗 str 变成 JSON 标准格式

（1）分析 r.text 数据。其内部是标准的 JSON 格式，只是前面多了一些前缀，使用 split()函数将 jQ 前缀去掉。详见如下代码：

```
r_text=r.text.split("{}".format("jQuery112306618374943660321_1617370973822"))[1]
r_text
```

运行结果如图 5.10 所示。

```
r_text=r.text.split("{}".format("jQuery112306618374943660321_1617370973822"))[1]#去掉jQuery112307110432160523366_1612345668855开
r_text
```

'({"rc":0,"rt":6,"svr":181669434,"lt":1,"full":1,"data":{"total":4371,"diff":[{"f2":284.56,"f3":4.2,"f12":"000858","f14":"五粮 液","f62":1035938832.0,"f66":1089273200.0,"f69":16.91,"f72":-53334368.0,"f75":-0.83,"f78":-623130544.0,"f81":-9.67,"f84":-412808272.0,"f87":-6.41,"f124":1617348843,"f184":16.08,"f204":"-","f205":"-","f206":"-"},{"f2":9.86,"f3":5.01,"f12":"000100","f14":"TCL科技","f62":960450368.0,"f66":610318496.0,"f69":10.49,"f72":350131872.0,"f75":6.02,"f78":-413846784.0,"f81":-7.11,"f84":-546603600.0,"f87":-9.39,"f124":1617348843,"f184":16.5,"f204":"-","f205":"-","f206":"-"},{"f2":28.87,"f3":2.38,"f12":"300059","f14":"东方财富","f62":691654240.0,"f66":359091456.0,"f69":5.22,"f72":332562784.0,"f75":4.83,"f78":-369067232.0,"f81":-5.36,"f84":-322587024.0,"f87":-4.69,"f124":1617348843,"f184":10.05,"f204":"-","f205":"-","f206":"-"},{"f2":6.37,"f3":2.08,"f12":"000725","f14":"京东方A","f62":642892544.0,"f66":785342464.0,"f69":14.23,"f72":-142449920.0,"f75":-2.58,"f78":-288076096.0,"f81":-5.22,"f84":-354816448.0,"f87":-6.43,"f124":1617348843,"f184":11.65,"f204":"-","f205":"-","f206":"-"},{"f2":175.87,"f3":4.02,"f12":"002594","f14":"比亚迪","f62":544844736.0,"f66":206057440.0,"f69":3.39,"f72":338787296.0,"f75":5.57,"f78":-154407872.0,"f81":-2.54,"f84":-390436848.0,"f87":-6.42,"f124":1617348843,"f184":8.96,"f204":"-","f205":"-","f206":"-"},{"f2":58.77,"f3":5.15,"f12":"688981","f14":"中芯国际","f62":450620627.0,"f66":402424755.0,"f69":12.49,"f72":48195872.0,"f75":1.5,"f78":-258215376.0,"f81":-8.02,"f84":-192405264.0,"f87":-5.97,"f124":1617349190,"f184":13.99,"f204":"-","f205":"-","f206":"-"},{"f2":87.11,"f3":1.97,"f12":"000333","f14":"美的集团","f62":442675216.0,"f66":680152144.0,"f69":26.71,"f72":-2374769

图 5.10 去掉前缀的运行结果

（2）整理 JSON 数据。详见如下代码：

```
r_text_qu=r_text.rstrip(';')
r_text_json=json.loads(r_text_qu[1:-1])['data']['diff']
dfcf_code={"f12":"code","f2":"价格","f3":"涨幅","f14":"name","f62":"主净入√","f66":"超净入","f69":"超占比","f72":"大净入","f75":"大占比","f78":"中净入","f81":"中占比","f84":"小净入","f87":"小占比","f124":"不知道","f184":"主占比√"}
result_["主净入√"]=round(result_["主净入√"]/100000000,2)#一亿，保留 2 位
result_=result_[result_["主净入√"]>0.5]
result_["超净入"]=round(result_["超净入"]/100000000,2)#一亿，保留 2 位
result_["大净入"]=round(result_["大净入"]/100000000,2)#一亿，保留 2 位
result_["中净入"]=round(result_["中净入"]/100000000,2)#一亿，保留 2 位
result_["小净入"]=round(result_["小净入"]/100000000,2)#一亿，保留 2 位
result_=pd.DataFrame(r_text_json).rename(columns=dfcf_code)
result_
```

运行结果如图 5.11 所示。

	code	不知道	name	主占比√	价格	f204	f205	f206	涨幅	主净入√	超净入	超占比	大净入	大占比	中净入	中占比	小
0	000858	1617348843	五粮液	16.08	284.56	-	-	-	4.20	1.035939e+09	1.089273e+09	16.91	-53334368.0	-0.83	-623130544.0	-9.67	-4128082
1	000100	1617348843	TCL科技	16.50	9.86	-	-	-	5.01	9.604504e+08	6.103185e+08	10.49	350131872.0	6.02	-413846784.0	-7.11	-5466036
2	300059	1617348843	东方财富	10.05	28.87	-	-	-	2.38	6.916542e+08	3.590915e+08	5.22	332562784.0	4.83	-369067232.0	-5.36	-3225870
3	000725	1617348843	京东方A	11.65	6.37	-	-	-	2.08	6.428925e+08	7.853425e+08	14.23	-142449920.0	-2.58	-288076096.0	-5.22	-3548164
4	002594	1617348843	比亚迪	8.96	175.87	-	-	-	4.02	5.448447e+08	2.060574e+08	3.39	338787296.0	5.57	-154407872.0	-2.54	-3904368
5	688981	1617349190	中芯	13.99	58.77	-	-	-	5.15	4.506206e+08	4.024248e+08	12.49	48195872.0	1.50	-258215376.0	-8.02	-1924052

图 5.11 整理后的运行结果

5.2.5 保存资金流数据

将清洗好的数据使用 to_csv()函数保存到本地，如图 5.12 所示。这里是按时间进行排列的。

图 5.12　数据保存

当然，会有读者建议使用 MySQL 或 MongoDB 来保存数据。如果能够熟练使用这两款数据库或者同类型数据库，笔者还是推荐使用数据库保存数据。

但是作为一些非计算机专业的入门级量化者，有的是从数学系、物理系或金融系转过来的，有的可能是机械系、化学系的同学在研究，一下子提升到数据库操作，还是有一些难度的。而且数据库搭建比较烦琐，学习消化还是需要一些时间的。所以笔者推荐使用 to_csv()函数，它可以满足日常普通保存数据的操作。读取也比较方便，直接使用 pd.read_csv 即可读取数据。

5.3　写一个爬取板块资金流的 Python 程序

通过上面爬取股票个股资金流的例子，大家应该已经能够学会自己编写爬取代码。现在巩固一下，做个相似的小练习题。要动手自己编写 Python 程序，爬取网上板块的资金流，显示界面如图 5.13 所示。下面进行爬取板块资金流数据的操作。

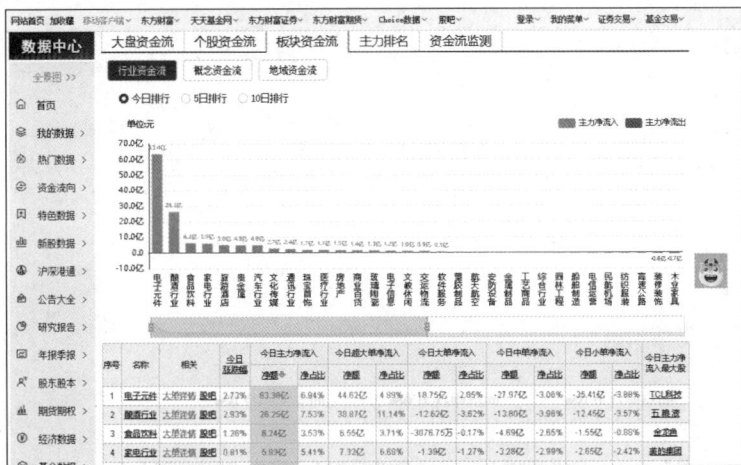

图 5.13　板块资金流网址界面

5.3.1　查找 JS

直接按 F12 键，打开开发调试工具并查找数据所对应的网页，如图 5.14 所示。

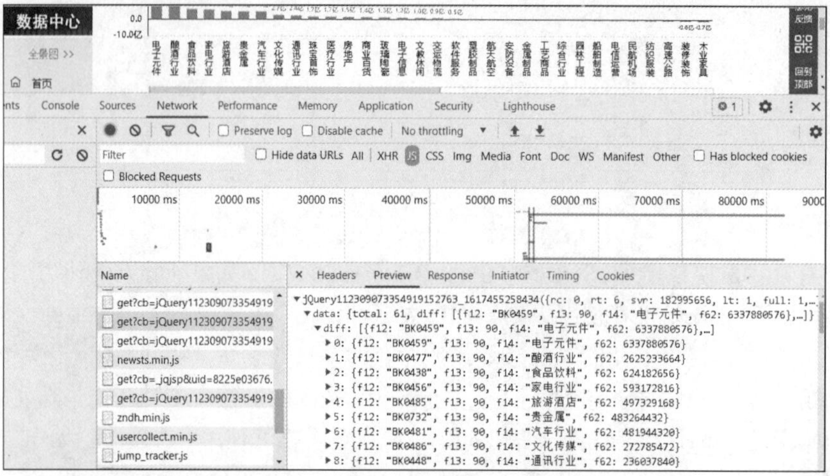

图 5.14　查找 JS 所对应的网页

然后把网址输入浏览器中，网址比较长。

http://push2.eastmoney.com/api/qt/clist/get?cb=jQuery11230907335491 9152763_1617455258434&pn=1&pz=500&po=1&np=1&fields=f12%2Cf13%2Cf14%2Cf62&fid=f62&fs=m%3A90%2Bt%3A2&ut=b2884a393a59ad64002292a3e90d46a5&_=1617455258435

此时，会得到网站的反馈，如图 5.15 所示。

图 5.15　从网站获得板块及资金流

该网址对应的内容即是我们想要爬取的内容。

5.3.2　request 请求及 response 响应状态

编写爬虫代码，详见如下代码：

```
# coding=utf-8
import requests
url=" http://push2.eastmoney.com/api/qt/clist/get?cb=jQuery11230907335491915 2763_
1617455258436&fid=f62&po=1&pz=50&pn=1&np=1&fltt=2&invt=2&ut=b2884a393a59ad64002292a3
e90d46a5&fs=m%3A90+t%3A2&fields=f12%2Cf14%2Cf2%2Cf3%2Cf62%2Cf184%2Cf66%2Cf69%2Cf72%2
Cf75%2Cf78%2Cf81%2Cf84%2Cf87%2Cf204%2Cf205%2Cf124"
r = requests.get(url)
```

r.status_code 显示 200，表示响应状态正常。r.text 也有数据，说明爬取资金流数据是成功的，如图 5.16 所示。

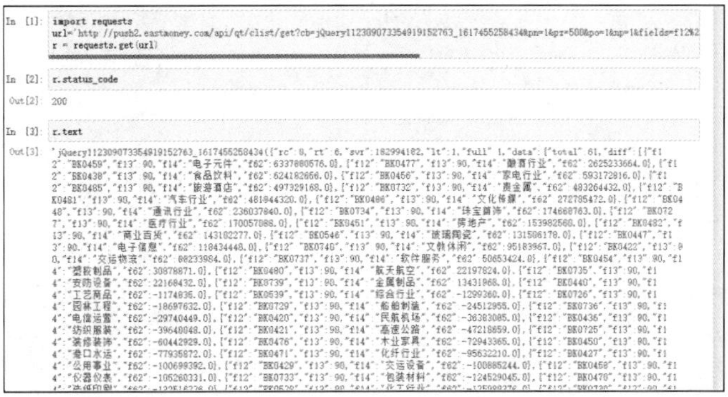

图 5.16　response 响应状态

5.3.3　清洗 str 变成 JSON 标准格式

（1）分析 r.text 数据。其内部是标准的 JSON 格式，只是前面多了一些前缀。将 jQ 前缀去掉，使用 split() 函数就能完成这个操作。详见如下代码：

```
r_text=r.text.split("{}".format("jQuery11230907335491915 2763_1617455258436"))[1]
r_text
```

运行结果如图 5.17 所示。

图 5.17　去掉前缀的运行结果

（2）整理 JSON 数据。详见如下代码：

```
r_text_qu=r_text.rstrip(';')
r_text_json=json.loads(r_text_qu[1:-1])['data']['diff']
dfcf_code={"f12":"code","f2":"价格","f3":"涨幅","f14":"name","f62":"主净入√","f66":"超
净入","f69":"超占比","f72":"大净入","f75":"大占比","f78":"中净入","f81":"中占比","f84":"小
净入","f87":"小占比","f124":"不知道","f184":"主占比√"}
result_=pd.DataFrame(r_text_json).rename(columns=dfcf_code)
result_["主净入√"]=round(result_["主净入√"]/100000000,2)#一亿，保留2位
result_=result_[result_["主净入√"]>0]
result_["超净入"]=round(result_["超净入"]/100000000,2)#一亿，保留2位
result_["大净入"]=round(result_["大净入"]/100000000,2)#一亿，保留2位
result_["中净入"]=round(result_["中净入"]/100000000,2)#一亿，保留2位
result_["小净入"]=round(result_["小净入"]/100000000,2)#一亿，保留2位
result_
```

运行结果如图 5.18 所示。

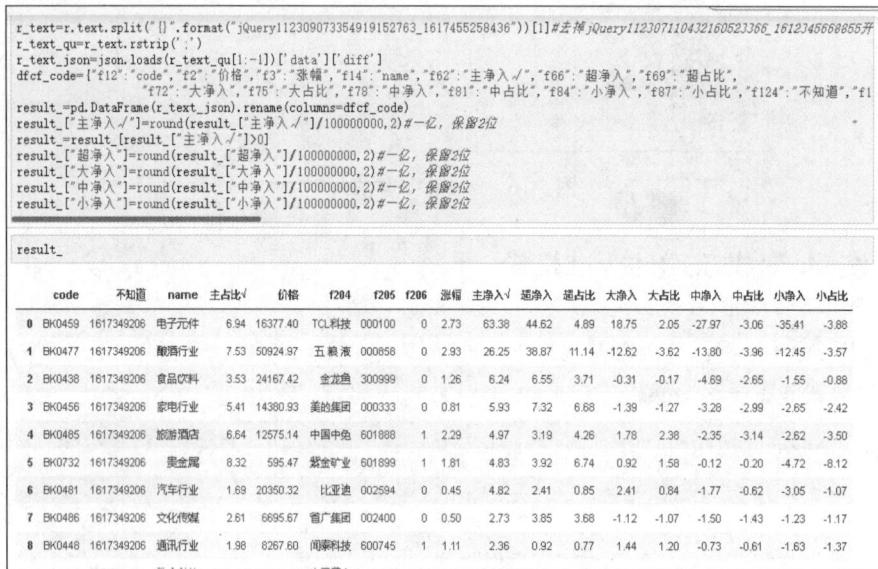

图 5.18　整理后的运行结果

5.3.4　保存资金流数据

将清洗好的数据使用 to_csv()函数保存到本地，如图 5.19 所示。

通过以上两种资金爬取的例子，想必大家已经了解了爬虫的一部分使用方法。其核心思路是：

（1）选取股票个股资金流的优势；

（2）获得网址并加以分析；

（3）使用爬虫进行数据获取并保存数据。

		几秒前	
☐ ☐ 2021_02_10_1.txt		2 个月前	1.25 kB
☐ ☐ 2021_02_10_5.txt		2 个月前	1.14 kB
☐ ☐ 2021_02_18_1.txt		2 个月前	999 B
☐ ☐ 2021_02_22_1.txt		1 个月前	1.38 kB
☐ ☐ 2021_02_22_10.txt		1 个月前	1.02 kB
☐ ☐ 2021_02_22_5.txt		1 个月前	2.64 kB
☐ ☐ 2021_02_23_1.txt		1 个月前	1.23 kB
☐ ☐ 2021_02_23_10.txt		1 个月前	645 B
☐ ☐ 2021_02_23_5.txt		1 个月前	1.97 kB
☐ ☐ 2021_02_24_1.txt		1 个月前	515 B
☐ ☐ 2021_02_24_10.txt		1 个月前	394 B
☐ ☐ 2021_02_24_5.txt		1 个月前	1.6 kB
☐ ☐ 2021_02_25_1.txt		1 个月前	2.96 kB
☐ ☐ 2021_02_25_10.txt		1 个月前	767 B
☐ ☐ 2021_02_25_5.txt		1 个月前	1.37 kB

图 5.19　数据保存

5.4　小结

JSON 格式的数据是诸多网站使用的标准化数据格式之一，是一种轻量级的数据交换格式，十分易于阅读和编写，可以有效地提升网络传输效率。首先爬取到的是 str 格式的字符串，通过数据加工与处理，将其变成标准的 JSON 格式，继而变成 Pandas 格式。

通过 5.3 节中的案例分析与实战，我们要学会自己编写代码爬取金融数据并具备转化为 JSON 标准格式的能力。完成每日数据爬取工作与数据保存工作，为日后对数据进行历史测试与历史分析提供有效的数据支撑。

当然，有能力的读者可以将结果保存到 MySQL、MongoDB 等数据库中，甚至云端数据库 Mongo Atlas 中，这里作者不作重点讲解。我们将重点完全放在量化学习与策略的研究上面。使用 txt 格式保存数据，完全可以解决前期数据存储问题，数据也是完整有效的。

5.5　习题

通过下面的习题来检验本章的学习。

（1）尝试在 5.3 节基础上爬取电子元件板块（http://quote.eastmoney.com/bk/90.BK0459.html）上的今日排名、主力流入等信息。

（2）尝试使用云端数据库 Mongo Atlas 或 MySQL，将每日数据保存到数据库中。笔者使用云端数据库 Mongo Atlas 保存数据。

第 **6** 章

基于动态网页爬取股票人气排名

多年交易股票的"老手"都知道，股市是一个人为的情绪市场，存在追涨杀跌的现象，"强者恒强"的定理在股票中屡见不鲜。强势即龙头，吸引了市场大部分投资者的目光并炒作之后，带来了股价的快速拉升。所以了解市场行情热度与市场人气排名显得格外重要，它反映出投资者的买卖意愿的强弱。

人气指标（AR）和意愿指标（BR）用来反映现阶段市场买卖的人气强弱。通过重视开盘价和收盘价在全天价格中的位置，分别解释了开市价在股价中的地位，反映了市场买卖人气。

当股价大幅高开并高走时，会使 AR 剧烈地变大。同理，观察到 AR 剧烈变大时，是因为股价的大幅高开高走。所以观察 AR 的走向，可以有效地判断市场的情绪。ARBR 指标代码如下：

```
# coding=utf-8
def ARBR(M1=26):
    """
    ARBR 人气意愿指标
    """
    AR = SUM(HIGH - OPEN, M1) / SUM(OPEN - LOW, M1) * 100
    BR = SUM(MAX(0, HIGH - REF(CLOSE, 1)), M1) / SUM(MAX(0, REF(CLOSE, 1) - LOW), M1) * 100

    return AR, BR
```

我们做的不是要自己寻找跳空高开的股票，而是转换思路，从网站上直接爬取。有些网站已经把股票数据加工好的人气排名排列出 TOP100，而且这些人气排名通常是最近一段时间热门板块中的热门股票。挖掘这些股票，跟随板块轮动，找到长周期为上升趋势的热门板块，会极大降低投资风险。

本章主要涉及的知识点：

- 多股票人气排名爬取。学会使用 BeautifulSoup 中的 find 及 find_all 找到人气排名的数据，并顺利保存。
- 单股票人气排名爬取。学会使用 Selenium 自动化中的 find_element_by_id 找到人气排名的数据，并顺利保存。

6.1　爬取股票人气排名的优势

股票市场不缺乏通过蹭板块热度一把拉升之后，吸引市场"跟风盘"与"投机客"的情绪，从而实现拉升获利的情况。下面举个例子。

金发拉比（002762）原本人气在全市排名第 2600 位左右。2021 年 3 月 25 日至 3 月 31 日期间，通过反复地试盘，将人气从 2600 名提升到 1000 名以内。又通过蹭近期"二胎"+"医美"等热点，顺利在 2021 年 4 月 2 日和 2021 年 4 月 6 日缩量一字板。因为缩量，所以后市期望也是无限的。现全市人气排名第 80 位左右，稳居全市 TOP100 之内，走势良好。金发拉比走势如图 6.1 所示。金发拉比人气排行如图 6.2 所示。金发拉比试盘如图 6.3 和图 6.4 所示。

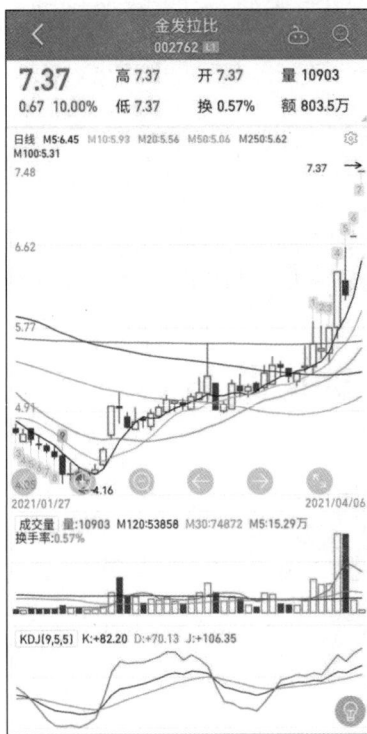

图 6.1　金发拉比走势

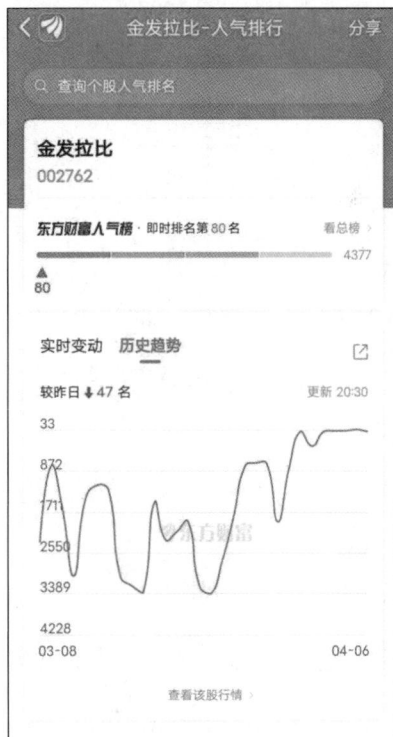

图 6.2　金发拉比人气排行

所以快速获取股票的人气排名是获取非常有用信息的方法之一。股票的人气排名可以规避一些人气不旺，但由于投资者个人感情因素而一直坚持的股票，也可以作为多支股票买入的参考凭证之一。通过人气值对比，买入人气更旺的股票是投资者提高资金利用率、获得更多收益、摆脱情绪因素的最重要一步。

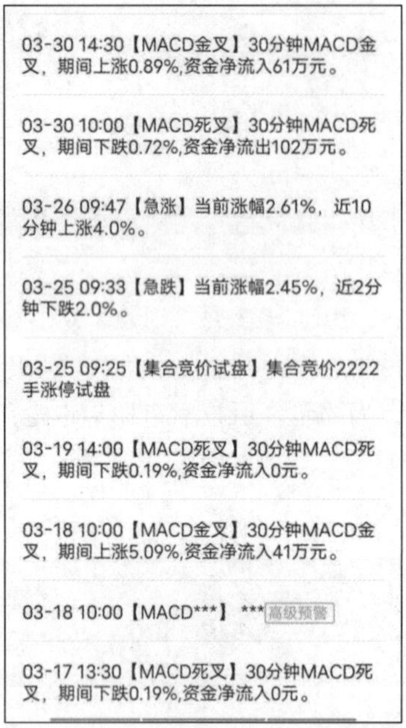

图 6.3 金发拉比试盘 1	图 6.4 金发拉比试盘 2

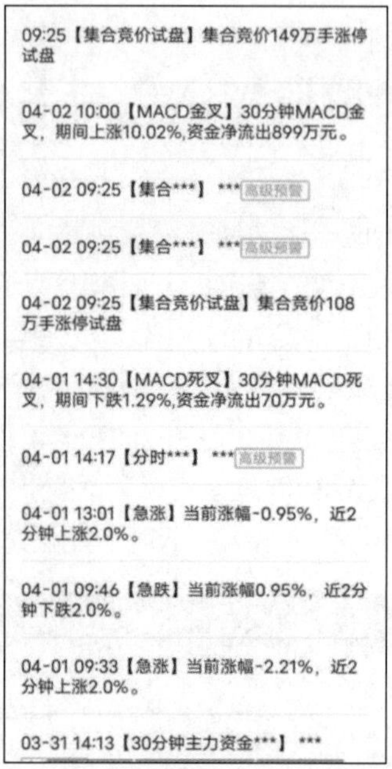

当然，人气排名也有弊端，这是因为热门板块热门股票的趋势往往只是走了一小段，所以投资者不可能只掌握了人气排名这个分析思路与工具，就期望吃鱼从鱼头吃到鱼尾，即不能获得所有的利润。

6.2 写一个爬取股票人气排名的 Python 程序

我们已经初步了解了人气排名的优势，现在动手自己编写 Python 程序，以爬取网站上的人气排名。

6.2.1 选择股票人气排名网址

笔者选择股票人气排名的网址是同花顺旗下的问财网址。

同花顺股票软件是一款提供行情显示、行情分析和行情交易的股票软件，是投资者炒股的入门必备工具之一。其强大、方便、人性化，且免费给投资者提供网上股票证券交易资讯行情。

其主要特色功能如下：

（1）提供上证所 Level-2 主力买卖指标。

（2）闪电下单模块使投资者委托交易更加快捷和方便。

（3）问财是同花顺旗下的 AI 投顾平台，是财经领域落地最为成功的自然语言、语音问答系统。

（4）资金博弈，将主力大单显示给投资者。

（5）股票人气排名结合市场人气，给每支股票排名。

笔者认为人气排名与资金博弈都对量化选股有重要影响，甚至会严重影响收益率，所以要重点研究。操作步骤如下：

（1）打开同花顺旗下的问财网址，如图 6.5 所示。在这里，你可以编写简单量化语句或组合筛选语句。例如，跳空高开股票；市盈率大于 3 的股票；跳空高开 0.5%～7%之间，boll 线突破中轨等。

图 6.5　问财主页

（2）输入"人气"，搜索人气，如图 6.6 所示，股票人气排名按从高到低排列。

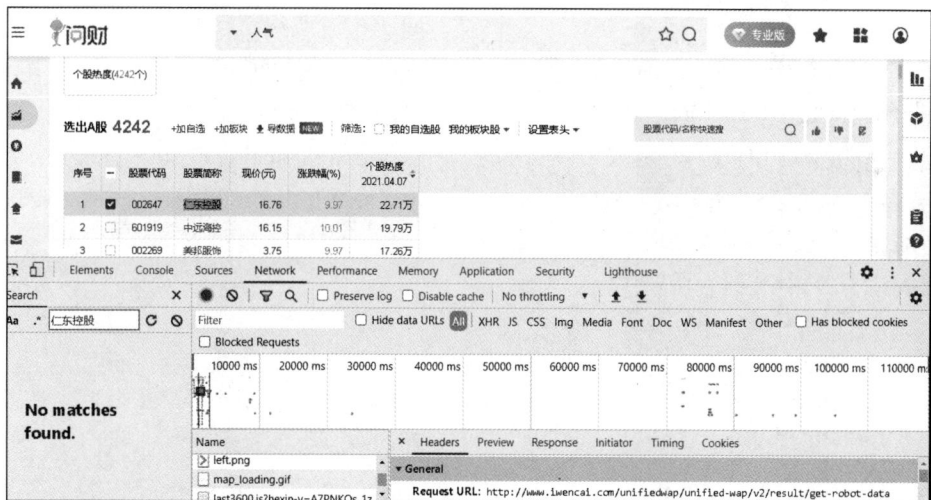

图 6.6　问财人气搜索

（3）通过对 Network 搜索发现，没有现成的网址供我们直接爬取，其中原因之一是在 today.js?hexin 中进行了 JS 加密。

（4）在 Elements 中查找、定位元素，如图 6.7 所示。

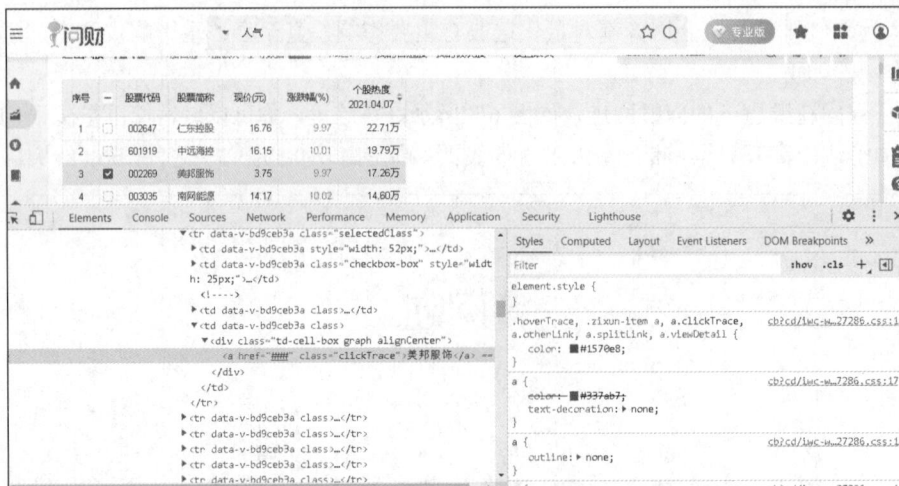

图 6.7　在 Elements 中查找、定位元素

（5）使用 Selenium 进行自动化爬取。

（6）使用 find_element_by_id 定位元素，或者使用 wd.page_source 打印网页源代码，通过正则或 BeautifulSoup 定位元素。

详细思路可见 4.2.2 小节或 6.3 节。

6.2.2　使用 request 请求并了解反爬技术

如果笔者只想简单、直接地使用 requests.get()语句获取股票人气排名，不想麻烦地使用 Selenium 进行自动化爬取，那么对这个网站就无计可施了吗？答案是还是有办法的。

通过深入了解和仔细研究发现，网址 http://www.iwencai.com/stockpick/search?typed=1&preParams=2&ts=2&f=1&qs=1&selfsectsn=&querytype=&searchfilter=&tid=stockpick&w=%E4%BA%BA%E6%B0%94 会提供网站源代码。

下面对该网址进行爬取。详细代码如下：

```
import requests
url='http://www.iwencai.com/stockpick/search?typed=1&preParams=2&ts=2&f=1&qs=1&selfs
ectsn=&querytype=&searchfilter=&tid=stockpick&w=%E4%BA%BA%E6%B0%94'
r = requests.get(url)
print(r.text)
print(r.status_code)
```

返回值如图 6.8 所示。

以上代码的返回值为 403，也就是代表该网站被禁止访问。是什么原因导致该网站被禁止访问呢？答案就是反爬技术。该网站不想让大家顺利爬取，采用了反爬技术，即采用设置 headers（UA、referer、cookies）识别请求的浏览器身份，当请求 headers 中没有带 headers 时，返回 403。

```
import requests
url='http://www.iwencai.com/stockpick/search?typed=1&preParams=&ts=1&f=1&qs=1&selfsectsn=&querytype=&searchfilter=&tid=stockpick
r = requests.get(url)
print(r.text)
print(r.status_code)

<h1>Nginx forbidden.</h1> <br/>request info: 212.64.37.173

403
```

图 6.8　返回值

所以我们也设置 headers 请求。详细代码如下：

```
import requests
headers={'Accept': 'text/html,application/xhtml+xml,application/xml;q=0.9,image/avif,
image/webp,image/apng,*/*;q=0.8,application/signed-exchange;v=b3;q=0.9',
'Accept-Encoding': 'gzip, deflate',
'Accept-Language': 'zh-CN,zh;q=0.9,en;q=0.8',
'Cache-Control': 'max-age=0',
'Connection': 'keep-alive',
'Cookie':'PHPSESSID=09577a6ece656917a4c43358873b7ae6;
cid=09577a6ece656917a4c43358873b7ae61617717486;
ComputerID=09577a6ece656917a4c43358873b7ae61617717486;
WafStatus=0;
v=A7qdyFvvjlmHcQK1nT3B0UKnC-vfaz5vsO-y6cSzZs0Yt1RdrPuOVYB_AvSX',
'Host': 'www.iwencai.com',
'Referer': 'http://www.iwencai.com/stockpick/search?typed=1&preParams=&ts=1&f=1&qs=
1&selfsectsn=&querytype=&searchfilter=&tid=stockpick&w=%E4%BA%BA%E6%B0%94',
'Upgrade-Insecure-Requests': '1',
'User-Agent': 'Mozilla/5.0 (Windows NT 10.0; Win64; x64) AppleWebKit/537.36 (KHTML, like
Gecko) Chrome/89.0.4389.114 Safari/537.36'}
url='http://www.iwencai.com/stockpick/search?typed=1&preParams=&ts=1&f=1&qs=1&selfsectsn
=&querytype=&searchfilter=&tid=stockpick&w=%E4%BA%BA%E6%B0%94'
r = requests.get(url,headers = headers)
print(r.text)
print(r.status_code)
```

返回结果如下：

```
<html><body>
    <script type="text/javascript" src="//s.thsi.cn/js/chameleon/chameleon.1.6.min.1617800.
js"></script>
<script src="//s.thsi.cn/js/chameleon/chameleon.1.6.min.1617800.js" type=
"text/javascript"></script>
    <script language="javascript" type="text/javascript">
    window.location.href="//www.iwencai.com/stockpick/search?typed=1&preParams=&ts=
1&f=1&qs=1&selfsectsn=&querytype=&searchfilter=&tid=stockpick&w=%E4%BA%BA%E6%B0%94";
    </script>
    </body></html>
```

200

与我们想要的 Elements 代码不太一样，如图 6.9 所示。

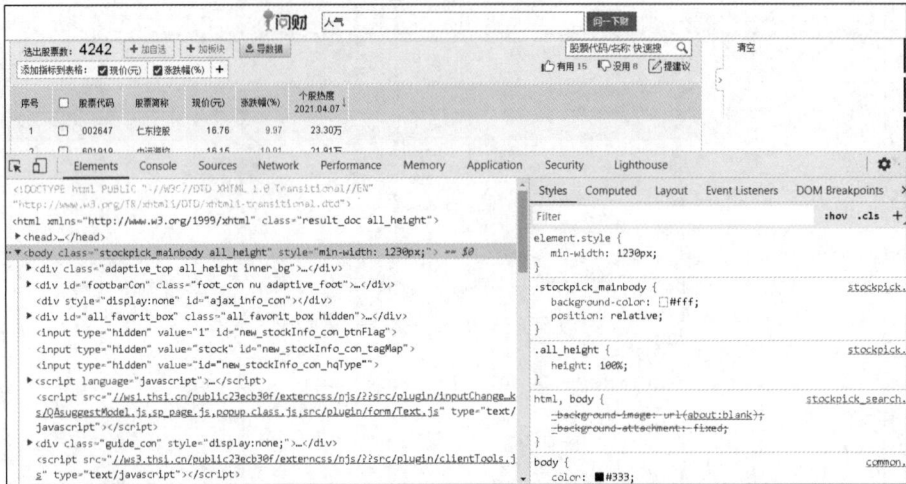

图 6.9　Elements 代码

这是网站为了反爬设置的第二个障碍。该网站设置 Cookie，并对 Cookie 进行了函数加密，加密与时间有关。这样爬虫就必须对 Cookie 中的内容进行破解，或者使用第一个方法，用 Selenium 自动化爬取。

我们不在这里讲解 Cookie 的 JS 加密，前端经验丰富的读者可以自行了解利用浏览器的 JS 代码调试功能，具体在 Sources 里面调试。我们把 Cookie 修改成如下代码，即可解决问题。

```
'Cookie':'PHPSESSID=09577a6ece656917a4c43358873b7ae6;
cid=09577a6ece656917a4c43358873b7ae61617717486;
ComputerID=09577a6ece656917a4c43358873b7ae61617717486; WafStatus=0; user_status=0;
other_uid=Ths_iwencai_Xuangu_ckirvbpw79oikwk4n56xv71mwnjy1wbz;
v=A3QK7FAaqMovLzyGG4vnAzjpRTnlTZg32nEsew7VAP-
CeRpvNl1oxyqB_Ald',
```

爬取代码如下：

```
import requests
headers={'Accept': 'text/html,application/xhtml+xml,application/xml;q=0.9,image/avif,
image/webp,image/apng,*/*;q=0.8,application/signed-exchange;v=b3;q=0.9',
'Accept-Encoding': 'gzip, deflate',
'Accept-Language': 'zh-CN,zh;q=0.9,en;q=0.8',
'Cache-Control': 'max-age=0',
'Connection': 'keep-alive',
'Cookie':'PHPSESSID=09577a6ece656917a4c43358873b7ae6;
cid=09577a6ece656917a4c43358873b7ae61617717486;
ComputerID=09577a6ece656917a4c43358873b7ae61617717486; WafStatus=0; user_status=0;
other_uid=Ths_iwencai_Xuangu_ckirvbpw79oikwk4n56xv71mwnjy1wbz;
v=A3QK7FAaqMovLzyGG4vnAzjpRTnlTZg32nEsew7VAP-CeRpvNl1oxyqB_Ald',
'Host': 'www.iwencai.com',
```

```
'Referer': 'http://www.iwencai.com/stockpick/search?typed=1&preParams=&ts=1&f=1&qs=
1&selfsectsn=&querytype=&searchfilter=&tid=stockpick&w=%E4%BA%BA%E6%B0%94',
'Upgrade-Insecure-Requests': '1',
'User-Agent': 'Mozilla/5.0 (Windows NT 10.0; Win64; x64) AppleWebKit/537.36 (KHTML, like
Gecko) Chrome/89.0.4389.114 Safari/537.36'}
url='http://www.iwencai.com/stockpick/search?typed=1&preParams=&ts=1&f=1&qs=1&selfse
ctsn=&querytype=&searchfilter=&tid=stockpick&w=%E4%BA%BA%E6%B0%94'
r = requests.get(url,headers = headers)
print(r.text)
print(r.status_code)
```

返回结果如图 6.10 所示。

```
r = requests.get(url,headers = headers)
print(r.text)
print(r.status_code)

<!DOCTYPE html PUBLIC "-//W3C//DTD XHTML 1.0 Transitional//EN" "http://www.w3.org/TR/xhtml1/DTD/xhtml1-transitional.dtd">
<html xmlns="http://www.w3.org/1999/xhtml" class="result_doc all_height">
<head>
<meta name="renderer" content="webkit" />
<meta http-equiv="Content-Type" content="text/html; charset=utf-8" />
        <meta name="keywords" content="i问财、股票、量化投资、选股、诊股、如何选股，智能选股、选股策略、条件选股、IPO、资金、
AI、股市、智能投顾" />
        <meta name="description" content="同花顺旗下专业的机器人智能选股问答平台，致力于为投资者提供宏观数据、新闻资讯、A股、
港美股、新三板、基金等各类理财方案。i问财，爱理财" />
                <title>人气 - 股票 - 问财财经搜索</title>
        <script>

var customCfg = {};
// 导数据相关配置节点
customCfg .exportCfg = {}; // 导数据相关个性化配置
customCfg .exportCfg.maxQueryLen= 60; // 前端展示最大问句长度
customCfg .exportCfg.defaultTimes= 2; // 前端展示的每天默认导数据次数
customCfg .exportCfg.maxColNum = 30; // 前端展示和判断的导数据列数上限
customCfg .exportCfg.maxRowNum = 100000; // 前端展示和判断的导数据行数上限
customCfg .exportCfg.moreColNumNewVersionBtnFlag= true; // 是否开启列数超限时提示弹层底部去新版的按钮

</script>          <script id="monitor-script" api_key="ths_iwc" src="//s.thsi.cn/cb?/js/common/monitor/1.0/monitor.min.js"
crossorigin></script>
    <script type="text/javascript">

            if (window.feMonitor) {
                feMonitor.setConfig({
                    slientDev: false,
                    sampleRate: 0.1,
                    isCollectPerformance: true,
                    title: "同花顺PC问财（旧版）"
```

图 6.10 返回结果

2021 年 4 月 7 日美邦服饰对应在 r.status_code 中的位置，如图 6.11 所示。

```
<div style="padding:0 6px;"><input class="checkbox" type="checkbox"></div>
</td>
<td width="66" colnum="0"
                                class="item">
<div
                                        class="em">002269</div>
</td>
<td width="87" colnum="1"
                                class="item">
<div
                                        class="em graph alignCenter graph"><a target="_blank" href="/stockpick/searc
h?tid=stockpick&qs=stockpick_diag&ts=1&w=002269">美邦服饰</a></div>
</td>
<td class="addList"></td>
</tr>
<tr class="odd_row">
<td width="56">
<div class="em">2</div>
</td>
<td class="tdCheckbox" width="28">
<div style="padding:0 6px;"><input class="checkbox" type="checkbox"></div>
</td>
<td width="66" colnum="0"
                                class="item">
<div
                                        class="em">601919</div>
</td>
<td width="87" colnum="1"
                                class="item">
<div
                                        class="em graph alignCenter graph"><a target="_blank" href="/stockpick/searc
h?tid=stockpick&qs=stockpick_diag&ts=1&w=601919">中远海控</a></div>
</td>
<td class="addList"></td>
</tr>
```

图 6.11　美邦服饰对应在 r.status_code 中的位置

6.2.3 使用 BeautifulSoup 查找人气排名并保存数据

爬取网页代码，可以使用三种网页抓取方法，如表 6.1 所示。

表 6.1 三种网页抓取方法对比

抓取方法	性能	使用难度	备注
正则方法	快	困难	
BeautifulSoup	慢	简单	笔者推荐
xpath	慢	简单	

学会使用 find 和 find_all 分别找到第一个符合要求的标签和所有符合要求的标签。

（1）find：找到第一个符合要求的标签。常用语法格式如下：

```
soup.find('a')                          # 找到第一个符合要求的 a 标签
soup.find('a', title="xxx")
soup.find('a', alt="xxx")
soup.find('a', class_="xxx")
soup.find('a', id="xxx")
```

（2）find_all：找到所有符合要求的标签。常用语法格式如下：

```
soup.find_all('a')
soup.find_all(['a','b'])                 # 找到所有符合要求的 a 标签和 b 标签
soup.find_all('a', limit=5)              # 限制仅找到前 5 个 a 标签
```

所以爬虫代码如下：

```
import requests
from bs4 import BeautifulSoup
headers={'Accept': 'text/html,application/xhtml+xml,application/xml;q=0.9,image/avif,
image/webp,image/apng,*/*;q=0.8,application/signed-exchange;v=b3;q=0.9',
'Accept-Encoding': 'gzip, deflate',
'Accept-Language': 'zh-CN,zh;q=0.9,en;q=0.8',
'Cache-Control': 'max-age=0',
'Connection': 'keep-alive',
'Cookie':'PHPSESSID=09577a6ece656917a4c43358873b7ae6;
cid=09577a6ece656917a4c43358873b7ae61617717486;
ComputerID=09577a6ece656917a4c43358873b7ae61617717488; WafStatus=0; user_status=0;
other_uid=Ths_iwencai_Xuangu_ckirvbpw79oikwk4n56xv71mwnjy1wbz;
v=A3QK7FAaqMovLzyGG4vnAzjpRTnlTZg32nEsew7VAP-CeRpvNl1oxyqB_Ald',
'Host': 'www.iwencai.com',
'Referer': 'http://www.iwencai.com/stockpick/search?typed=1&preParams=&ts=1&f=1&qs=
1&selfsectsn=&querytype=&searchfilter=&tid=stockpick&w=%E4%BA%BA%E6%B0%94',
'Upgrade-Insecure-Requests': '1',
'User-Agent': 'Mozilla/5.0 (Windows NT 10.0; Win64; x64) AppleWebKit/537.36 (KHTML, like
```

```
Gecko) Chrome/89.0.4389.114 Safari/537.36'}
data={'typed': '1',
'preParams': '2',
'ts': '2',
'f': '',
'qs': '',
'selfsectsn': '',
'querytype': '',
'searchfilter':'' ,
'tid': 'stockpick',
'w': '人气'}
url='http://www.iwencai.com/stockpick/search?typed=1&preParams=&ts=1&f=1&qs=1&selfsectsn
=&querytype=&searchfilter=&tid=stockpick&w=%E4%BA%BA%E6%B0%94'
r = requests.get(url,headers = headers,params=data)
soup = BeautifulSoup(r.text, "lxml")
soup.find_all('a',target="_blank")[2:]
```

返回结果如图 6.12 所示。

```
soup.find_all('a',target="_blank")[2:]

[<a href="/stockpick/search?tid=stockpick&amp;qs=stockpick_diag&amp;ts=1&amp;w=003039" target="_blank">顺控发展</a>,
 <a href="/stockpick/search?tid=stockpick&amp;qs=stockpick_diag&amp;ts=1&amp;w=002647" target="_blank">仁东控股</a>,
 <a href="/stockpick/search?tid=stockpick&amp;qs=stockpick_diag&amp;ts=1&amp;w=601919" target="_blank">中远海控</a>,
 <a href="/stockpick/search?tid=stockpick&amp;qs=stockpick_diag&amp;ts=1&amp;w=601012" target="_blank">隆基股份</a>,
 <a href="/stockpick/search?tid=stockpick&amp;qs=stockpick_diag&amp;ts=1&amp;w=002269" target="_blank">美邦服饰</a>,
 <a href="/stockpick/search?tid=stockpick&amp;qs=stockpick_diag&amp;ts=1&amp;w=000723" target="_blank">美锦能源</a>,
 <a href="/stockpick/search?tid=stockpick&amp;qs=stockpick_diag&amp;ts=1&amp;w=600872" target="_blank">中炬高新</a>,
 <a href="/stockpick/search?tid=stockpick&amp;qs=stockpick_diag&amp;ts=1&amp;w=001896" target="_blank">豫能控股</a>,
 <a href="/stockpick/search?tid=stockpick&amp;qs=stockpick_diag&amp;ts=1&amp;w=600956" target="_blank">新天绿能</a>,
 <a href="/stockpick/search?tid=stockpick&amp;qs=stockpick_diag&amp;ts=1&amp;w=300471" target="_blank">厚普股份</a>,
 <a href="/stockpick/search?tid=stockpick&amp;qs=stockpick_diag&amp;ts=1&amp;w=000966" target="_blank">长源电力</a>,
 <a href="/stockpick/search?tid=stockpick&amp;qs=stockpick_diag&amp;ts=1&amp;w=003035" target="_blank">南网能源</a>,
 <a href="/stockpick/search?tid=stockpick&amp;qs=stockpick_diag&amp;ts=1&amp;w=300228" target="_blank">富瑞特装</a>,
 <a href="/stockpick/search?tid=stockpick&amp;qs=stockpick_diag&amp;ts=1&amp;w=002665" target="_blank">首航高科</a>,
 <a href="/stockpick/search?tid=stockpick&amp;qs=stockpick_diag&amp;ts=1&amp;w=603222" target="_blank">济民制药</a>,
 <a href="/stockpick/search?tid=stockpick&amp;qs=stockpick_diag&amp;ts=1&amp;w=600379" target="_blank">宝光股份</a>,
 <a href="/stockpick/search?tid=stockpick&amp;qs=stockpick_diag&amp;ts=1&amp;w=002639" target="_blank">雪人股份</a>,
 <a href="/stockpick/search?tid=stockpick&amp;qs=stockpick_diag&amp;ts=1&amp;w=000488" target="_blank">晨鸣纸业</a>,
 <a href="/stockpick/search?tid=stockpick&amp;qs=stockpick_diag&amp;ts=1&amp;w=002450" target="_blank">*ST康得</a>,
 <a href="/stockpick/search?tid=stockpick&amp;qs=stockpick_diag&amp;ts=1&amp;w=002594" target="_blank">比亚迪</a>,
 <a href="/stockpick/search?tid=stockpick&amp;qs=stockpick_diag&amp;ts=1&amp;w=600509" target="_blank">天富能源</a>,
 <a href="/stockpick/search?tid=stockpick&amp;qs=stockpick_diag&amp;ts=1&amp;w=000862" target="_blank">银星能源</a>,
 <a href="/stockpick/search?tid=stockpick&amp;qs=stockpick_diag&amp;ts=1&amp;w=600460" target="_blank">士兰微</a>,
 <a href="/stockpick/search?tid=stockpick&amp;qs=stockpick_diag&amp;ts=1&amp;w=002610" target="_blank">爱康科技</a>,
 <a href="/stockpick/search?tid=stockpick&amp;qs=stockpick_diag&amp;ts=1&amp;w=300098" target="_blank">高新兴</a>,
 <a href="/stockpick/search?tid=stockpick&amp;qs=stockpick_diag&amp;ts=1&amp;w=003036" target="_blank">泰坦股份</a>,
 <a href="/stockpick/search?tid=stockpick&amp;qs=stockpick_diag&amp;ts=1&amp;w=000009" target="_blank">中国宝安</a>,
 <a href="/stockpick/search?tid=stockpick&amp;qs=stockpick_diag&amp;ts=1&amp;w=300931" target="_blank">通用电梯</a>,
 <a href="/stockpick/search?tid=stockpick&amp;qs=stockpick_diag&amp;ts=1&amp;w=000625" target="_blank">长安汽车</a>,
```

图 6.12　返回股票代码

返回值顺序即是全市综合人气值排名顺序。将清洗好的数据使用 to_csv()函数保存到本地。

6.3　使用 Selenium 爬取股票人气排名

当我们要爬取的数据是 JS 加密的内容时，只能使用 Selenium。它像人一样在浏览器中操作 Web 界面，如单击界面中的按钮、在文本框中输入文字、滑动网页等操作，进而从 Web 界面中获取所需信息。

本节从安装 Selenium 讲起，结合爬取股票人气排名的小案例，讲解使用 find_element_by_id 查找定位元素。

6.3.1　Selenium 原理

Selenium 是一个 Web 应用程序的自动化框架，也是 Web 应用程序测试的工具之一。它能模拟用户浏览网页，并模拟用户的操作。

Selenium 自动化原理如图 6.13 所示。

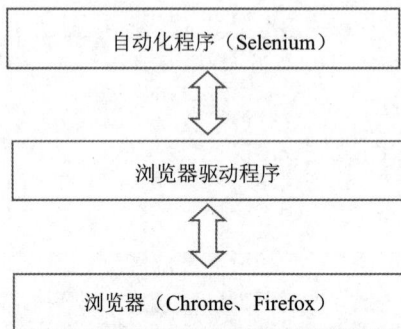

图 6.13　Selenium 自动化原理

Selenium 通信原理：自动化程序（Selenium）可以发送自动化指令给浏览器驱动程序，浏览器驱动程序接收到发送的指令后，将其转换为浏览器能够识别的指令，然后发送给浏览器并对浏览器进行操作。浏览器执行完预设操作后，会将自动化的网页结果返回给浏览器驱动，浏览器驱动再通过 HTTP 响应的消息返回给自动化程序的 Selenium 客户端库。此时呈现的就是网页的返回结果。

Selenium 提供了多种编程语言的 Selenium 客户端库，包含市面上大部分主流编程语言，如 Java、Python、JS、Ruby 等，以方便不同编程语言的开发者使用。

浏览器驱动程序也是一个独立的程序，它是由浏览器厂商单独提供的。我们使用的主流浏览器（Chrome 浏览器和 Firefox 浏览器）都有各自不同的驱动程序。

笔者一直使用 Chrome 浏览器，其方便、快捷的使用体验令笔者不得不向初学爬虫的新手推荐一下。如果是习惯使用 Firefox 浏览器的读者，可以不转用 Chrome 浏览器，毕竟浏览器同质化比较严重，Firefox 浏览器做得也不错。

Selenium 自动化流程如下：

（1）使用 Python 代码调用 Selenium 客户端库函数（例如，打开百度网址、输入搜索地名等操作）。

（2）Selenium 将命令传给浏览器驱动程序。

（3）浏览器驱动程序接收到命令并传给浏览器。

（4）浏览器执行命令，并返回给驱动程序。

（5）浏览器驱动程序将结果返回给 Selenium。

（6）将结果显示在 Python 界面上。

6.3.2 Selenium 安装

根据 Selenium 原理，我们要安装以下三个软件。

（1）Chrome 浏览器（Chrome 浏览器对 Selenium 自动化的支持更加成熟一些，强烈推荐）。

（2）Chrome 浏览器驱动。

（3）Selenium 安装。

在安装好 Chrome 浏览器之后，在浏览器设置中查看 Chrome 浏览器版本号（此版本号要与浏览器驱动匹配）。笔者使用的 Chrome 浏览器版本号为 89.0.4389.114（64 位），如图 6.14 所示。

图 6.14　浏览器版本号

（1）不要随便更新浏览器，浏览器驱动的版本号要与之匹配。浏览器驱动的版本需要手动更新，否则无法使用 Selenium。

（2）浏览器驱动和浏览器的版本号越接近越好，可略有差别。

浏览器驱动 Chromedriver 在网址 https://registry.npmmirror.com/binary.html?path=chromedriver/中获取，如图 6.15 所示。

在 Windows 平台的计算机中下载 chromedriver_win32.zip。文件下载之后，解压其中的程序文件 chromedriver.exe 到某个目录下面，注意这个目录的路径最好是没有中文名和空格的。

例如，解压到 D:\webdrivers 目录下面，我们的浏览器驱动 Chromedriver 路径为 D:\webdrivers\chromedriver.exe。

Selenium 的安装则比较便捷，使用 pip 命令即可。按 Win+R 组合键打开"运行"对话框，输入 cmd，按 Enter 键。执行如下命令：

```
pip install selenium
```

只要是按本书 2.2 节中的步骤安装过 Anaconda 之后，都可以顺利安装。

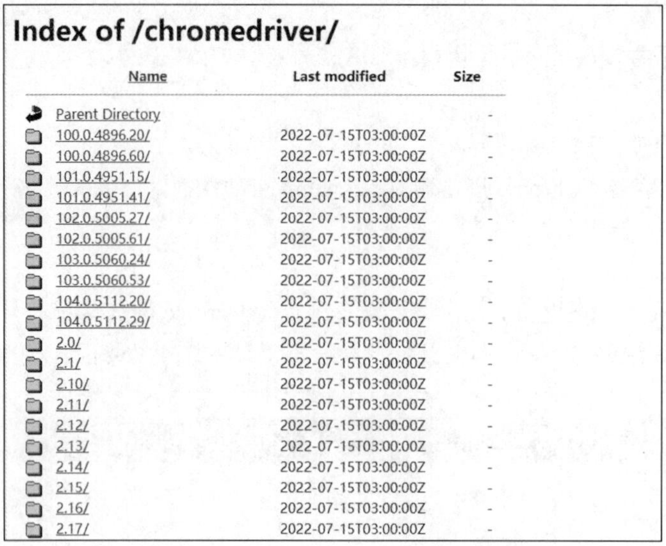

Index of /chromedriver/

Name	Last modified	Size
Parent Directory		-
100.0.4896.20/	2022-07-15T03:00:00Z	-
100.0.4896.60/	2022-07-15T03:00:00Z	-
101.0.4951.15/	2022-07-15T03:00:00Z	-
101.0.4951.41/	2022-07-15T03:00:00Z	-
102.0.5005.27/	2022-07-15T03:00:00Z	-
102.0.5005.61/	2022-07-15T03:00:00Z	-
103.0.5060.24/	2022-07-15T03:00:00Z	-
103.0.5060.53/	2022-07-15T03:00:00Z	-
104.0.5112.20/	2022-07-15T03:00:00Z	-
104.0.5112.29/	2022-07-15T03:00:00Z	-
2.0/	2022-07-15T03:00:00Z	-
2.1/	2022-07-15T03:00:00Z	-
2.10/	2022-07-15T03:00:00Z	-
2.11/	2022-07-15T03:00:00Z	-
2.12/	2022-07-15T03:00:00Z	-
2.13/	2022-07-15T03:00:00Z	-
2.14/	2022-07-15T03:00:00Z	-
2.15/	2022-07-15T03:00:00Z	-
2.16/	2022-07-15T03:00:00Z	-
2.17/	2022-07-15T03:00:00Z	-

图 6.15　浏览器驱动 Chromedriver

TIP 如果 Chrome 浏览器驱动版本与 Chrome 浏览器版本不同，用户在使用 Python 时会报错，并会出现如图 6.16 所示的错误。

```
—> 252            response = self.execute(Command.NEW_SESSION, parameters)
    253         if 'sessionId' not in response:
    254             response = response['value']

C:\ProgramData\Anaconda5.0\lib\site-packages\selenium\webdriver\remote\webdriver.py in execute(self, driver_command, params)
    319         response = self.command_executor.execute(driver_command, params)
    320         if response:
—> 321             self.error_handler.check_response(response)
    322             response['value'] = self._unwrap_value(
    323                 response.get('value', None))

C:\ProgramData\Anaconda5.0\lib\site-packages\selenium\webdriver\remote\errorhandler.py in check_response(self, response)
    240                 alert_text = value['alert'].get('text')
    241             raise exception_class(message, screen, stacktrace, alert_text)
—> 242         raise exception_class(message, screen, stacktrace)
    243
    244     def _value_or_default(self, obj, key, default):

SessionNotCreatedException: Message: session not created: This version of ChromeDriver only supports Chrome version 86
Current browser version is 88.0.4324.150 with binary path C:\Users\ltsjim\AppData\Local\Google\Chrome\Application\chrome.exe
```

图 6.16　版本不同时 Python 报错

6.3.3　Selenium 简单示例

Selenium 库安装完成后，我们就可以动手编写一个简单的 Selenium 示例。以自动打开百度网站为例，详细代码如下：

```
from selenium import webdriver

# 创建 WebDriver 对象，指明使用 Chrome 浏览器驱动
```

```
wd = webdriver.Chrome(r'd:\webdrivers\chromedriver.exe')

# 调用 WebDriver 对象的 get 方法可以让浏览器打开指定网址
wd.get('https://www.baidu.com')
```

在桌面中会自动打开 Chrome 浏览器，并打开百度网页，如图 6.17 所示。

图 6.17 用 Selenium 打开的百度网页

Chrome 浏览器会提示：Chrome 正受到自动测试软件的控制，这证明我们使用 Selenium 驱动浏览器已成功。

在以上代码行中创建 webdriver.Chrome 对象时，我们指定了浏览器驱动路径（其中 r'之后即为指定路径）。也可以不指明路径，但是需要在 PATH 环境变量中增加浏览器驱动所在的目录。可运行如下 Python 代码：

```
from selenium import webdriver

# 创建 WebDriver 对象，指明使用 Chrome 浏览器驱动
wd = webdriver.Chrome()

# 调用 WebDriver 对象的 get 方法可以让浏览器打开指定网址
wd.get('https://www.baidu.com')
```

6.3.4 元素的定位

在使用 Selenium 抓取网页 HTML 代码时，元素都会有 id、name、class、tag 等属性，所以我们通过这些元素属性来定位元素位置。

（1）id 定位：find_element_by_id()。根据规范，id 属性在 HTML 中必须唯一，所以可以认为 id 属性是元素的唯一编号，并且 id 属性与元素是一一对应的关系。如果元素有 id 属性，推荐使用 id 定位查找，其效率简单而高效。

（2）name 定位：find_element_by_name()。在前端代码中，id、name 和 class 一般都至少会有其中的一种。如果具有 name 属性，对于以下 HTML 内容，使用 name 属性爬取比较方便。

```
<span class="bg s_ipt_wr quickdelete-wrap">
    <span class="soutu-btn"></span>
    <input id="kw" class="s_ipt" autocomplete="off" maxlength="255" value="" name="wd">
    <a id="quickdelete" class="quickdelete" href="javascript:;" title="清空" style="top:
0px; right: 0px; display: none;"></a>
</span>
<span class="bg s_btn_wr">
    <input id="su" class="bg s_btn" type="submit" value="百度一下">
</span>
```

（3）class 定位：find_element_by_class_name()。class 属性用来表示元素类型或类属性，因为其表示一类，所以可重复。对于以下 HTML 内容，使用 class 属性爬取比较方便。

```
<body>

    <div class="car"><span>奔驰</span></div>
    <div class=" car "><span>宝马</span></div>
    <div class=" car "><span>奥迪</span></div>

    <div class="teacher"><span>李老师</span></div>
    <div class=" teacher "><span>王老师</span></div>
    <div class=" teacher "><span>张老师 </span></div>

</body>
```

（4）tag 定位：find_element_by_tag_name()。例如，选择所有的 tag 名为 div 的元素，可以执行 find_elements_by_tag_name('div')。但仅仅通过标签名去定位时，一般一种标签在一个页面中会出现不止一次，甚至大量出现，这种定位方式的作用不是很大，所以用得比较少。

（5）link 定位：find_element_by_link_text()。这种定位方式专门用于定位超链接，对应 HTML 页面中的标签。其函数括号中传的值就是标签中的超链接文字，例如，有一个新闻标签的链接。

```
driver.find_element_by_link_text("新闻").click()
```

（6）partial_link 定位：find_element_by_partial_link_text()。这种定位方式也专门用于定位超链接，与 find_element_by_link_text() 的区别在于：find_element_by_link_text() 是完整的超链接文字，find_element_by_ partial_link_text() 是可以只写部分超链接文字，即模糊匹配文字的方式。例如，"新闻"超链接文字，可以使用"新"或"闻"字查找定位元素。

```
driver.find_element_by_partial_link_text("新").click()
driver.find_element_by_partial_link_text("闻").click()
```

（7）xpath 定位：find_element_by_xpath()。xpath 是 XML 路径语言，HTML 是 XML 的一种实现方式，所以 xpath 是定位 HTML 的一种非常强大的方式。该定位方式可以用来确定 XML 文档中的元素位置，通过元素的路径完成对元素的查找，也是学习爬虫必须学会的定位方法之一。xpath 都是从根路径开始的，导致 xpath 过长，不利于维护。

（8）CSS 定位：find_element_by_css_selector()。CSS 属性定位可以比较灵活地选择控件的任意属性，定位方式也会比 xpath 快。CSS Selector 语法就是用来选择元素的。只要 CSS Selector 的语法是正确的，Selenium 就可以选择到该元素。CSS Selector 非常强大，学习 Selenium Web 自动化一定要学习 CSS Selector。

6.3.5　爬取单股票人气排名

准备工作已经做好，下面就开始使用 Selenium 爬取单股票人气排名。

（1）网络搜索"股票人气"。打开网址：http://guba.eastmoney.com/list,002639.html，如图 6.18 所示。

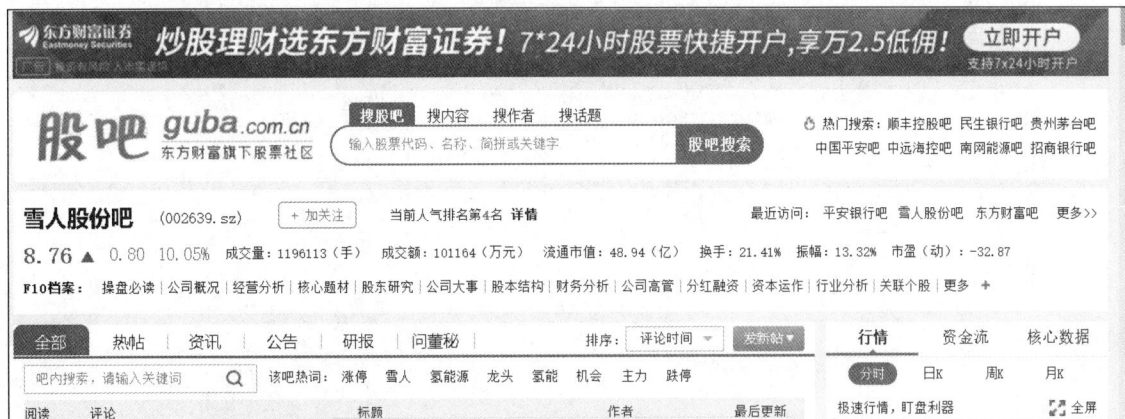

图 6.18　股票人气网址

（2）元素定位，即将所要爬取的元素先定位下来。例如，我们要爬取"当前人气排名第 4 名"这几个字，如图 6.19 所示。

（3）观察 HTML 中元素的特征，HTML 代码如下。我们发现在"当前人气排名第 4 名"中，数字 4 是动态加载的，所以使用 Selenium 自动化爬取网页，使用 find_element_by_id() 定位元素。

图 6.19 元素定位

```
<div id="popularity_rank" class="user_follow"><style>
  #popularity_rank span{
    color: red;
    font-weight: 700;
  }
  .app_pop{font-weight: bold;}
  .popbox {position: relative;}
  .popbox img{width:600px; height: 484px;}
  .popclose {position: absolute; right:8px;top:4px; width:20px; height:20px; cursor: pointer; }
  .popclose.videoclose{top:8px; right:8px;}
  .pop_pic {outline:none;}
</style>

当前人气排名第<span>4</span>名
<a class="app_pop" href="javascript:;" target="_self">详情</a></div>
```

（4）爬取股票人气排名。Python 代码如下：

```python
from selenium import webdriver
from selenium.webdriver.common.by import By
from selenium.webdriver.support.ui import WebDriverWait
from selenium.webdriver.support import expected_conditions as EC
from selenium.webdriver.common.action_chains import ActionChains
from selenium.webdriver.common.keys import Keys

def get_pop_rank(code):
# 启动浏览器，获取网页源代码
    browser = webdriver.Chrome()
    mainUrl = "http://guba.eastmoney.com/list,{}.html".format(code)
    browser.get(mainUrl)
    #print(f"browser text = {browser.page_source}")
```

```
element = browser.find_element_by_id('popularity_rank')
print(code,element.text)
#browser.close()
get_pop_rank("002639")
```

其返回结果如下：

002639 当前人气排名第 4 名 详情

其 Python 运行提取结果与股票人气网站中的数据相符。

我们初步将数据提取到之后，可以通过正则等手段将纯数字提取出来，进行今日人气排名与昨日人气排名的对比，找到人气变化较大、增长较快的股票，或者一直关注人气全市排名 TOP100 之内的股票，寻找人们关注的板块等。也可作为股票筛选池，选择人气排名较旺的股票，以回避冷门股票、增加资金利用率。

6.3.6 爬取多股票人气排名

我们在上个案例中已经实现了爬取单股票的人气排名。下面来思考一个问题，如果爬取多股票人气排名，应该怎么做？如果想做个如图 6.20 所示的多股票人气排名，代码应该怎样编写？

	code	20201109_paiming
0	601233	当前人气排名第1156名 详情
1	300588	当前人气排名第459名 详情
2	002202	当前人气排名第193名 详情
3	000533	当前人气排名第1813名 详情
4	002889	当前人气排名第2145名 详情
5	000004	timeout
6	603918	当前人气排名第1567名 详情
7	002149	当前人气排名第1251名 详情
8	300560	当前人气排名第1446名 详情
9	300733	timeout

图 6.20 多股票人气排名示例

答案大家应该都知道，可以使用 for 循环。使用 for 循环通过 get_pop_rank(code)函数遍历 code，即可得到多股票人气排名。最后，将爬取数据稍加整理并放到 pd.DataFrame 中。

详细代码如下：

```
from selenium import webdriver
from selenium.webdriver.common.by import By
from selenium.webdriver.support.ui import WebDriverWait
from selenium.webdriver.support import expected_conditions as EC
from selenium.webdriver.common.action_chains import ActionChains
from selenium.webdriver.common.keys import Keys
```

```
def get_pop_rank(code):
# 启动浏览器，获取网页源代码
    browser = webdriver.Chrome()
    mainUrl = "http://guba.eastmoney.com/list,{}.html".format(code)
    browser.get(mainUrl)
    #print(f"browser text = {browser.page_source}")
    element = browser.find_element_by_id('popularity_rank')
    print(code,element.text)
    browser.close()

list_stock=["300059","603316","000001","002639","000001","000002","000003"]
for i in list_stock:
    get_pop_rank(i)
```

其返回结果如下：

```
300059 当前人气排名第 10 名 详情
603316 当前人气排名第 3611 名 详情
000001 当前人气排名第 575 名 详情
002639 当前人气排名第 3 名 详情
000001 当前人气排名第 575 名 详情
000002 当前人气排名第 216 名 详情
000003 当前人气排名第 4290 名 详情
```

当然，使用 Python 的好处之一就是可以函数化与模块化。如果有延伸需求，用户可以调用原来的函数或模块极大提高代码的可维护性。函数与模块的迭代可以提高代码的复用性。最基本的代码不用改变，写一个函数或模块调用原有的函数或模块，既保证了原函数和模块的安全性与方便可调用性，也保证了延伸需求的可变性与快速性，所以大多数用户会选择 Python 作为爬虫类语言。

当然，动手实际编程实现爬取 4000 支股票人气排名还是会遇到很多问题的。例如：

（1）爬取失败。在爬取网站时，网站长时间无法加载、计算机硬件的卡顿、传输过程中出现问题等诸多原因，有时候会使爬取失败。此时在一个 for 循环 4000 支股票过程中，只要一个报错，就会令前面爬取的数据都前功尽弃。当然，用户可以每隔一段时间保存一下，但是如果是在第 200 个就报错，程序终止怎么办？

（2）爬取时间过长。动手实际操作的读者会发现，4000 支股票需要爬取 10 小时左右。当然，还不包含网站对固定 IP 多频次访问的屏蔽等问题。那么我们应该怎么解决上面的问题？

对于问题（1），我们可以尝试使用 try…except 来解决。将爬取函数 get_pop_rank(code)更改如下：

```
def get_pop_rank(code,browser):
# 启动浏览器，获取网页源代码

    try:
        mainUrl = http://guba.eastmoney.com/list,{}.html".format(code)
        browser.get(mainUrl)
        element = browser.find_element_by_id('popularity_rank')
```

```
        print(code,element.text)
        return code,element.text
except:

        print(code,'time out')
        return code,'time out'
```

这也是图 6.20 会显示 time out 的原因。在代码中设定：如果爬取失败，就显示 time out。当然，也可以在函数中增加 browser.set_page_load_timeout(15)等代码，以设定网页的超时加载时间。

问题（2）也是一直困扰笔者的问题。毕竟每天都爬取，一次爬取就需要 10 小时。除了时间比较长之外，筛选起来也不是特别便捷。数据有滞后等现象，这会严重影响即时选股的准确性与收益。有什么办法可以不用 for 循环逐个遍历呢？答案在第 7 章中讲解。

6.4　小结

在面对静态网页、动态网页、动态加密网页等不同类型网页时，需要掌握识别网页能力与解决爬取数据的方法，解决数据获取这一关键性操作。

静态网页、动态网页、动态加密网页的遇到频率与解决方法如表 6.2 所示。

表 6.2　静态网页、动态网页、动态加密网页的遇到频率与解决方法

网页类型	遇到频率	解决方法
静态网页	中等频率	BeautifulSoup+re 正则
动态网页	中等频率	BeautifulSoup+re 正则/Xpath
动态加密网页	中高频率	Selenium

6.5　习题

通过下面的习题来检验本章的学习。

（1）在网上查找人气排名网址并分析是什么类型的网页（静态网页、动态网页、动态加密网页）。

（2）分析思路，爬取网页并保存到本地（使用 request、BeautifulSoup、Selenium 等工具）。

（3）尝试使用多线程操作 Selenium，然后对比第 7 章，看看自己的思路与笔者的思路有什么不同。

第7章

使用多线程爬取股票人气排名

　　假设爬取一支股票的人气排名，从 Chrome 浏览器打开到自动关闭，共计用时 10 秒，那么 1 小时会爬取 6×60=360 支股票，4000 支股票大约需要 10 小时能够爬取完。如果使用多线程操作，从 Chrome 浏览器打开到自动关闭，共计用时 10 秒，在此时间内，浏览器同时打开 10 个网页，并将 10 个网页结果同时返回给 Python，则 1 小时会爬取 60×60=3600 支股票，所用时间将大大减少。

　　如果同时打开 20 个网页（考虑同时打开过多网页，计算机会变卡等因素），遍历 4000 支股票用时大约半小时。如果经过初期筛选，将关注的股票锁定在 500～1000 支，爬取时间将不会超过 10 分钟。

7.1 多线程的优势

本节通过一个实战案例并结合前面的股票人气排名，编写一个多线程爬取股票人气排名的 Python 程序。

我们观察一下 Python 脚本，如图 7.1 所示。

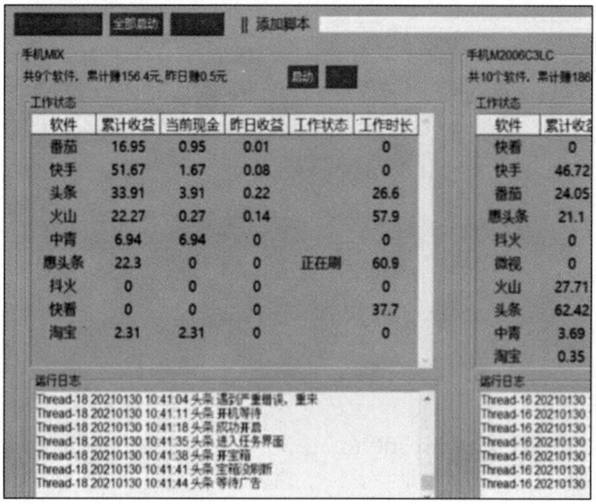

图 7.1 Python 脚本

这个脚本进行了可视化，显示的是用 Python 代码驱动手机自动刷抖音和火山视频，以赢取收益的一个 Python 程序。其中显示 Thread，翻译过来就是线程的意思。同一时间让多线程运行，可以节省时间。

同理，如果多线程使用 Selenium 来爬取，一次运行 10 个或更多个，可以解决单线程时间较长的问题。

7.2 多线程学习

通过学习 threading 模块的一些基本操作，如获取线程、添加线程、查看线程信息、join 调用等，初步了解 threading 模块，并通过学习来解决单线程爬取股票人气排名时间长的问题。

7.2.1 添加线程与获取线程

下面按以下步骤学习线程。

（1）导入模块。学习 threading 的第一步，当然是导入多线程模块。代码如下：

```
import  threading
```

（2）查看线程信息。代码如下：

```
threading.enumerate()
```

返回结果为：

```
[<_MainThread(MainThread, started 10972)>,
 <Thread(Thread-4, started daemon 11180)>,
 <Heartbeat(Thread-5, started daemon 10696)>,
 <HistorySavingThread(IPythonHistorySavingThread, started 7024)>,
 <ParentPollerWindows(Thread-3, started daemon 7832)>]
```

以上结果为一个主进程 MainThread 带 4 个 Thread()。

（3）确定线程个数。代码如下：

```
threading.active_count()
```

返回结果为：

```
5
```

（4）添加线程。使用 threading.Thread(target=XX)添加线程，target = XX 代表参数 target 要执行的函数或任务名称。代码如下：

```
def thread_job1():
    print('This is a thread of %s' % threading.current_thread())

def main():
    thread = threading.Thread(target=thread_job1,)    # 定义线程
    thread.start()                                    # 让线程开始工作

if __name__ == '__main__':
    main()
print(threading.active_count())
threading.enumerate()
```

返回结果为：

```
This is a thread of <Thread(Thread-10, started 10896)>
6
[<_MainThread(MainThread, started 10972)>,
 <Thread(Thread-4, started daemon 11180)>,
 <Heartbeat(Thread-5, started daemon 10696)>,
 <HistorySavingThread(IPythonHistorySavingThread, started 7024)>,
 <ParentPollerWindows(Thread-3, started daemon 7832)>]
```

可见，以上结果的线程多了一个，由原来的 5 个变成了 6 个。

7.2.2　join 功能

通过学习，了解不加 join 功能与加 join 功能的区别。

（1）不加 join。详见下面代码：

```
import threading
import time

def thread_job():
    print("S1 start\n")
    for i in range(5):
        time.sleep(1)                    # 任务间隔 0.1 秒
    print("S1 finish\n")

added_thread = threading.Thread(target=thread_job, name='T1')
added_thread.start()
print("all done\n")
```

正常程序输出结果是按顺序输出：

```
S1 start
S1 finish
all done
```

实际 Threading 输出结果为：

```
S1 start
all done


S1 finish
```

以上结果表示主线程任务没有完成，就输出了 all done。

（2）加 join。如果想按顺序输出，最后输出 all done，则可以在 added_thread.start() 之后增加 join，这样在启动主线程时对 join 进行调用。详见下面代码：

```
import threading
import time

def thread_job():
    print("S1 start\n")
    for i in range(5):
        time.sleep(1)                    # 任务间隔 0.1 秒
    print("S1 finish\n")

added_thread = threading.Thread(target=thread_job, name='S1')
```

```
added_thread.start()
added_thread.join()
print("all done\n")
```

实际 threading 输出结果为：

```
S1 start

S1 finish
all done
```

从结果来看，是按顺序进行的。

（3）双线程不加 join。双线程不加 join 的代码如下：

```
def S1_job():
    print("S1 start\n")
    for i in range(5):
        time.sleep(1)
    print("S1 finish\n")

def S2_job():
    print("S2 start\n")
    for i in range(10):
        time.sleep(0.1)
    print("S2 finish\n")

thread_1 = threading.Thread(target=S1_job, name='S1')
thread_2 = threading.Thread(target=S2_job, name='S2')
thread_1.start()                    # 开启 T1
thread_2.start()                    # 开启 T2
print("all done\n")
```

实际 threading 输出结果为：

```
S1 start

all done
S2 start

S2 finish

S1 finish
```

其显示的先后顺序完全取决于 S1_ job() 函数与 S2_ job() 函数的运行速度，在这里，我们使用时间进行区别显示。all done 也有可能出现在 S2 start 之后，这种不固定格式的执行方式是令人不能忍受的，所以要加 join 进行控制。

（4）双线程加 join。双线程加 join 的代码如下：

```
thread_1 = threading.Thread(target=S1_job, name='S1')
thread_2 = threading.Thread(target=S2_job, name='S2')
thread_1.start()                    # 开启 T1
thread_2.start()                    # 开启 T2
thread_1.join()                     # notice the difference!
thread_2.join()                     # notice the difference!
print("all done\n")
```

实际 threading 输出结果为：

```
S1 start

S2 start

S2 finish

S1 finish
all done
```

加 join 之后，结果是按顺序执行，显示也很有条理。

当然，在使用多线程爬虫时，因为 thread.start() 中的 code 与股票人气网页是一一对应的关系，所以我们直接使用 thread_1.start() 与 thread_2.start() 就可以进行双线程操作了。join 功能在这里被简略讲解，因为使用不多。

7.3　通过搭建 Python 多线程爬取股票人气排名

上面已经学习 threading 模块的一些基本操作与功能，下面就开始动手编写 Python，使用多线程 threading 爬取股票人气排名。

7.3.1　for 单循环股票池

假设我们已有 50 支股票的股票池，50 支股票的 DataFrame 信息如下。

```
<class 'pandas.core.frame.DataFrame'>
Int64Index: 50 entries, 0 to 49
Data columns (total 11 columns):
code            50 non-null object
zk              50 non-null float64
zd              50 non-null float64
dxw             14 non-null object
renqipaiming    50 non-null int64
```

```
dtypes: float64(6), int64(2), object(3)
memory usage: 4.7+ KB
```

股票池中的 50 个 code 如下：

```
['300619', '600206','603618','600268','300419','600868', '600995','002386','300025',
'002156','300506','300698', '600838','300634','300460','000016','002402','600744',
'600726', '300733', '300001','603679','002232','603700','002531', '000591', '002463',
'603232', '300234', '300202', '603330','000564','603915','300113','600318','002288',
'300105','600292','600396','300094','300108','300065', '300366', '000700', '000613',
'002660','300527', '600131','300342', '300364']
```

我们先选取 10 个进行试验。将股票池 DataFrame 命名为 csv_li，则连续 10 支股票可以表示为 csv_li[10:20]。代码如下：

```python
from selenium import webdriver
from selenium.webdriver.common.by import By
from selenium.webdriver.support.ui import WebDriverWait
from selenium.webdriver.support import expected_conditions as EC
from selenium.webdriver.common.action_chains import ActionChains
from selenium.webdriver.common.keys import Keys


def get_pop_rank(code):
# 启动浏览器，获取网页源代码
    browser = webdriver.Chrome()
    mainUrl = "http://guba.eastmoney.com/list,{}.html".format(code)
    browser.get(mainUrl)
    #print(f"browser text = {browser.page_source}")
    element = browser.find_element_by_id('popularity_rank')
    print(code,element.text)
    browser.close()


s = time.time()
for i in csv_li[10:20]:
    get_pop_rank(i)
e = time.time()
print('总用时：',e-s)
```

返回结果为：

```
300506 当前人气排名第 3461 名 详情
300698 当前人气排名第 1698 名 详情
600838 当前人气排名第 3453 名 详情
300634 当前人气排名第 3544 名 详情
300460 当前人气排名第 612 名 详情
000016 当前人气排名第 1688 名 详情
002402 当前人气排名第 356 名 详情
600744 当前人气排名第 28 名 详情
```

```
600726 当前人气排名第 508 名 详情
300733 当前人气排名第 3757 名 详情
总用时: 130.64530229568481
```

由此可以看出，10 支股票循环完所用时间为 130 秒。我们再对比一下多线程操作，看一下同型号计算机、同硬件配置情况下，多线程操作能否节省时间。

7.3.2　改变 for 循环的位置

在上一个例子中，for 循环相当于在 get_pop_rank()函数的外部。如果 for 循环在 get_pop_rank()函数的内部，那么所有时间会不会有改变呢？爱动手的读者可以先自行编写代码，然后继续阅读本书，跟着我的思路继续往下研究。

for 循环在 get_pop_rank()函数的内部，详见如下代码。

```
from selenium import webdriver
from selenium.webdriver.common.by import By
from selenium.webdriver.support.ui import WebDriverWait
from selenium.webdriver.support import expected_conditions as EC
from selenium.webdriver.common.action_chains import ActionChains
from selenium.webdriver.common.keys import Keys


def get_pop_rank(code_list):
# 启动浏览器，获取网页源代码
    browser = webdriver.Chrome()
    for code in code_list:
        mainUrl = "http://guba.eastmoney.com/list,{}.html".format(code)
        browser.get(mainUrl)
        #print(f"browser text = {browser.page_source}")
        element = browser.find_element_by_id('popularity_rank')
        print(code,element.text)
    browser.quit()

s = time.time()
get_pop_rank(csv_li[10:20])
e = time.time()
print('总用时: ',e-s)
```

返回结果为：

```
300506 当前人气排名第 3503 名 详情
300698 当前人气排名第 1631 名 详情
600838 当前人气排名第 3410 名 详情
300634 当前人气排名第 3543 名 详情
300460 当前人气排名第 630 名 详情
000016 当前人气排名第 1696 名 详情
```

```
002402 当前人气排名第 352 名 详情
600744 当前人气排名第 30 名 详情
600726 当前人气排名第 500 名 详情
300733 当前人气排名第 3764 名 详情
总用时：30.174529314041138
```

与 7.3.1 小节中例子的运行结果不同。

（1）从时间上来看，所用时间大幅减少，时间大约是第一个例子用时的 1/5。这是因为 for 循环在主函数 main() 中每次打开、关闭网页会消耗大量时间，而 for 循环在内部是执行一次打开多个网页，会节省启动浏览器、关闭浏览器的时间，进而节省运行时间。

（2）从股票人气爬取结果上来看，因为人气是实时动态数据，其数值也在动态改变，所得结果有略微改变；如果突发利好，人气也会在短时间内大幅提高，这也是有些个人投资者选择的一个依据——数据增长性。

7.3.3 多线程爬取

我们尝试使用 Thread(target=get_pop_rank, args=(code_list))，以双线程为例，对第 11～20 个数据进行了分组。分两组：第 1 组是第 11～15 个数据，第 2 组是第 16～20 个数据。详细代码如下：

```python
from selenium import webdriver
import time
from threading import Thread
import pandas as pd
def process(code_list,num):
    browser = webdriver.Chrome()
    browser.set_page_load_timeout(20)
    for code in code_list:

        mainUrl = "http://guba.eastmoney.com/list,{}.html".format(code)
        browser.get(mainUrl)
        element = browser.find_element_by_id('popularity_rank')
        print(code,element.text)
    browser.quit()
def process2(code_list,num):
    browser = webdriver.Chrome()
    browser.set_page_load_timeout(20)
    for code in code_list:

        mainUrl = "http://guba.eastmoney.com/list,{}.html".format(code)
        browser.get(mainUrl)
        element = browser.find_element_by_id('popularity_rank')
        print(code,element.text)
    browser.quit()
```

```
def main():
    thead_list = []
    csv_data=data_get()
    #多线程
    t1 = Thread(target=process, args=(csv_li[10:15],1))
    t1.start()
    t2 = Thread(target=process2, args=(csv_li[15:20],1))
    t2.start()
    thead_list.append(t1)
    t1.join()
    t2.join()
if __name__ == '__main__':
    s = time.time()
    main()
    e = time.time()
    print('总用时：',e-s)
```

运行结果为：

```
000016 当前人气排名第 1705 名 详情
300506 当前人气排名第 3529 名 详情
002402 当前人气排名第 352 名 详情
300698 当前人气排名第 1545 名 详情
600838 当前人气排名第 3310 名 详情
600744 当前人气排名第 32 名 详情
600726 当前人气排名第 463 名 详情
300634 当前人气排名第 3551 名 详情
300460 当前人气排名第 668 名 详情
300733 当前人气排名第 3750 名 详情
总用时： 27.30491662025452
```

（1）从运行时间上观察，相比 7.3.2 小节中的例子，运行时间提高了 3 秒，提高幅度不大。这是因为受制约于网站打开速度。当打开浏览器速度都比较快时，受制约的就是网站访问与加载速度。网站优化好，加载速度更快，爬取时间会更短。

下面是另一个网站的人气排名的例子，在同型号计算机、同硬件配置、同数量股票的情况下，运行时间只需 17 秒。详见如下：

运行结果为：

```
000016排名第 1705 名
300506排名第 3529 名
002402排名第 352 名
300698排名第 1545 名
600838排名第 3310 名
600744排名第 32 名
300634排名第 3551 名
600726排名第 463 名
```

```
300460 排名第 668 名
300733 排名第 3750 名
总用时: 17.94383144378662
```

可见，网站优化与加载速度是制约项。还因为遍历的股票数量太少，具有偶然性。如果遍历 100 支以上股票，通过大量数据的试验，多线程爬取还是会节省一些时间的。但提升效果可能没那么明显，其受制项已于上面分析。

（2）股票顺序有所改变，这是由于运行了多进程的原因。但是，股票代码与其所对应的股票人气在这个时间段内是一一对应的关系。

7.4　小结

由上面的例子可知，通过多线程爬取目标网站，爬取效率会大幅提高，相比 for 单循环节省 80% 的时间。其实我们还可以试验一下用多线程多浏览器来爬取目标网站，并对比时间的变化。

多线程多浏览器是指 process 运行于 Chrome 浏览器、process2 运行于 Firefox 浏览器、process3 运行于 IE 浏览器。详细代码如下：

```python
def process(code_list,num):
    browser = webdriver.Chrome()
    for code in code_list:

        mainUrl = "http://guba.eastmoney.com/list,{}.html".format(code)
        browser.get(mainUrl)
        element = browser.find_element_by_id('popularity_rank')
        print(code,element.text)
    browser.quit()
def process2(code_list,num):
    browser = webdriver. Firefox()
    for code in code_list:

        mainUrl = "http://guba.eastmoney.com/list,{}.html".format(code)
        browser.get(mainUrl)
        element = browser.find_element_by_id('popularity_rank')
        print(code,element.text)
browser.quit()
def process3(code_list,num):
    browser = webdriver. Edge()
    for code in code_list:

        mainUrl = "http://guba.eastmoney.com/list,{}.html".format(code)
        browser.get(mainUrl)
        element = browser.find_element_by_id('popularity_rank')
```

```
        print(code,element.text)
browser.quit()
```

笔者在这里不是非常推荐使用这样的多线程多浏览器进行爬取，原因也同 7.3.3 小节中的实例，受制约项主要是目标网页的优化与加载速度。用多线程多浏览器进行爬取的效率提升并不明显，运行时间也不会节省太多。

7.5 习题

通过下面的习题来检验本章的学习。

网上查找人气排名网址并试验多线程，选取优化、加载快的网址作为首选爬取网址。

第 **8** 章

使用 Appium 爬取 "游资" 与 "机构" 股票

Appium 工具是一个移动 App（手机应用）自动化工具。在学习本课程之前，推荐先学习基础的 Selenium Web 自动化课程（第 6 章）。本章将深入讨论如何使用 Appium 工具爬取 "游资" 与 "机构" 股票。通过学习 Appium 工具可以独立完成以下操作。

（1）自动化完成一些重复性的任务。

（2）通过手机自动化爬取信息。

（3）自动化测试。

本章主要涉及的知识点：

● Appium 原理与安装。了解 Appium 基本原理，学会搭建 Appium 开发环境。

● 定位元素。学会根据属性和位置来定位元素。

● 界面操作。学会 click（单击）、swipe（滑动）等动作，实现界面的点按、滑动翻页等操作。

● 爬取 "游资" 与 "机构" 股票实战。通过本章的示例，演示如何从手机 App 上爬取所需数据。

8.1 使用 Appium 爬取"游资"与"机构"股票的优势

本节首先介绍股票含有"游资"与"机构"标注的优势。在量化中增加"游资"与"机构"标注的数据，会大大增加量化的胜率和投资的收益率。

下面介绍什么是含有"游资"与"机构"标注的股票。

对比以下两幅图。图 8.1 所示是某手机 App 自选股中含有"游资"与"机构"标注的股票，其股票走势展现了良好的当日涨幅。图 8.2 所示是自选股中不含有"游资"与"机构"标注的股票，其股票走势表现平稳，可操作性也较差。

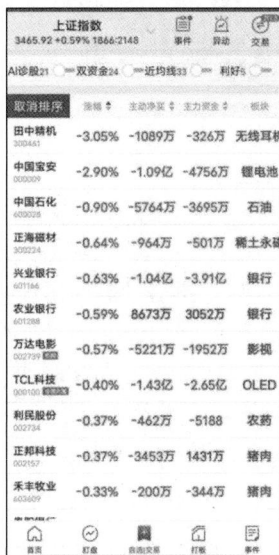

图 8.1 含有"游资"与"机构"标注的股票　　图 8.2 不含有"游资"与"机构"标注的股票

本节有"游资"与"机构"标注的股票优势如下：

（1）在投入相同时间与资金的情况下，收益较大。

（2）在投资者承受同等风险的情况下，收益较大。

（3）有"机构"标注的股票表明：基金机构已经建仓，后续大幅杀跌的可能性较小，即使有下跌，幅度也不会太大。基金后续补仓能力较强，恰逢季度调仓时期要谨慎参与。

（4）有"游资"标注的股票表明：短线"游资"机构已经建仓，后续有可能会快速拉升，即使有下跌，也不会太低于建仓成本价。高位放量股票要谨慎参与，防止"游资"高位获利抛盘。

作为投资者与金融量化者，通过对数据的爬取与分析处理可以极大提高筛选的效率与准确率。因 Appium 的环境搭建及操作较为复杂，笔者在这里不作赘述，有余力的读者可以通过案例及自学独立搭建 Appium，编写程序代码，自动对 App 进行操作，爬取手机 App 中所需的数据。

Appium 可以爬取"游资"与"机构"股票，以后还可以作为模块集成到量化中，以提高量化的胜率和投资的收益率。

8.2 搭建 Appium 开发环境

Appium 的原理图和 Selenium 的原理图很像，Appium 原理图如图 8.3 所示。

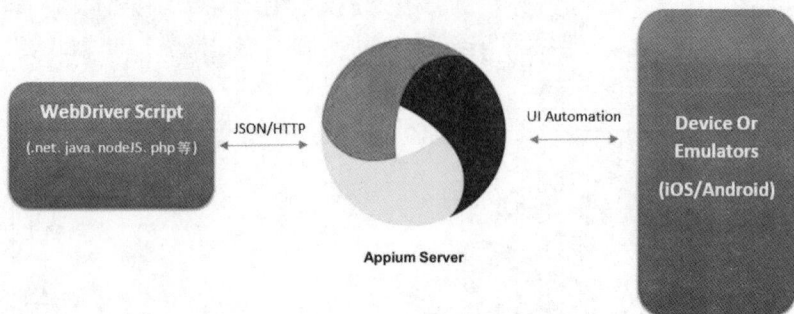

图 8.3 Appium 原理图

Appium 通信原理：通过自动化程序（WebDriver）发送自动化指令给 Appium Server，Appium Server 接收到指令后，将其转换为移动端能够识别的指令，然后发送给移动端设备，并对移动端设备进行操作。下面具体介绍 Appium 通信中的自动化程序、Appium Server 和移动端设备。

（1）自动化程序：自动化程序是由我们自己开发的，以实现具体的手机自动化功能。一般来说就是运行代码的机器，即用 Python 语言编写的代码，也可以用其他 Selenium 支持的 Java、Ruby、C#等语言来编写，以方便不同编程语言的开发者使用。

（2）Appium Server：Appium Server 是 Appium 组织开发的程序，它负责管理手机自动化环境，转发自动化程序的控制指令给手机，并且转发响应消息。

（3）移动端设备：这里说的设备，其实不仅仅是手机，还包括所有 iSO、Android 的移动设备，如手机、平板电脑、智能手表等。

1）如果测试的是 Android 手机，用的是 Android 的 UIAutomator 框架（Android 4.2 以后版本）。

2）如果测试的是 iOS 苹果手机，用的是 iOS 的 XCUITest 框架（IOS 9.3 以后版本）。

对 Appium 自动化工作原理了解即可，笔者重点要讲解的是 Appium 开发环境搭建及实战案例。实战案例也是模拟的 Android 手机，通过爬取手机 App 上的数据来实现数据的获取。

8.2.1 安装 Appium

将下载的 AppiumForWindows.zip 进行解压，双击 Appium-windows-1.18.3.exe（见图 8.4）进行

安装。1.18.3 是 Appium 的版本号，Appium 的图标如图 8.4 所示。

根据提示一步一步安装成功后，启动 Appium，界面如图 8.5 所示。

图 8.4 Appium-windows-1.18.3.exe 及 Appium 的图标

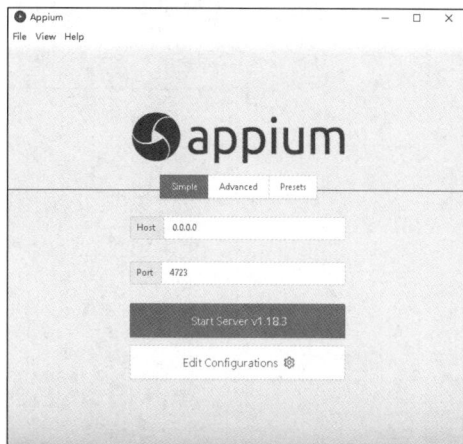

图 8.5 启动的 Appium 界面

8.2.2 配置 Appium Server

对 Appium 进行环境变量配置，单击 Edit Configurations 按钮，对 ANDROID_HOME 和 JAVA_HOME 进行配置。详细配置如图 8.6 所示。

其中，ANDROID_HOME 是 Android 环境变量配置路径；JAVA_HOME 是 JAVA 环境变量配置路径。

然后配置计算机环境变量，具体操作如下：

（1）在"我的电脑"功能和应用中搜索"环境变量"，如图 8.7 所示。

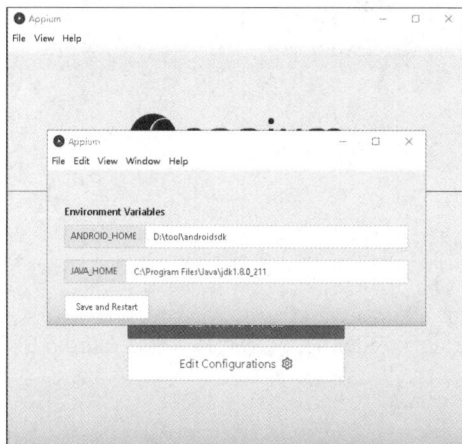

图 8.6 配置 Appium Server

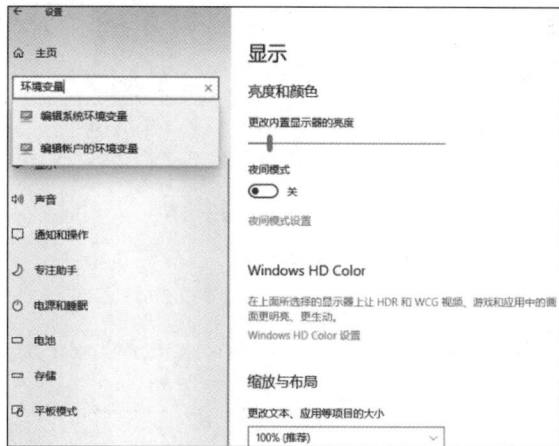

图 8.7 搜索"环境变量"

（2）配置系统变量，如图 8.8 所示。在系统变量中，增加 ANDROID_HOME 和 JAVA_HOME 所对应的文件夹地址。其地址必须与 Appium Edit Configurations 中的 ANDROID_HOME 和 JAVA_HOME 的地址对应（最好是复制过来）；如果路径不一样，会出现 Appium Server 无法启动的错误。

图 8.8　配置系统变量

8.2.3　安装 JDK

Android App 的自动化必须安装 Android SDK，而 Android SDK 需要 JDK 环境。环境变量 JAVA_HOME 可以指定为 jdk 安装目录。

操作步骤：

下载并安装 jdk-8u211-windows-x64.exe。

> 安装过程必须在指定目录（JAVA_HOME 地址目录）下进行。

8.2.4　安装 Android SDK

对于 Android App 的自动化，Appium Server 是需要 Android SDK 的。下载最新的 Android SDK 文件包：androidsdk.zip，解压即可。

> 在系统变量中添加一个环境变量 ANDROID_HOME，如 D:\tools\androidsdk。

8.2.5　安装手机模拟器

我们要爬取手机移动端的数据，并且软件在计算机中都准备好了，现在还差一部连接计算机的手机，或者一个手机模拟器。

笔者推荐安装手机模拟器，出于以下两个原因：

（1）小米、华为等手机可以连接计算机，并安装 Appium Settings，如图 8.9 所示。而 VIVO 手机可以连接计算机，但是不能自动安装 Appium Settings。而手机只有安装 Appium Settings，才能与计算机进行相互通信，才能够顺利操作手机对 App 进行爬取。

图 8.9　连接计算机并自动安装 Appium Settings

（2）在计算机上安装手机模拟器非常便捷，并且不用手机打开 USB 调试等，安装 App 也非常方便。将 apk 安装包拖曳到模拟器中，即可对 App 进行安装，以后如果研究抓包等项目，也可以使用手机模拟器。

市面上的手机模拟器也有很多。常用的手机模拟器有下面几款：腾讯手游助手、网易 MUMU、逍遥模拟器、雷电模拟器、夜神模拟器和蓝叠模拟器。

在上面几款 Android 模拟器中，腾讯手游助手和网易 MUMU 是为帮助用户玩手游而定制的，腾讯手游助手只能玩游戏，应用没优化。逍遥模拟器、雷电模拟器和夜神模拟器等都是专业做 Android 模拟器的软件厂商提供的，但它们也是有缺点的。其中最让人头痛的就是不稳定、打不开或闪崩，如蓝叠模拟器打开时容易卡在 94% 不动，打不开模拟器。夜神模拟器打不开想要爬取的 App。所以笔者通过筛选，最后选用了雷电模拟器来爬取手机 App 上的数据。

等运行模拟器之后，进行下一步验证。按下 Win+R 组合键，运行 cmd，打开命令行窗口，执行 adb devices -l 命令。这个命令是列出来连接在计算机上的 Android 设备，如下所示：

```
List of devices attached
emulator-5554          device product:SM-G9730 model:SM_G9730 device:aosp transport_id:1
```

表示计算机已经可以查看到手机模拟器，这与我们设置的手机品牌与型号均相符，如图 8.10 所示。网络设置如图 8.11 所示，网络桥接模式设置为开启，IP 设置为 DHCP；保存完之后，用户就可以进行 Appium 爬取操作了。

这里提一下 WLAN 设置。有时 WLAN 设置不对会引起雷电模拟器连不上网，或者显示连上网，实际却上不了网。这时，我们要检查网络 WLAN 高级设置。长时间点击网络，会出现 WLAN 高级设置界面，按如图 8.12 所示进行设置。

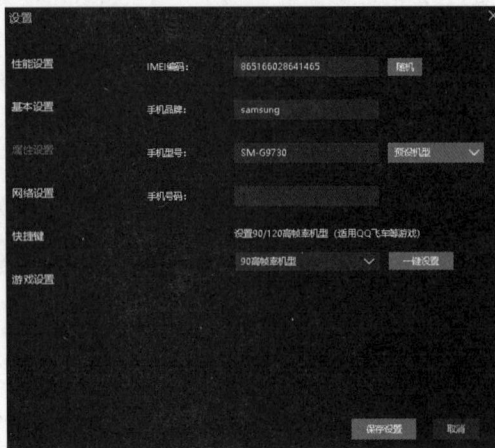

图 8.10 手机型号

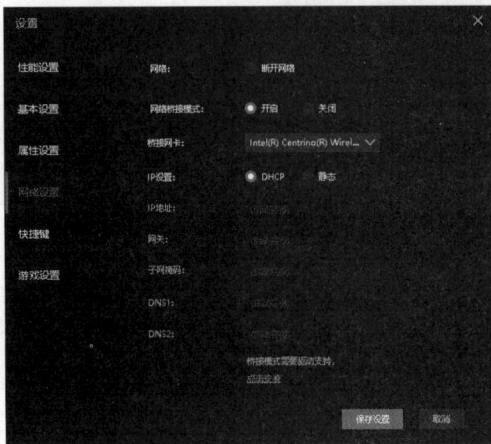

图 8.11 网络设置

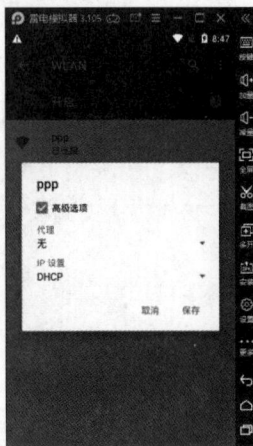

图 8.12 WLAN 高级设置

8.2.6 连接手机

如果读者不想安装模拟器，或者使用模拟器打开要爬取的 App 时，出现打不开 App 等情况，就只能选择手机连接计算机了。

操作步骤如下：

（1）使用 USB 线连接计算机与安卓手机（手机品牌最好是小米或华为）。

（2）进入手机设置→开发者选项→调试→USB 调试，手机会弹出"允许 USB 调试吗？"等字样，选择"允许"即可，如图 8.13 所示。

手机不同，操作步骤可略有不同。

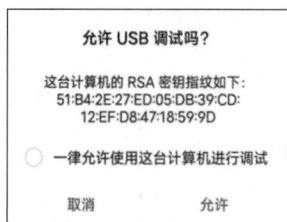

图 8.13　USB 调试

等连接好手机后，进行下一步验证。按 Win+R 组合键，运行输入 cmd，打开命令行窗口，执行 adb devices -l 命令。这个命令是列出来连接在计算机上的 Android 设备。运行结果如下：

```
List of devices attached
e50938f2                 device product:PD1921 model:V1921A device:PD1921 transport_id:2
```

表示计算机已经可以查看到连接的手机设备，可以进 Appium 爬取操作了。

8.2.7　配置调试

运行 Appium 自动化前，要先对 Appium 进行配置。这里以要爬取的短线王 App 进行案例分析与配置。

（1）查找应用的 package 与 Activity。模拟器打开短线王 App。按 Win+R 组合键，运行输入 cmd，打开命令行窗口，执行 "adb shell dumpsys activity recents | find "intent={"" 命令。运行结果如下：

```
intent={act=android.intent.action.MAIN cat=[android.intent.category.LAUNCHER] flg=0x10200000
cmp=com.quchaogu.dxw/.main.MainActivity}
intent={act=android.intent.action.MAIN  cat=[android.intent.category.HOME]  flg=0x10000000
cmp=com.android.launcher3/.Launcher}
```

我们关注如 cmp=com.quchaogu.dxw/.main.MainActivity 这种结构形式的 cmp，因为所需 package 名称与启动 Activity 都在 cmp 里。

应用的 package 名称为 com.quchaogu.dxw；应用的启动 Activity 为.main.MainActivity。

（2）用 Python 编写代码。详细代码如下：

```python
desired_caps = {
  'platformName': 'Android',              # 被测手机是 Android
  'platformVersion': '5.1.1',             # 手机 Android 版本
  'deviceName': 'xxx',                    # 设备名，Android 手机可以随意填写
  'appPackage': 'com.quchaogu.dxw',       # 启动 App Package 名称
  'appActivity': '.main.MainActivity',    # 启动 Activity 名称
   'unicodeKeyboard': True,               # 使用自带输入法，输入中文时填 True
   'resetKeyboard': True,                 # 执行完程序恢复原来输入法
  'noReset': True,                        # 不要重置 App
  'newCommandTimeout': 6000,
    'skipServerInstallation':True,
```

```
    'automationName' : 'UiAutomator2'
    'app': r'd:\apk\bili.apk',
}

# 连接 Appium Server，初始化自动化环境
driver = webdriver.Remote('http://localhost:4723/wd/hub', desired_caps)
# find_element_by_class_name("android.widget.RelativeLayout").click()
```

正常只运行 Python 时会进行报错。这不是写的代码不对，而是没有打开 Appium Server 与手机模拟器。此时 Python 代码无法驱动没打开的软件，并报错"由于目标计算机积极拒绝，无法连接"，如图 8.14 所示。

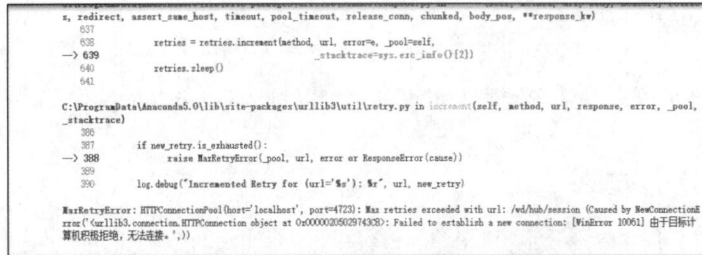

图 8.14　没有打开 Appium Server 与手机模拟器会报错

（3）打开 Appium Server、手机模拟器。因为我们要演示自动化操作，此时的手机模拟器只安装目标 App 即可。然后再次运行 Python 代码，此时 Appium Server 会开始运行并显示，如图 8.15 所示。

图 8.15　Appium 的 BaseDriver 显示与 Python 代码相同

Appium Server 运行结尾会显示绿色的 200 代码，表示连接成功并自动打开手机模拟器中的目标 App，如图 8.16 所示。

因为后期要定位元素，实现自动单击与滑动等操作，所以单击 Start Inspector Session，会得到如

图 8.17 所示的界面。配置与 Python 是对应的关系，单击 Start Session 按钮即可进入定位界面。

```
{
    "newCommandTimeout": 6000,
    "platformName": "Android",
    "platformVersion": "5.1.1",
    "deviceName": "xxx",
    "appPackage": "com.quchaogu.dxw",
    "appActivity": ".main.MainActivity",
    "noReset": true,
    "skipServerInstallation": true,
    "automationName": "UiAutomator2"
}
```

图 8.16　连接成功会显示绿色 200 代码

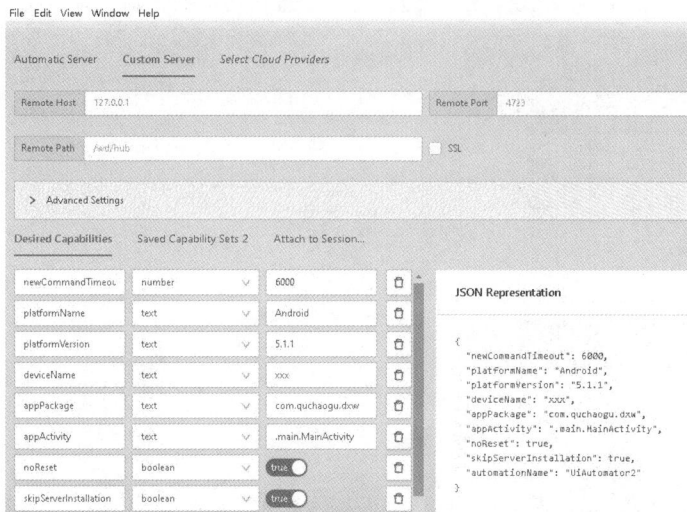

图 8.17　Start Inspector Session 配置

8.3　手机爬取的基本操作

Appium 爬取基本环境已经搭建并配置完毕，过程虽然比较复杂，但是为了能够爬取手机 App 上的游资与机构的股票信息，是值得我们去努力和花心思去仔细反复研究与琢磨的。下面就开始讲解手机爬取的基本操作。

8.3.1　元素及定位

与 Selenium 类似，首先要找到元素 Element，然后对元素进行定位。元素定位界面如图 8.18 所示。

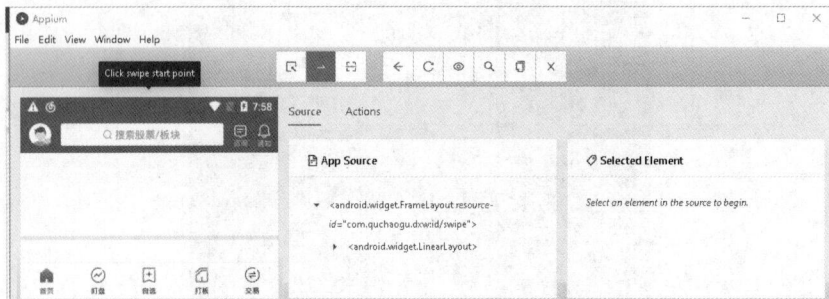

图 8.18　元素定位界面

单击图 8.18 中左侧下方的"自选"图标，获取元素信息，观察右侧的 Selected Element 选项，界面如图 8.19 所示。包含元素的 id、class、xpath 等信息，详细内容如表 8.1 所示。自选属性如表 8.2 所示。

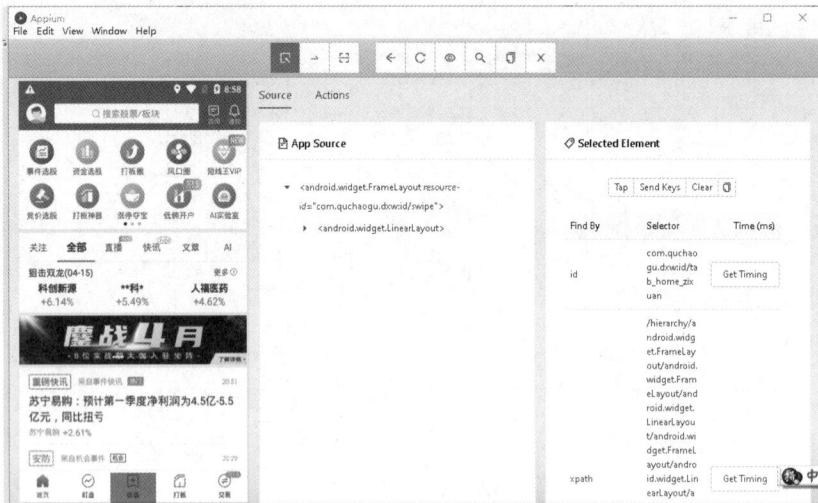

图 8.19　自选元素定位

表 8.1　自选元素

定位	选择器
id	com.quchaogu.dxw:id/tab_home_zixuan
xpath	/hierarchy/android.widget.FrameLayout/android.widget.FrameLayout/android.widget.LinearLayout/android.widget.FrameLayout/android.widget.LinearLayout/android.widget.FrameLayout/android.widget.LinearLayout/android.widget.LinearLayout/android.widget.TextView[3]

表 8.2　自选属性

属性	值
elementId	bba86889-b21a-4811-b908-41864878b6b8
index	2
package	com.quchaogu.dxw
class	android.widget.TextView
text	自选
resource-id	com.quchaogu.dxw:id/tab_home_zixuan
checkable	false
checked	false
clickable	true
enabled	true
focusable	false
focused	false
long-clickable	false
password	false
scrollable	false
selected	false
bounds	[288,1184][432,1280]
displayed	true

元素的定位主要有三种方法。

（1）根据 id：在 Selenium Web 自动化部分中，我们详细讲解过，最好根据 ID 选择、定位元素，因为通常来说 id 是唯一的，所以定位元素效率最高。可使用如下代码：

```
driver.find_element_by_id(' tab_home_zixuan)
```

（2）根据 class：在 Selenium Web 自动化部分中，我们详细讲解过，class 属性其实就是根据元素的类型定位，它类似 Web 中的 tagname，所以通常不是唯一的。当然如果你确定要查找的界面元素的类型在当前界面中只有一个，就可以根据 class 来唯一选择。可使用如下代码：

```
driver.find_element_by_class(' tab_home_zixuan)
```

（3）根据 xpath：在 Selenium Web 自动化部分中，我们详细讲解过 xpath 的使用方法。而在 Appium 中使用 xpath 选择元素，其可靠性和性能不如 Selenium Web 自动化。因为浏览器的成熟度比 Appium 要高很多，Selenium 自动化是浏览器实现的，而 Appium xpath 是靠 Appium Server 实现的。

当然，根据 id、class、xpath 这些方法选择与定位元素，底层是靠 Android UI Automator 框架的 API 功能实现的。

UI Automator Viewer 工具提供了一个方便的 GUI，用于扫描和分析 Android 设备上当前显示的界面组件，如图 8.20 所示。其功能与使用 Appium 获取元素信息的功能类似，读者学会一种定位元素的方法即可。

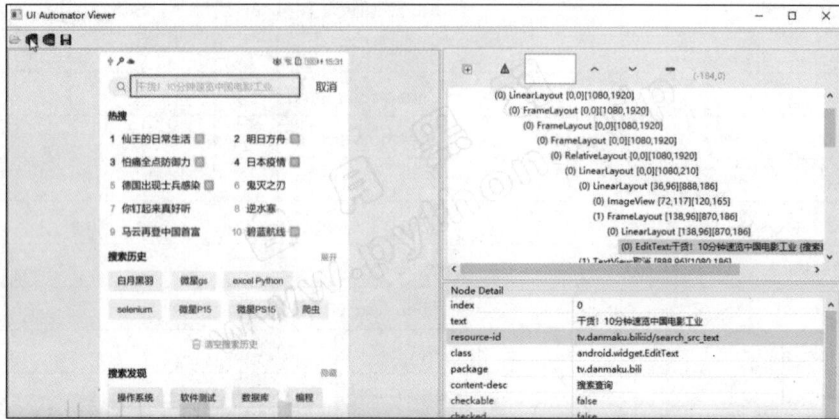

图 8.20　UI Automator Viewer 工具

8.3.2　界面单击、滑动操作

与 Selenium 类似，Appium 也要模拟人浏览 App 或网页，这时会有操作，如单击、滑动操作等。

（1）单击 click。单击（或点击）是常用于手机的操作之一，经常在元素 id 后使用，表示单击元素的操作。可以使用如下代码：

```
driver.find_element_by_id(' tab_home_zixuan).click
```

（2）滑动 swap。滑动是常用于手机的操作之一，如手机中经常需要滑动界面。可以使用如下代码：

```
driver.swap(start_x=x, start_y=y1, end_x=x, end_y=y2, duration=200)
```

其中，前面 4 个参数是滑动起点和终点的 x、y 坐标；第 5 个参数 duration 是滑动从起点到终点坐标所耗费的时间。注意这个时间非常重要，在屏幕上滑动同样的距离，如果时间设置得很短，就是快速滑动。弊端是必须知道起始和终点的坐标，所以才有了下面拖曳移动。

（3）拖曳到某个元素后松开 driver.drag_and_drop(source, target)。拖曳到某个元素后松开，有滑动，有单击，当不知道起始和终点的坐标位置时，只要能找到元素，drag_and_drop 是最好的命令之一。这里是从 source 位置拖曳到 target 位置,然后松开。

手机的基本操作大致需要使用的就这些命令,读者把上面三个命令学会,已经可以处理大部分的问题;如果需要了解更多命令,读者可以自行学习,但它们的使用频次不多。

8.4 手机爬取"游资"股票

我们已经学会了 Appium 爬取的基本操作,下面就开始讲解爬取手机 App 上的"游资"股票信息案例。

案例开始之前,首先整理一下思路,具体操作流程如下:

(1)打开 App。

(2)单击界面左侧下方的"自选"图标,如图 8.21 所示。

(3)打开"上证指数"界面,单击选择"游资","游资"界面的股票如图 8.22 所示。

(4)爬取"游资"界面的股票信息。

图 8.21　单击"自选"图标

图 8.22　"游资"界面的股票

8.4.1 自动打开 App

只要按上述步骤正确配置 App 信息,就可以自动打开 App。详细代码如下:

```
from appium import webdriver
from appium.webdriver.extensions.android.nativekey import AndroidKey
desired_caps = {
  'platformName': 'Android',                # 被测手机是 Android
```

```
    'platformVersion': '5.1.1',              # 手机 Android 版本
    'deviceName': 'xxx',                     # 设备名，Android 手机可以随意填写
    'appPackage': 'com.quchaogu.dxw',        # 启动 App Package 名称
    'appActivity': '.main.MainActivity',     # 启动 Activity 名称
#   'unicodeKeyboard': True,                 # 使用自带输入法，输入中文时填 True
#   'resetKeyboard': True,                   # 执行完程序恢复原来输入法
    'noReset': True,                         # 不要重置 App
#   'newCommandTimeout': 6000,
    'skipServerInstallation':True,
#   'automationName' : 'UiAutomator2'
# 'app': r'd:\apk\bili.apk',
}

# 连接 Appium Server，初始化自动化环境
driver = webdriver.Remote('http://localhost:4723/wd/hub', desired_caps)
```

如果雷电模拟器没有自动打开 App，请读者仔细阅读 8.2 节；只要配置步骤都正确，该模拟器就可以自动打开所爬取的 App。

8.4.2　元素定位

（1）对"自选"元素进行定位，界面如图 8.23 所示。

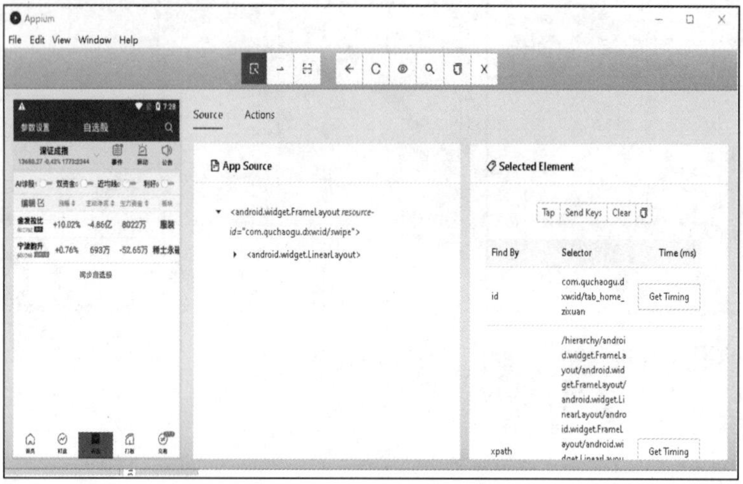

图 8.23　"自选"元素定位

所对应的 Python 代码如下：

```
driver.find_element_by_id(' tab_home_zixuan).click
```

（2）对"游资"元素进行定位，界面如图 8.24 所示。

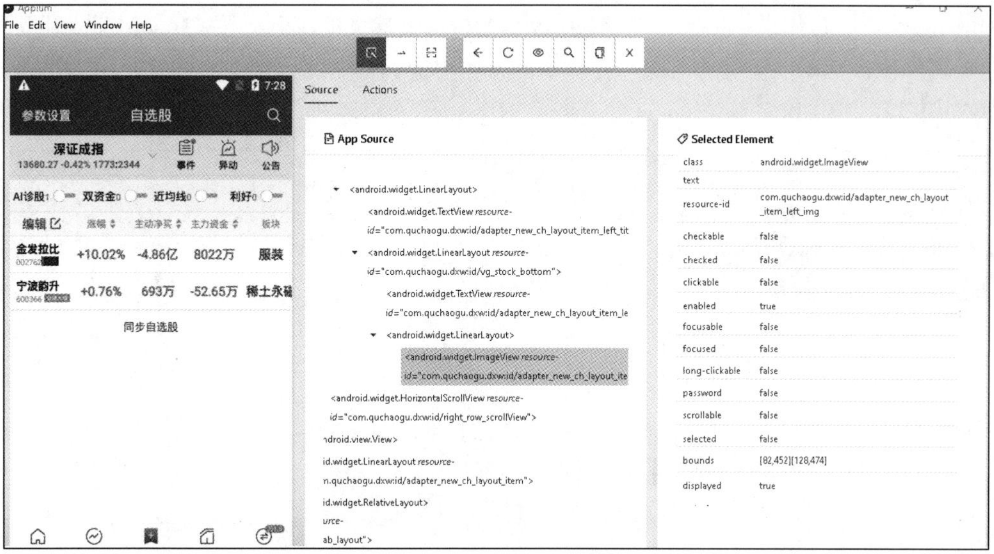

图 8.24 "游资"元素定位

所对应的 Python 代码如下：

```
a_click=driver.find_element_by_id("adapter_new_ch_layout_item_left_img")
a_click.click()
print("成功切换到游资模式")
```

8.4.3　爬取"游资"股票

"游资"界面中都是"游资"股票信息，按涨幅由高到低的顺序排列，如图 8.25 所示。

图 8.25　"游资"股票按涨幅由高到低的顺序排列

爬取"游资"股票代码，以 2021 年 4 月 15 日游资涨幅最大的旗天科技（300061）的爬取为例。用户想要定位什么元素，就单击元素，查看 Appium 中的元素返回信息。通过查找可以发现，股票代码所对应的 id 为 adapter_new_ch_layout_item_left_stock_code，如图 8.26 所示。

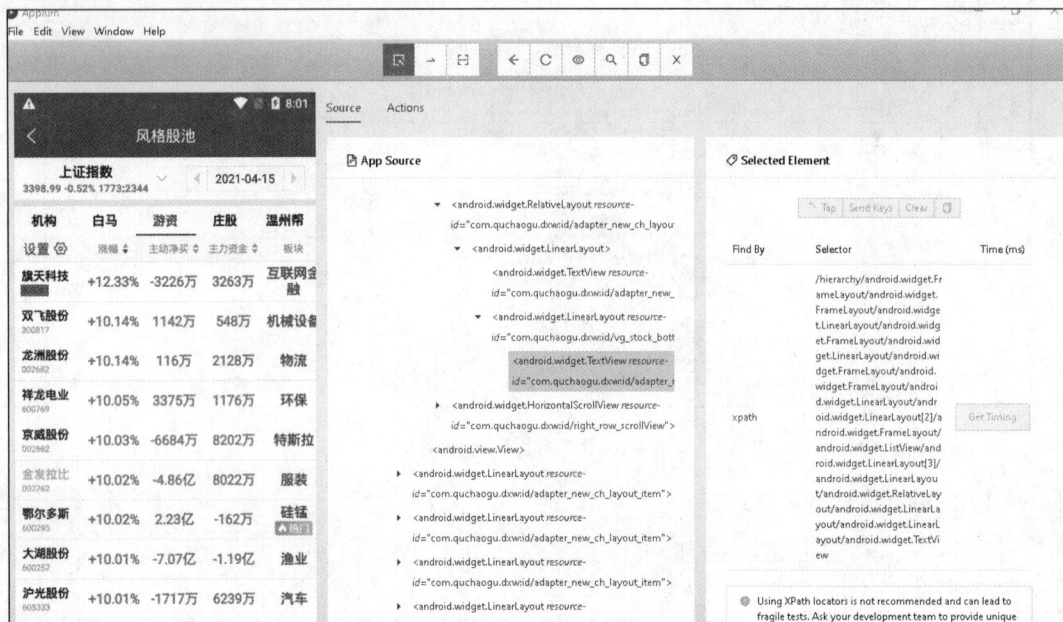

图 8.26　Appium 中的元素返回信息

下面使用 id 来定位。详细代码如下：

```
baima_gp_list=driver.find_elements_by_android_uiautomator('new UiSelector().resourceId
("com.quchaogu.dxw:id/adapter_new_ch_layout_item_left_stock_code")')
print("当前页有{}支股票".format(len(baima_gp_list)))
for i in baima_gp_list:
    print(i.text)
```

其返回值如下：

```
当前页有 10 支股票
300061
300817
002682
600769
002662
002762
600295
600257
605333
002932
```

这正是我们想要爬取的"游资"股票代码。既然"游资"股票能够顺利爬取，我们还想爬取"机构"股票代码。"机构"股票应该怎样爬取呢？请大家思考一下。

8.5 手机爬取"机构"股票

"机构"元素在"游资"元素的旁边，单击"机构"，然后对界面进行爬取。"机构"股票界面如图 8.27 所示，也是按涨幅由高到低顺序排列。

图 8.27 "机构"股票界面

想要顺利地爬取"机构"股票，还是分为三步：

（1）定位"机构"元素。

（2）点击定位元素。

（3）爬取"机构"股票。

8.5.1 定位"机构"元素并单击

（1）定位"机构"等元素。"机构"元素对应的是 android.widget.TextView，如图 8.28 所示，所以要使用 find_elements_by_android_uiautomator()这种定位方法。该方法对应 Python 代码中的父节点为 new UiSelector().className()，子节点为 childSelector(new UiSelector().className())，className 后面括号内分别填上元素所对应的 classname。

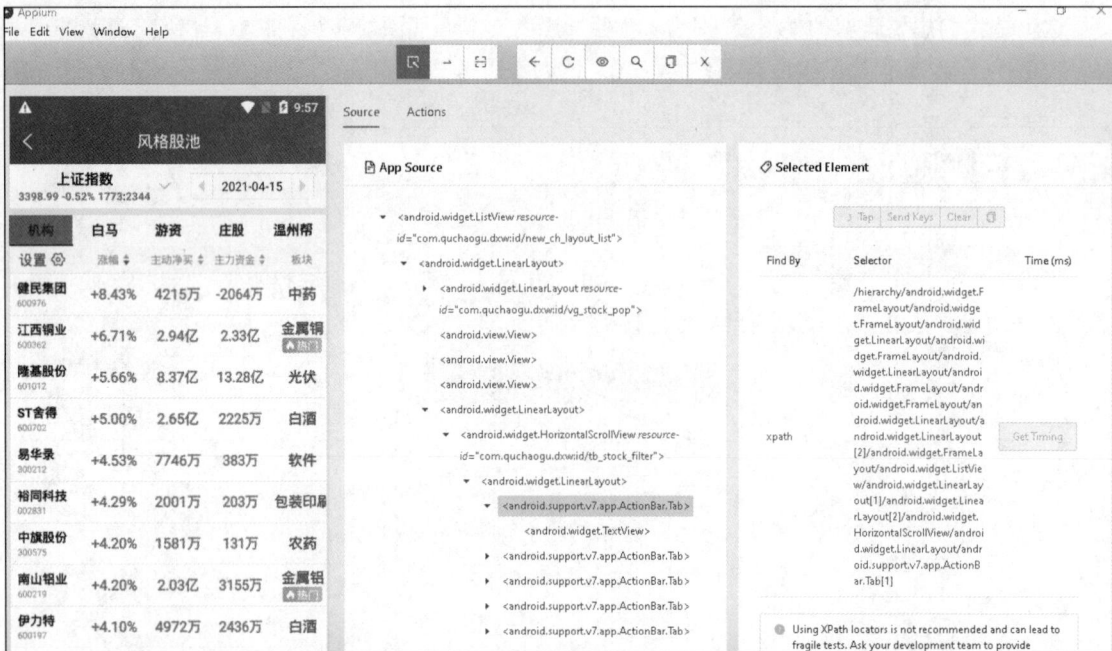

图 8.28 "机构"元素所对应的 Appium

对应 Python 代码如下：

```
list_name=driver.find_elements_by_android_uiautomator('new UiSelector().className("android.
support.v7.app.ActionBar$Tab").childSelector(new UiSelector().className("android.widget.
TextView"))')
# 机构、白马、游资、庄股、温州帮
print(list_name)
for i in list_name:
    print(i.text)
```

返回结果为：

```
成功切换到游资模式
[<appium.webdriver.webelement.WebElement(session="2ed8e542-71d8-48d4-b88f-0960bd2b9a5a",
element="705b67b7-b8ae-4f83-a987-976b3bed1c1d")>, <appium.webdriver.webelement.WebElement
(session="2ed8e542-71d8-48d4-b88f-0960bd2b9a5a",
element="51d19e1b-7254-4a75-b2dc-359e649a5606")>, <appium.webdriver.webelement.WebElement
(session="2ed8e542-71d8-48d4-b88f-0960bd2b9a5a",
element="205196a6-550b-46ef-b440-27c728748a57")>, <appium.webdriver.webelement.WebElement
(session="2ed8e542-71d8-48d4-b88f-0960bd2b9a5a",
element="f14c96fc-a686-48da-a362-134a4edbcf42")>, <appium.webdriver.webelement.WebElement
(session="2ed8e542-71d8-48d4-b88f-0960bd2b9a5a",
element="6c4a4ea8-1d63-4669-ace0-f9b22c6a3a7d")>]

机构
```

白马
游资
庄股
温州帮

输出结果中含有标签元素名称。

（2）单击定位元素。对应 Python 代码如下：

```
baima_button=driver.find_element_by_android_uiautomator('new UiSelector().className
("android.support.v7.app.ActionBar$Tab").childSelector(new UiSelector().textContains
("机构"))')
baima_button.click()
```

8.5.2　定位"机构"股票并爬取

"机构"股票所对应的 Appium 如图 8.29 所示。单击股票代码元素，查看 Appium 的元素返回信息。通过查找可以发现，股票代码所对应的 id 为 adapter_new_ch_layout_item_left_stock_code。

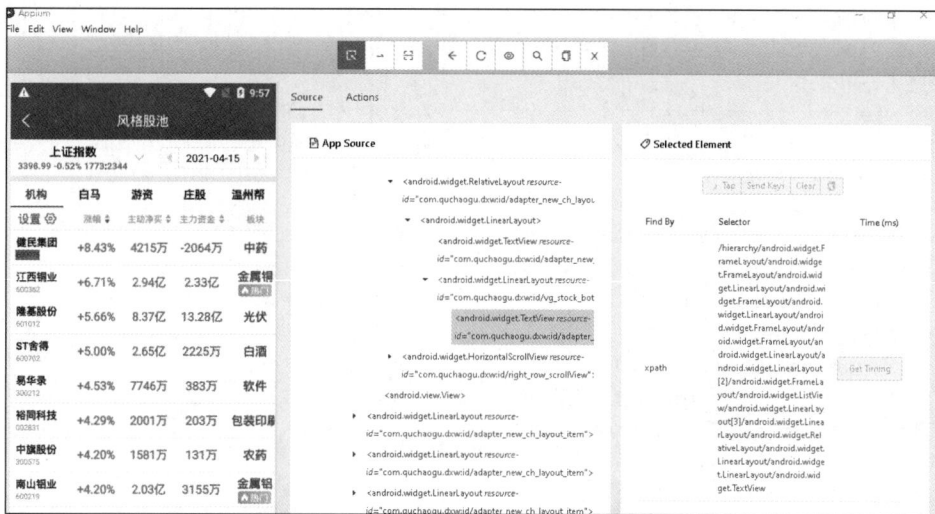

图 8.29　"机构"股票所对应的 Appium

下面使用 id 来定位，详细代码如下：

```
baima_gp_list=driver.find_elements_by_android_uiautomator('new UiSelector().resourceId
("com.quchaogu.dxw:id/adapter_new_ch_layout_item_left_stock_code")')
print("当前页有{}支股票".format(len(baima_gp_list)))
for i in baima_gp_list:
    print(i.text)
```

其返回值如下：

```
当前页有 10 支股票
600976
600362
601012
600702
300212
002831
300575
600219
600197
300685
```

这正是我们想要爬取的"机构"股票代码。

8.5.3 爬取"机构"股票的完整代码

爬取"机构"股票的完整代码如下：

```python
from appium import webdriver
from appium.webdriver.extensions.android.nativekey import AndroidKey
desired_caps = {
    'platformName': 'Android',               # 被测手机是 Android
    'platformVersion': '5.1.1',              # 手机 Android 版本
    'deviceName': 'xxx',                     # 设备名，Android 手机可以随意填写
    'appPackage': 'com.quchaogu.dxw',        # 启动 App Package 名称
    'appActivity': '.main.MainActivity',     # 启动 Activity 名称
#   'unicodeKeyboard': True,                 # 使用自带输入法，输入中文时填 True
#   'resetKeyboard': True,                   # 执行完程序恢复原来输入法
    'noReset': True,                         # 不要重置 App
#   'newCommandTimeout': 6000,
    'skipServerInstallation':True,
#   'automationName' : 'UiAutomator2'
# 'app': r'd:\apk\bili.apk',
}

# 连接 Appium Server，初始化自动化环境
driver = webdriver.Remote('http://localhost:4723/wd/hub', desired_caps)
# find_element_by_class_name("android.widget.RelativeLayout").click()
import time
time.sleep(15)
driver.implicitly_wait(18)
driver.find_element_by_id("tab_home_zixuan").click()
a_click=driver.find_element_by_id("adapter_new_ch_layout_item_left_img")
a_click.click()
print("成功切换到游资模式")
```

```
list_name=driver.find_elements_by_android_uiautomator('new UiSelector().className
("android.support.v7.app.ActionBar$Tab").childSelector(new UiSelector().className
("android.widget.TextView"))')
# 机构、白马、游资、庄股、温州帮
print(list_name)
baima_button=driver.find_element_by_android_uiautomator('new UiSelector().className
("android.support.v7.app.ActionBar$Tab").childSelector(new UiSelector().textContains
("机构"))')
baima_button.click()
baima_gp_list=driver.find_elements_by_android_uiautomator('new UiSelector().resourceId
("com.quchaogu.dxw:id/adapter_new_ch_layout_item_left_stock_code")')
print("当前页有{}支股票".format(len(baima_gp_list)))
for i in baima_gp_list:
    print(i.text)
```

返回结果为：

成功切换到游资模式
[<appium.webdriver.webelement.WebElement(session="805a2d74-b690-4724-95f0-e8a56e08fc
c9",element="5cb0aa32-d955-4ab8-8178-bf3bf0b07061")>, <appium.webdriver.webelement.
WebElement(session="805a2d74-b690-4724-95f0-e8a56e08fcc9", element="8a7a42fc-de5d-4be1-
85a8-110d3f3a98b3")>, <appium.webdriver.webelement.WebElement(session="805a2d74-b690-
4724-95f0-e8a56e08fcc9", element="3dd5cb6a-28d6-4ad0-9edd-61902aac6121")>, <appium.
webdriver.webelement.WebElement(session="805a2d74-b690-4724-95f0-e8a56e08fcc9", element=
"c29c0f02-ef91-4a77-99f5-477bf41f900c")>, <appium.webdriver.webelement.WebElement (session=
"805a2d74-b690-4724-95f0-e8a56e08fcc9", element="7cb37e46-df66-44b4-8a56-135c3d83c466")>]
当前页有 10 支股票
600976
600362
601012
600702
300212
002831
300575
600219
600197
300685

8.5.4 思考题

爬取一页"机构"股票，股票数量只有 10 支。现需增大爬取"机构"股票数量，即需爬取"机构"的 5 页股票，每页 10 支左右，共计爬取 50 个股票。请读者仔细思考、分析，应该怎样编写程序来解决这一实际需求。

分析:

此题是在爬取"机构"参与的股票之后,又增加了爬取多页的功能。此外,用户可以尝试使用滑动 swap 进行翻页。经过多次尝试,困难点在于定位滑动起点和终点的 x、y 轴坐标,所以使用滑动 swap 翻页的方法以失败告终。

那是不是不能实现翻页的功能,需求没法实现呢?答案是还有别的办法。

仔细观察,模拟滑动页面操作。我们从图 8.30 所示的"机构"股票的第一页界面滑动到图 8.31 所示的"机构"股票的第二页界面。界面稍微有点区别,上证指数等表头信息在第二页中不再显示。

其中的操作是,把第一页最下面的健友股份(603707)拖曳到第二页的最上面,变相完成滑动界面操作。

图 8.30 "机构"股票的第一页界面

图 8.31 "机构"股票的第二页界面

可以使用拖曳某个元素,然后松开命令 driver.drag_and_drop(source, target)。Python 代码接着 8.5.3 小节继续添加。

```
#翻页 1~2:
list_1=baima_gp_list[0]
list_2=baima_gp_list[len(baima_gp_list)-1]
driver.drag_and_drop(list_2, list_1)
```

代码的主要思想是:获取"机构"界面中的第一支股票 list_1,然后获取"机构"界面中最后一支股票 list_2,拖曳最后一支股票到第一支股票的位置。

返回结果为:

```
当前页有 10 支股票
600559, 600197, 600188, 600779, 300326, 601238, 300168, 600196, 601633, 603707
```

上述代码已经可以完成从第一页滑动到第二页的操作,读者再观察第三页,如图 8.32 所示。

图 8.32 中是把第二页 list 中的最后一个江山欧派（603208）拖曳到第三页顶部。以此类推，其 Python 代码如下：

```
#翻页到第二页以后:
    for i in range(3):                    # 第二页循环
        baima_gp_list_2=driver.find_elements_by_android_uiautomator('new UiSelector().
resourceId("com.quchaogu.dxw:id/adapter_new_ch_layout_item_left_stock_code")')
        print("-----------------当前页有{}支股票".format(len(baima_gp_list_2)))
        list_2_1=baima_gp_list_2[0]
        list_2_2=baima_gp_list_2[len(baima_gp_list_2)-1]
        driver.drag_and_drop(list_2_2,list_2_1)
        for i in baima_gp_list_2:
            print(i.text)
            list_i_text.append(i.text)
        print("休眠 5 秒")
        time.sleep(5)
```

图 8.32　机构股票的第三页界面

返回结果为：

```
-----------------当前页有 12 支股票
603025，600702，300357，603306。300078。600976。300130。300609。603788。603208，601111，603096
休眠 5 秒
-----------------当前页有 12 支股票
603096。601717。300203。600085。603515。600985。603600。300136。300570。300365。600741。600742
休眠 5 秒
-----------------当前页有 13 支股票
300136。300570。300365。600741。600742。300559。600529。603960。300502。601336。603179。
```

601965。002773
休眠 5 秒
------------------当前页有 13 支股票
002773。600582。600054。600027。300298。300355。603899。002798。603180。300142。603816。
300115,300433
休眠 5 秒

8.6　小结

本章主要介绍利用 Appium 爬取含有"游资"与"机构"标注的股票。在这里，我们主要分析一下手机爬取的优势和劣势。

优势：

（1）"游资"与"机构"标注的数据会极大增加量化的胜率和投资的收益率。

（2）"游资"与"机构"股票数据的标注拥有一整套算法，这些算法是很多工程师研究的结果。爬取股票的标注作为外来输入信息会极大减少个人在"游资"与"机构"这个细分领域的研究，将重点着眼于量化核心算法的研究。

劣势：

（1）"游资"与"机构"数据是一段时间更新一次，具体更新时间不知道。

（2）爬取的是经过核心算法加工过的股票标注结果，其核心算法的科学性、合理性与有效性还有待时间的检验。

（3）Appium 爬取远不如 post 或 get 请求网页快捷。

（4）股票异动可能在很短的时间发生，不易对股票进行及时、有效的监控。

有没有方法可以将 Appium 爬取转变为网页 post 或 get 请求，也就是说，如果通过技术手段抓到了手机 App 包，能否分析出并破解网站的 API，是否会快速监控到"游资"与"机构"股票异动。

通过手机 App 爬取，我们获得了含有"游资"与"机构"标注的股票。虽然这样会避免一些"爆雷"股票，增加收益率，但是爬取时比较麻烦且无法对股票进行实时监控，无法及时作出反应来面对瞬息万变的股票市场，还是有延迟与滞后性。

8.7　习题

通过下面的习题来检验本章的学习。

（1）爬取"游资"板块中的热门板块。

（2）爬取"游资"股票中的前 5 页股票信息。

（3）为什么 8.5.4 小节最后要加 time.sleep(5)（"休眠 5 秒"）这行代码？如果不加这行代码，会出现什么情况？

（4）仔细观察（1）、（2）爬虫返回的每页股票支数，有的是 12，有的是 13，这是为什么？

（5）（4）的结果有什么弊端，会出现什么样的报错情况？我们怎样修改，才会避免报错情况的发生？（提示：至少有两种方法来解决这个需求。①既然数量不一样，就把数量变成一样；②可以使用 driver.drag_and_drop(list_2_2,list_2_1)。）

第 9 章

抓包并获得 API

对于手机股票 App 爬取的延迟与滞后性，笔者希望通过抓包等技术手段先研究一下该 App，毕竟手机软件发出的也是 http 请求。如果了解请求网址与请求内容，会不会直接返回 JSON 数据结构呢？

通过不断尝试，笔者竟然抓取了请求网址与请求内容，获得了网站的 API。本章将讨论如何抓包。

本章主要涉及的知识点：

- 学会使用 Fiddler 抓包工具。
- 尝试获得网站 API。

9.1 API 优势

API（Application Programming Interface，应用程序编程接口）是一些预先定义的函数，它被设计的目的是提供应用程序与开发人员基于某软件或硬件得以访问一组例程的能力，而又无须访问源码或理解内部工作机制的细节。

通俗来讲，API 就是程序预留的接口，通过访问 API 文档，帮助读者对网站结构与功能有非常详细的了解。用户用接口来调用实现类的方法，可以快速实现对类的调用，实现其不同功能，也降低了模块与模块之间的耦合度，即便一个模块出现问题，也不会影响其余模块。

基于互联网的应用正变得越来越普及，有更多的站点将自身的资源开放给开发者来调用。微博、服务平台等希望通过开放 API 接口来让站点提供更多的访问量与用户使用黏性。而股票网站出于安全性、商业性等考虑，一般不会开放其 API 文档。有一部分，也是只开通量化板块API。其网站与手机 App 调用的接口函数，是不会轻易挂在网站上的。这也是股票以往数据标签无据可查的原因。因为个人不会随时提供稳定的股票标签与异动信息，而第三方网站 API 会对股票标签与异动信息加以保存，只要调取关于时间的 API 信息，就会获取以往股票数据的标签与异动信息。

9.2 App 抓包

9.2.1 Fiddler 抓包工具

Fiddler 是一个 HTTP 调试抓包工具。Fiddler 可以帮助检测网页和服务器的交互情况、查看计算机和互联网之间的 http 通信、设置断点等，对所有的"进出"Fiddler 的数据（如cookie、.html、.js、.css 等文件）进行抓取。它可以针对特定的请求，分析请求数据、设置断点、调试 Web 应用、修改请求的数据，甚至可以修改服务器返回的数据，功能非常强大，是 Web 调试的"利器"。

使用百度搜索"fiddler5 下载"，如图 9.1 所示。

下载 Fiddler5 中文、英文版本都可以，操作步骤都是一样的。下载的软件安装包为fiddler_v5.0.20194.41348.exe，双击安装。安装成功，在"开始"→"所有程序"中就会看见相应的图标，若是常用，也可以在桌面建一个快捷方式。Fiddler 版本如图 9.2 所示，笔者选用的是汉化版本。

第一次使用 Fiddler，要熟悉 Fiddler 的基本界面与使用方法。Fiddler 的界面通过多个标签页形式显示各种类型的信息，最常用的标签页为 Inspectors（检查器），通过这个标签页可以查看抓取的网络请求和回复的详细内容。Fiddler 界面如图 9.3 所示。

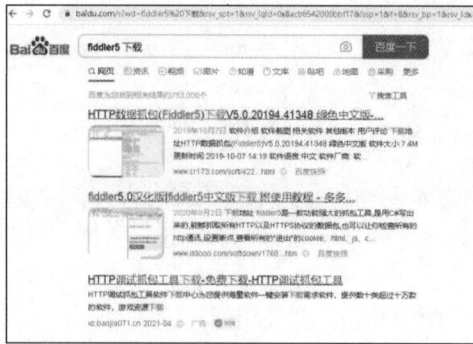

图 9.1　Fiddler5 下载搜索

图 9.2　Fiddler 版本

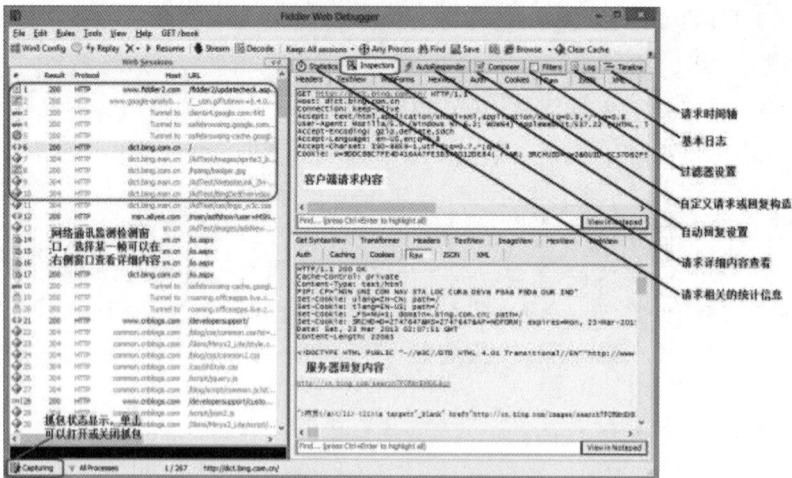

图 9.3　Fiddler 界面

在每一个数据包前面都有不同的图标，表示不同状态的请求类型，如图 9.4 和图 9.5 所示。

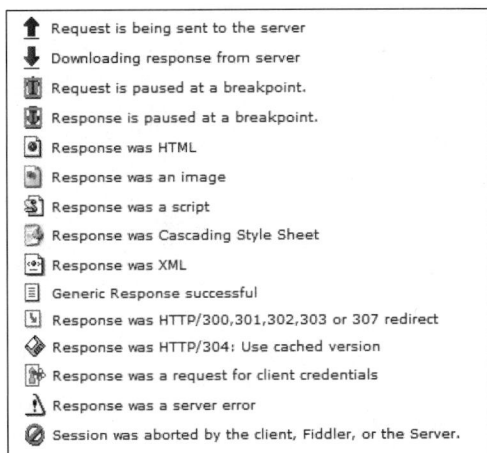

⬆	Request is being sent to the server
⬇	Downloading response from server
	Request is paused at a breakpoint.
	Response is paused at a breakpoint.
	Response was HTML
	Response was an image
	Response was a script
	Response was Cascading Style Sheet
	Response was XML
	Generic Response successful
	Response was HTTP/300,301,302,303 or 307 redirect
	Response was HTTP/304: Use cached version
	Response was a request for client credentials
	Response was a server error
⊘	Session was aborted by the client, Fiddler, or the Server.

⚠	移除所有
	图像
🔒	连接
	非-200s
	非浏览器
	完成并取消标记
	重复响应主体

图 9.4　Fiddler 请求状态　　　　　　　　图 9.5　Fiddler 请求状态中文版

我们观察到，中文版本其实是做了一些修改，英文版本更完整一些。但是对于初学 Fiddler 的新手来说，中文版能更友好一些。

到现在，我们对 Fiddler 有了初步了解并安装了软件。下面就对 Fiddler 进行配置并抓包。

9.2.2　对 Fiddler 进行配置

Fiddler 是可以对计算机端与 Android 手机端进行监听的。这里着重讲解 Android 手机端，对计算机端的监听只简要介绍一下。

（1）计算机端监听 Fiddler 配置。使用计算机端监听时，有时会出现请求的内容是一堆明显不对的文字，而且请求的左端有"锁"的样式，这其实是 HTTPS 加密，表示当前应该是没有配置 Fiddler；右边的默认返回内容如下：

Encrypted HTTPS traffic flows through this CONNECT tunnel. HTTPS Decryption is enabled in Fiddler, so decrypted sessions running in this tunnel will be shown in the Web Sessions list.

翻译过来大致就是"加密的 HTTPS 通信流通过此连接隧道。在 Fiddler 中启用了 HTTPS 解密，因此在此隧道中运行的解密会话将显示在 Web 会话列表中。"果然是由于 HTTPS 加密的原因，如图 9.6 所示，那么应该如何配置 Fiddler 来解析这些加密的请求呢？

我们按照提示进行设置，先在左上角的工具栏中找到"工具"，然后依次选择"选项"、HTTPS，然后勾选"解密 HTTPS 流量"复选框，然后安装证书，如图 9.7 所示。

在"操作"选项卡中选择"信任根证书"选项（见图 9.8），然后全部选择"是"，即可安装证书。

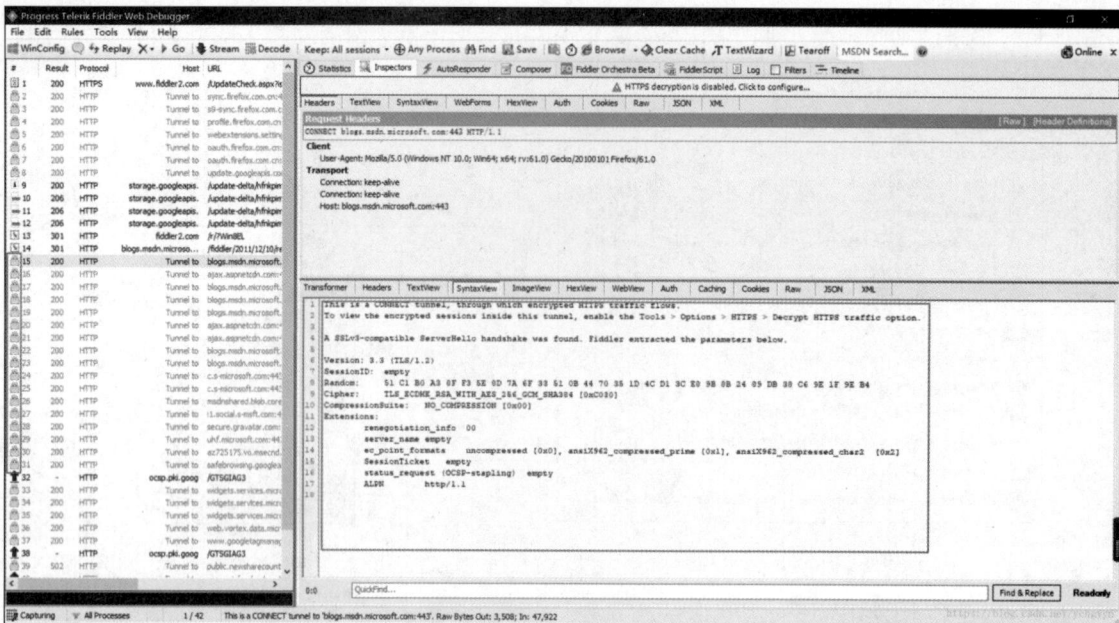

图 9.6　HTTPS 加密

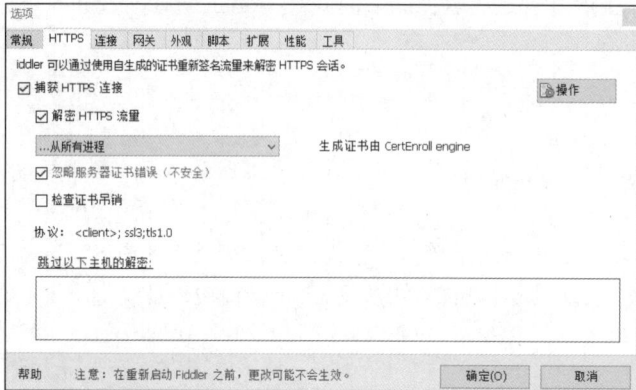

图 9.7　解密 HTTPS 流量

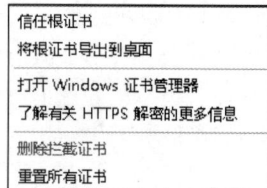

图 9.8　信任根证书

完成以上步骤，即可对计算机端进行浏览器监听了。

（2）Android 手机端监听 Fiddler 配置。如果想要对手机上的 App 进行抓包，该怎么办呢？需要进行以下操作：

1）勾选"允许远程计算机连接"复选框。下面按照提示进行设置，先在左上角的工具栏中找到"工具"，然后依次选择"选项""连接"，勾选"允许远程计算机连接"复选框，监听端口默认设置为 8888，如图 9.9 所示。重启 Fiddler 即可。

2）查看计算机 IP。按 Win +R 组合键调出"运行"对话框，输入 cmd，按 Enter 键，打开命令行窗口，输入 ipconfig，如图 9.10 所示。本机 IP 为 192.168.43.196。

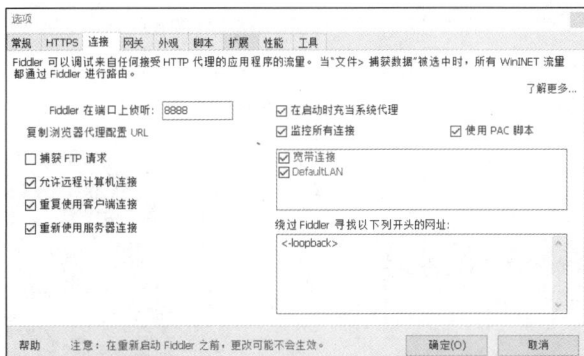

图 9.9　允许远程计算机连接

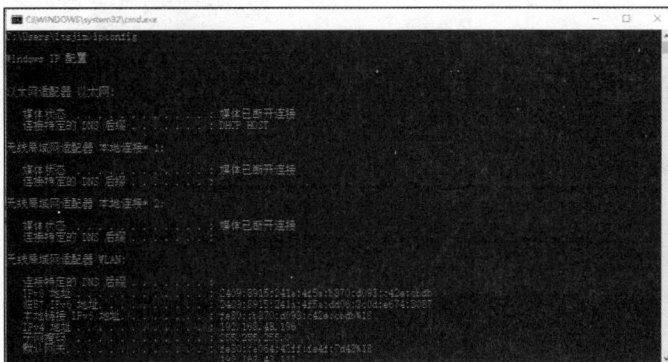

图 9.10　查看本机 IP

3）模拟器设置代理。在网络中长按 WLAN，会弹出"修改网络"选项，如图 9.11 所示。手机"设置代理"如图 9.12 所示。

图 9.11　手机"修改网络"

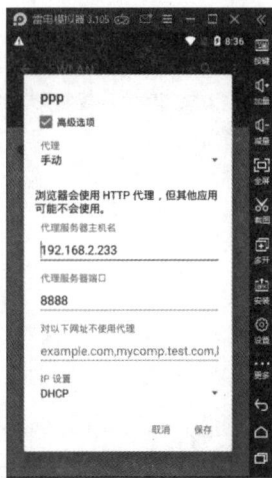

图 9.12　手机"设置代理"

4）为手机安装证书。将代理服务器地址输入手机浏览器网页中，其实就是计算机的 IP 地址和端口号，这里是 192.168.2.233:8888，打开如图 9.13 所示的界面。单击最下面的 FiddlerRoot certificate 下载证书，按步骤安装，如图 9.14 所示。

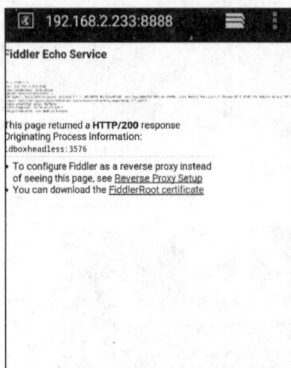

图 9.13　在浏览器中输入代理服务器　　　　　图 9.14　证书安装步骤

证书名称随意输入，这里输入的是 Fiddler。只是一个证书名称，输入什么都行，对以后影响不大。

安装成功后，手机会出现"受到不明第三方的监控"，此时证明我们手机的网络是通过计算机 8888 端口监控的。以后使用 Fiddler 就可以监控手机 App，并对手机进行抓包等操作。

打开手机 App，此时 Fiddler 开始抓包了，如图 9.15 所示。抓回的包是 JSON 格式，其中有我们需要的股票信息。

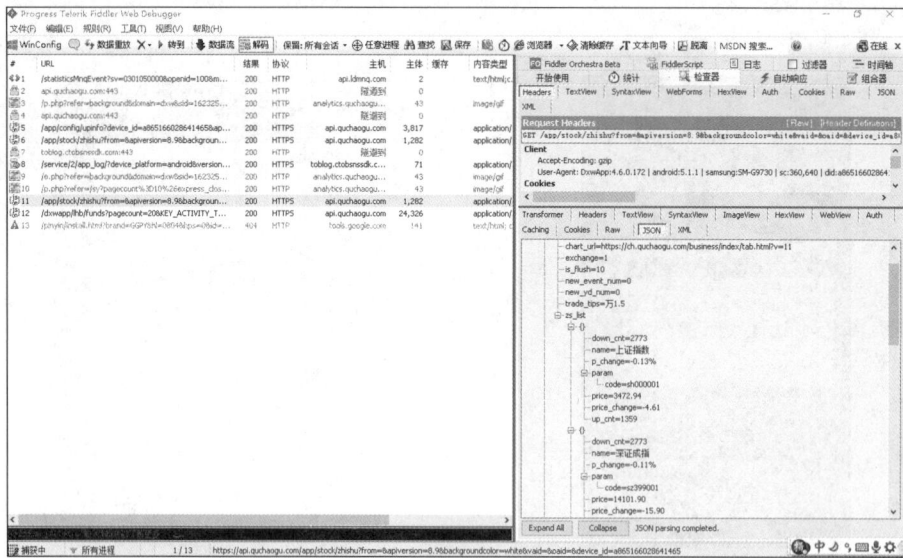

图 9.15　抓包为 JSON 格式

9.2.3 对手机无法联网问题进行排查

有很多读者在安装 Fiddler 的过程中，遇到无法连网等问题。无法联网问题的原因比较多且较复杂，笔者主要给大家几种简单易学、易懂的多解决方法。不使用注册表等操作，就可快速排除手机无法联网的问题。

（1）如果计算机联网有问题，可以使用 360 断网修复。

有时计算机设置代理服务器等操作会导致无法联网等情况。这时打开 360 断网急救箱（绿色版），简单、绿色、方便、安全，如图 9.16 所示。

360 断网急救箱会对"网络硬件配置""网络连接配置""DHCP 服务""DNS 服务""HOSTS""IE 浏览器设置"等项目进行排查。本计算机因设置代理，会显示 IE 浏览器存在问题，单击"立即修复"按钮即可。

修复完网络之后，可进行下一步操作。

（2）使用 Fiddler 设置 IENET 选项。在 Fiddler 下选择"工具→IENET"选项，如图 9.17 所示。

图 9.16　360 断网急救箱修复

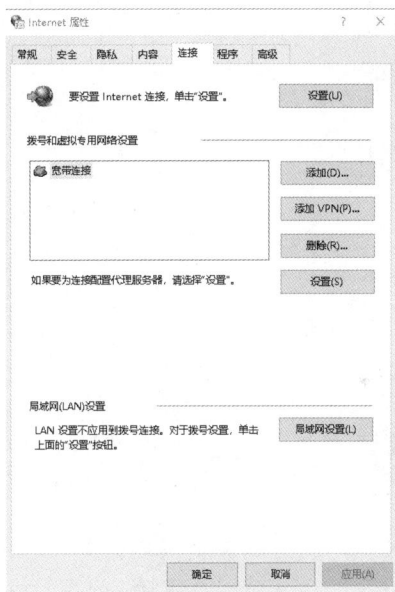

图 9.17　IENET 选项

单击"局域网设置"按钮，此时 Fiddler 自动配置脚本。注意，图 9.18 这些可以不用改变，因为都是 Fiddler 自动配置的。

为 WLAN 使用代理服务器，也是 Fiddler 设置好的，这里不用做改动。

按上面步骤操作，如果手机还是不能上网，则考虑代理服务器的问题。

（3）代理服务器。代理服务器 IP 有可能输入不对，此时选择 Fiddler，在操作栏右侧有一个小计算机图标，并显示"在线"。单击会显示本机 IP，如图 9.19 所示。

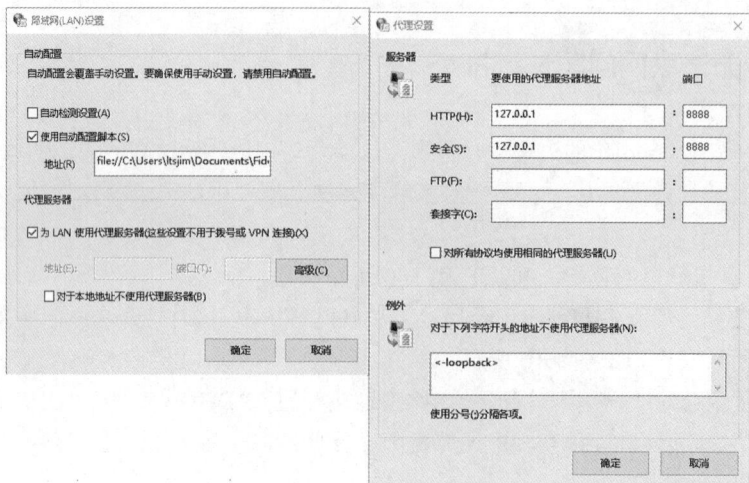

图 9.18　自动配置脚本

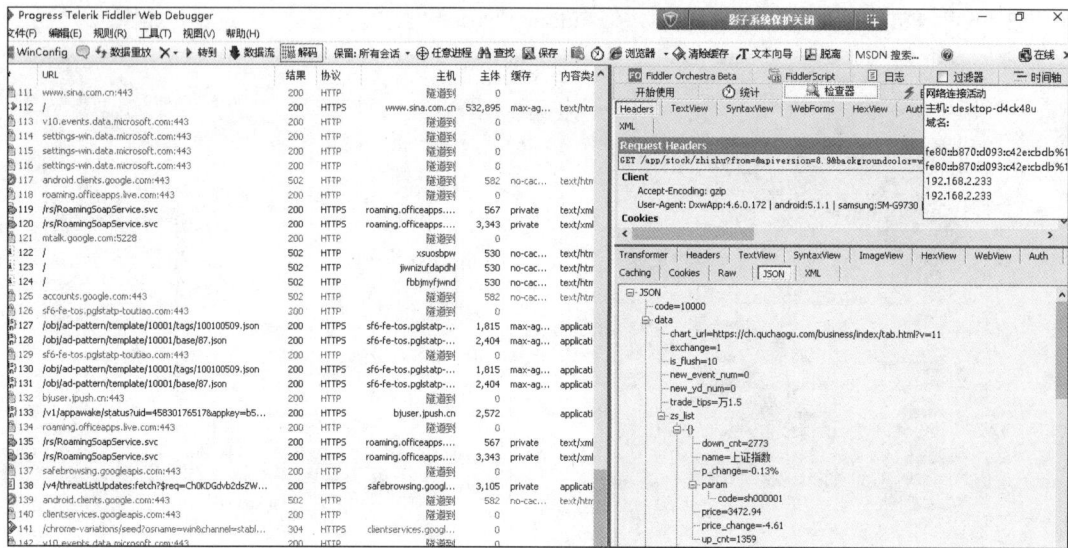

图 9.19　本机代理服务器 IP

在保证第（1）和第（2）步没问题的情况下，如果还是不能用手机联网下载证书，请尝试第（4）步。

（4）手机初始化或重新安装雷电模拟器。对手机初始化或重新安装雷电模拟器，参考 9.2.2 小节中对 Android 手机端监听 Fiddler 的配置，重新设置一遍。

手机无法联网这个问题比较复杂，有时是设置完代理不能够联网，有时是以前设置好用，突然手机模拟器就不能联网。对于以上问题，笔者都遇到过，按上述 4 个步骤，可以有效、简便地解决问题。

还有雷电模拟器是否要设置桥接？笔者在这里没有设置。当然，读者也可以根据自身能力对桥接进行设置，但其设置与否本质上不会对联网产生影响。以前笔者是设置桥接的，后来改成关闭，如图 9.20 所示。

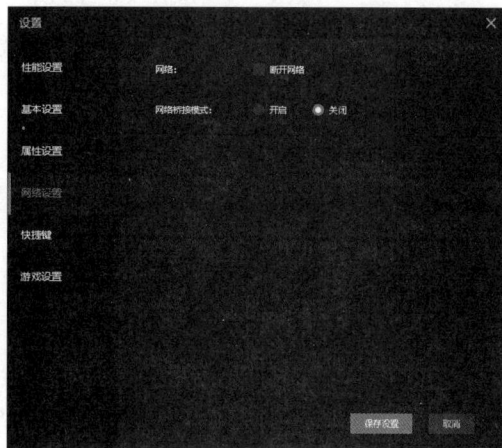

图 9.20　模拟器不设置桥接

9.2.4　Fiddler 操作

配置好 Fiddler 之后，就可以对 App 进行抓包了。本小节给大家讲解一下抓包的大致过程。

App 中会有当日"实时龙虎榜"数据，如图 9.21 所示。我们关注的是排名第一的酒鬼酒（000799）。

图 9.21　"实时龙虎榜"数据

单击 JSON 所对应的连接，检查器中会对应 Headers 的各个参数，Raw 中会有 Headers 请求头中的各种信息（包含 host、cookie、User-Agent 等）。

下面是返回信息。在 JSON 中我们发现了酒鬼酒以及酒鬼酒所对应的股票数据，如图 9.22 所示。

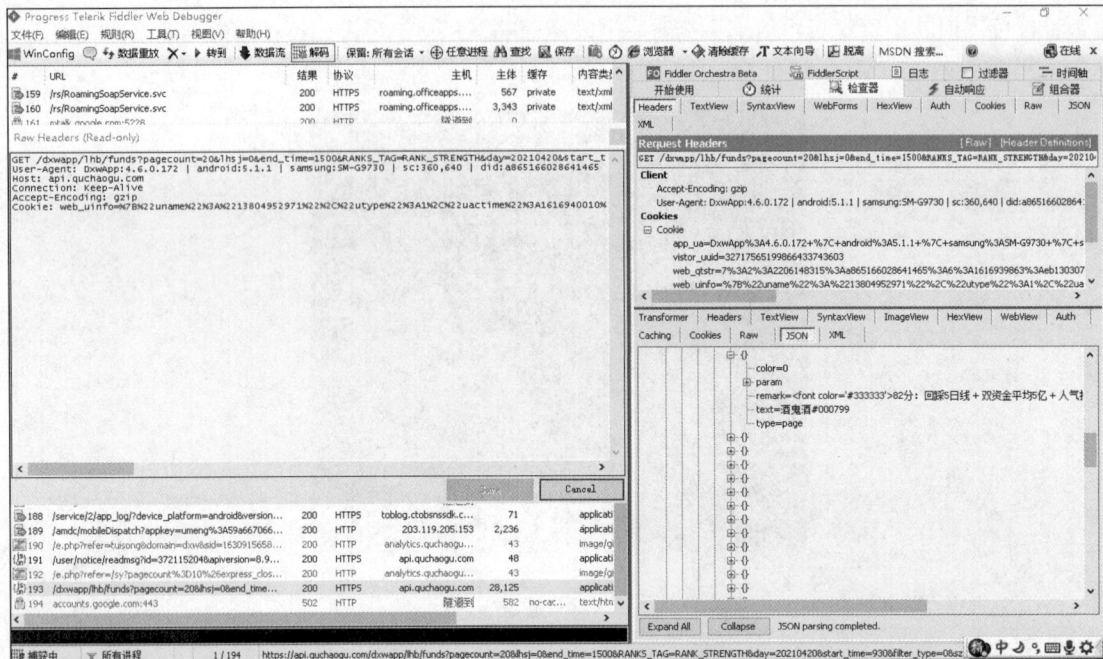

图 9.22　酒鬼酒所对应的股票数据

下面直接在 Chrome 浏览器中输入 Raw 中 get 的网址：/dxwapp/lhb/funds?pagecount=20&lhsj=0&end_time=1500&RANKS_TAG=RANK_STRENGTH&day=20210420&start_time=930&filter_type=0&szjh=0&last_time=1500&KEY_ACTIVITY_TAB_PV=/sslhb&page=1&zg=1&kjjx=0&apiversion=8.9&backgroundcolor=white&vaid=&oaid=&device_id=a865166028641465 HTTP/1.1。

Chrome 返回值如图 9.23 所示。

图 9.23　缺少 host 的网址

因为网址有 host，所以我们应该在网址前加上 host 内容。加入 host 的网址，返回值是正常值 200，如图 9.24 所示。

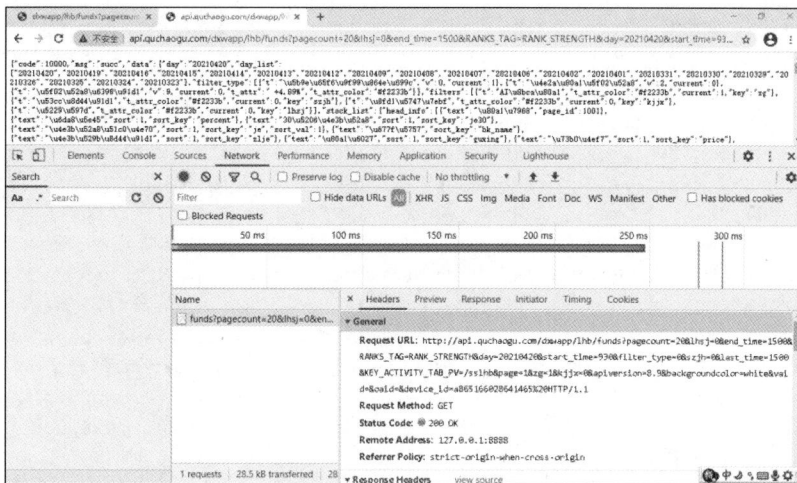

图 9.24　加入 host 的网址

9.2.5　Python 代码

所以 Python 代码可以编写如下：

```
import requests
import json
import simplejson
url ="http://api.quchaogu.com/dxwapp/lhb/funds?pagecount=20&lhsj=0&end_time=
1500&RANKS_TAG=RANK_STRENGTH&day=20210420&start_time=930&filter_type=0&szjh=0&last_time=
1500&KEY_ACTIVITY_TAB_PV=/sslhb&page=1&zg=1&kjjx=0&apiversion=8.9&backgroundcolor=
white&vaid=&oaid=&device_id=a865166028641465%20HTTP/1.1"

r = requests.get(url)
if r.status_code==200:
    print(r.text)
```

其返回值为：

{"code":10000,"msg":"succ","data":{"day":"20210420","day_list":["20210420","20210419",
"20210416","20210415","20210414","20210413","20210412","20210409","20210408","2021
0407","20210406","20210402","20210401","20210331","20210330","20210329","20210326",
"20210325","20210324","20210323"],"filter_type":[{"t":"\u5b9e\u65f6\u9f99\u864e\u699c",
"v":0,"current":1},{"t":"\u4e2a\u80a1\u5f02\u52a8","v":2,"current":0},{"t":"\u5f02\
u52a8\u6398\u91d1","v":9,"current":0,"t_attr":" +4.89%","t_attr_color":"#f2233b"}],
"filters":[{"t":"AI\u8bca\u80a1","t_attr_color":"#f2233b","current":1,"key":"zg"},
{"t":"\u53cc\u8d44\u91d1","t_attr_color":"#f2233b","current":0,"key":"szjh"},{"t":"\
u8fd1\u5747\u7ebf","t_attr_color":"#f2233b","current":0,"key":"kjjx"},{"t":"\u5229\
u597d","t_attr_color":"#f2233b","current":0,"key":"lhsj"}],"stock_list":{"head_info"
:[{"text":"\u80a1\u7968","page_id":1001},{"text":"\u6da8\u5e45","sort":1,"sort_key":
"percent"},{"text":"30\u5206\u4e3b\u52a8","sort":1,"sort_key":"je30"},{"text":"\u4e3b

\u52a8\u51c0\u4e70","sort":1,"sort_key":"je","sort_val":1},{"text":"\u677f\u5757",
"sort_key":"bk_name"},{"text":"\u4e3b\u529b\u8d44\u91d1","sort":1,"sort_key":"zlje"},
{"text":"\u80a1\u6027","sort":1,"sort_key":"guxing"},{"text":"\u73b0\u4ef7","sort":1,
"sort_key":"price"},{"text":"\u4e3b\u52a8\u5360\u6bd4","sort":1,"sort_key":"zj_rate"},
{"text":"\u4e3b\u529b\u5360\u6bd4","sort":1,"sort_key":"zl_rate"},{"text":"\u6da8
\u901f","sort":1,"sort_key":"price_speed"},{"text":"\u6362\u624b","sort":1,"sort_ke y"
:"turnover"},{"text":"\u91cf\u6bd4","sort":1,"sort_key":"lb"},{"text":"\u6628\u4e3b
\u52a8\u8fde\u7eed","sort":1,"sort_key":"lx_days"},{"text":"\u6d41\u901a\u503c","sort":
1,"sort_key":"circulated_value"},{"text":"\u5e02\u76c8(\u52a8)","sort":1,"sort_key":
"syd"},{"text":"3\u65e5\u4e3b\u52a8","sort":1,"sort_key":"day3"},{"text":"3\u65e5
\u6da8\u5e45","sort":1,"sort_key":"p_day3"},{"text":"5\u65e5\u4e3b\u52a8","sort":1,
"sort_key":"day5"},{"text":"5\u65e5\u6da8\u5e45","sort":1,"sort_key":"p_day5"},{"text":
"10\u65e5\u4e3b\u52a8","sort":1,"sort_key":"day10"},{"text":"10\u65e5\u6da8\u5e45
","sort":1,"sort_key":"p_day10"}],"multi":[0.9,0.8,0.8,0.8,0.9,0.8,0.8,0.8,0.8,0.8,
0.8,0.8,0.8,0.8,0.8,0.8,0.8,0.8,0.8,0.8,0.8,0.8],"config":[{},{},{},{},{},{},{},{},{},
{},{},{},{},{},{},{},{},{},{},{},{}],"list":[[{"text":"\u9152\u9b3c\u9152#000799",
"color":0,"type":"page","param":{"code":"000799"},"remark":"<font color='#333333'>82\
u5206\uff1a\u56de\u8e295\u65e5\u7ebf + \u53cc\u8d44\u91d1\u5e73\u57475\u4ebf + \u4eba\
u6c14\u6307\u657093\u5206 + \u767d\u9152\u677f\u5757\u4eba\u6c14\u9f998<\/font>"},
{"bold":1,"text":"+4.45%","color":-1},{"bold":1,"text":"2490\u4e07","color":1},{"bold"
:1,"text":"8.14\u4ebf","color":1},{"te

以上这些奇怪的返回值与图 9.25 所示是一样的，却与浏览器右下角返回值不一样，这是因为浏览器将这些奇怪的返回值进行了 utf-8 转码。

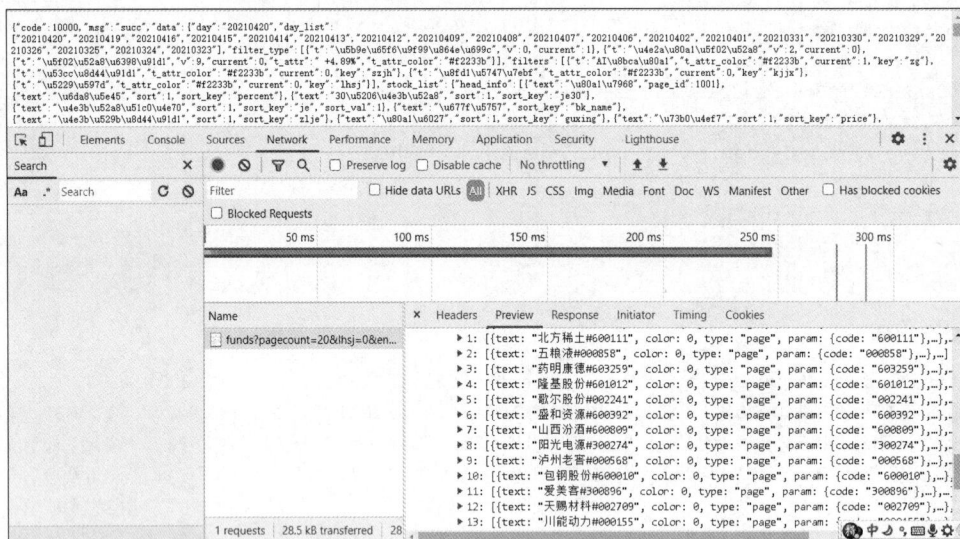

图 9.25　浏览器进行 utf-8 转码

所以应该把 Python 代码修改为：

```
import requests
import json
```

```
import simplejson
url ="http://api.quchaogu.com/dxwapp/lhb/funds?pagecount=20&lhsj=0&end_time=1500&
RANKS_TAG=RANK_STRENGTH&day=20210420&start_time=930&filter_type=0&szjh=0&last_time=
1500&KEY_ACTIVITY_TAB_PV=/sslhb&page=1&zg=1&kjjx=0&apiversion=8.9&backgroundcolor=
white&vaid=&oaid=&device_id=a865166028641465%20HTTP/1.1"

r = requests.get(url)
if r.status_code==200:
    r=r.text.encode('utf-8').decode('unicode_escape')
    print(r)
```

其返回值为：

{"code":10000,"msg":"succ","data":{"day":"20210420","day_list":["20210420","20210419",
"20210416","20210415","20210414","20210413","20210412","20210409","20210408","202104
07","20210406","20210402","20210401","20210331","20210330","20210329","20210326","202
10325","20210324","20210323"],"filter_type":[{"t":"实时龙虎榜","v":0,"current":1},
{"t":"个股异动","v":2,"current":0},{"t":"异动掘金","v":9,"current":0,"t_attr":" +4.89%",
"t_attr_color":"#f2233b"}],"filters":[{"t":"AI 诊股","t_attr_color":"#f2233b","current"
:1,"key":"zg"},{"t":"双资金","t_attr_color":"#f2233b","current":0,"key":"szjh"},{"t"
:"近均线","t_attr_color":"#f2233b","current":0,"key":"kjjx"},{"t":"利好","t_attr_color"
:"#f2233b","current":0,"key":"lhsj"}],"stock_list":{"head_info":[{"text":"股票","page_
id":1001},{"text":"涨幅","sort":1,"sort_key":"percent"},{"text":"30 分主动","sort":1,
"sort_key":"je30"},{"text":"主动净买","sort":1,"sort_key":"je","sort_val":1},{"text":
"板块","sort_key":"bk_name"},{"text":"主力资金","sort":1,"sort_key":"zlje"},{"text":"股性",
"sort":1,"sort_key":"guxing"},{"text":"现价","sort":1,"sort_key":"price"},{"text":
"主动占比","sort":1,"sort_key":"zj_rate"},{"text":"主力占比","sort":1,"sort_key":"zl_
rate"},{"text":"涨速","sort":1,"sort_key":"price_speed"},{"text":"换手","sort":1,
"sort_key":"turnover"},{"text":"量比","sort":1,"sort_key":"lb"},{"text":"昨主动连续","sort":
1,"sort_key":"lx_days"},{"text":"流通值","sort":1,"sort_key":"circulated_value"},{"text":
"市盈(动)","sort":1,"sort_key":"syd"},{"text":"3 日主动","sort":1,"sort_key":"day3"},
{"text":"3 日涨幅","sort":1,"sort_key":"p_day3"},{"text":"5 日主动","sort":1,"sort_key":
"day5"},{"text":"5 日涨幅","sort":1,"sort_key":"p_day5"},{"text":"10 日主动","sort":1,
"sort_key":"day10"},{"text":"10 日涨幅","sort":1,"sort_key":"p_day10"}],"multi":[0.9,
0.8,0.8,0.8,0.9,0.8,0.8,0.8,0.8,0.8,0.8,0.8,0.8,0.8,0.8,0.8,0.8,0.8,0.8,0.8,0.8,0.8],
"config":[{},{}],"list":
[[[{"text":"酒鬼酒#000799","color":0,"type":"page","param":{"code":"000799"},"remark":
"<font color='#333333'>82 分: 回踩 5 日线 + 双资金平均 5 亿 + 人气指数 93 分 + 白酒板块人气龙
8<\/font>"},{"bold":1,"text":"+4.45%","color":-1},{"bold":1,"text":"2490 万","color":1},
{"bold":1,"text":"8.14 亿","color":1},{"text":"白酒","bold":1,"color":0,"type":"page",
"param":{"code":"GN300200"}},{"bold":1,"text":"1.87 亿","color":1},{"bold":1,"text":
97,"color":0},{"bold":1,"text":"183.20","color":0},{"bold":1,"text":"+23.42%","color":1},
{"bold":1,"text":"+5.36%","color":1},{"bold":1,"text":"+0.17%","color":-1},{"bold":1,
"text":"5.79%","color":0},{"bold":1,"text":"2.09","color":0},{"bold":1,"text":"-1",
"color":2},{"bold":1,"text":"595 亿","color":0},{"bold":1,"text":"134.97","color":0},
{"bold":1,"text":"9.36 亿","color":1},{"bold":1,"text":"+5.32%","color":-1},{"bold":1,
"text":"11.54 亿","color":1},{"bold":1,"text":"+7.43%","color":-1},{"bold":1,"text":
"11.49 亿","color":1},{"bold":1,"text":"+3.37%","color":-1}],[{"text":"北方稀土#600111",
"color":0,"type":"page","param":{"code":"600111"},"remark":"<font color='#333333'>87

分：双资金平均 4.9 亿 + 人气指数 85 分 + 稀土永磁板块行业龙 1,稀土永磁板块人气龙 2<\/font>","icons":
["https:\/\/qcg-sta.oss-cn-qingdao.aliyuncs.com\/img\/app\/tags\/yjdz.png"],"icon_
target":{"type":"native","url":"\/bankuai\/detail_hangye","param":{"code":"GN300577"}}},
{"bold":1,"text":"+3.26%","color":-1},{"bold":1,"text":"-942 万","color":2},{"bold":1,
"text":"6.81 亿","color":1},{"text":"稀土永磁","bold":1,"color":0,"type":"page","param":
{"code":"GN300171"}},{"bold":1,"text":"3.05 亿","color":1},{"bold":1,"text":91,"color":0},
{"bold":1,"text":"20.60","color":0},{"bold":1,"text":"+17.73%","color":1},{"bold":1,
"text":"+7.92%","color":1},{"bold":1,"text":"+0.05%","color":-1},{"bold":1,"text":
"5.13%","color":0},{"bold":1,"text":"1.89","color":0},{"bold":1,"text":"-2","color":
2},{"bold":1,"text":"748 亿","color":0},{"bold":1,"text":"89.89","color":0},{"bold":1,
"text":"10.33 亿","color":1},{"bold":1,"text":"+6.79%","color":-1},{"bold":1,"text":
"13.44 亿","color":1},{"bold":1,"text":"+10.10%","color":-1},{"bold":1,"text":"13.77 亿",
"color":1},{"bold":1,"text":"+7.52%","color":-1}],[{"text":"五粮液#000858","color":0,
"type":"page","param":{"code":"000858"},"remark":"<font color='#333333'>56 分：回踩 5 日
线,突破 10、20 日线 + 双资金平均 3.8 亿 + 白酒板块行业龙 2<\/font>","icons":["http:\/\/dxw-sta.
oss-cn-qingdao.aliyuncs.com\/img\/app\/tags\/191129\/5de095fdd2276_129X39.png"],"icon_
target":{"type":"native","url":"\/bankuai\/detail_hangye","param":{"code":"GN300609"
}}},{"bold":1,"text":"+0.78%","color":-1},{"bold":1,"text":"8227 万","color":1},{"bold":1,
"text":"6.71 亿","color":1},{"text":"白酒","bold":1,"color":0,"type":"page","param":
{"code":"GN30020

这里可以看到返回值是 JSON 格式,并且有我们所要爬取的酒鬼酒(000799)、北方稀土(600111)等信息。数据还需继续加工清洗,才能得到所要规整的数据表格。

9.2.6 JSON 格式的校验

对于图 9.24 中浏览器返回的 JSON 格式结果,下面要对其进行 JSON 格式的校验。

百度搜索 JSON,会搜索到在线 JSON 校验格式化工具,如图 9.26 所示,选择第一个 BE JSON 链接即可。

图 9.26　百度搜索 JSON

　　对返回值进行了 JSON 校验，显示"正确的 JSON"，证明返回的数据是标准的 JSON 格式，如图 9.27 所示。

　　通过分析，我们对 JSON 进行逐层筛选，Python 代码如下：

```
import pandas as pd
import requests
from pandas.io.json import json_normalize
url ="http://api.quchaogu.com/dxwapp/lhb/funds?pagecount=20&lhsj=0&end_time=1500&
RANKS_TAG=RANK_STRENGTH&day=20210420&start_time=930&filter_type=0&szjh=0&last_time=
1500&KEY_ACTIVITY_TAB_PV=/sslhb&page=1&zg=1&kjjx=0&apiversion=8.9&backgroundcolor=
white&vaid=&oaid=&device_id=a865166028641465%20HTTP/1.1"

r = requests.get(url)
if r.status_code==200:
    a=json.loads(r.text)
    b=pd.DataFrame.from_records(a['data']['stock_list']['list'])
    print(b)
```

　　其返回值为：

```
0                                                          \
0   {'text': '酒鬼酒#000799', 'color': 0, 'type': 'pa...
1   {'text': '北方稀土#600111', 'color': 0, 'type': 'p...
2   {'text': '五粮液#000858', 'color': 0, 'type': 'pa...
3   {'text': '药明康德#603259', 'color': 0, 'type': 'p...
4   {'text': '隆基股份#601012', 'color': 0, 'type': 'p...
5   {'text': '歌尔股份#002241', 'color': 0, 'type': 'p...
6   {'text': '盛和资源#600392', 'color': 0, 'type': 'p...
7   {'text': '山西汾酒#600809', 'color': 0, 'type': 'p...
8   {'text': '阳光电源#300274', 'color': 0, 'type': 'p...
9   {'text': '泸州老窖#000568', 'color': 0, 'type': 'p...
10  {'text': '包钢股份#600010', 'color': 0, 'type': 'p...
11  {'text': '爱美客#300896', 'color': 0, 'type': 'pa...
12  {'text': '天赐材料#002709', 'color': 0, 'type': 'p...
13  {'text': '川能动力#000155', 'color': 0, 'type': 'p...
14  {'text': '口子窖#603589', 'color': 0, 'type': 'pa...
15  {'text': '平安银行#000001', 'color': 0, 'type': 'p...
16  {'text': '晶澳科技#002459', 'color': 0, 'type': 'p...
17  {'text': '水晶光电#002273', 'color': 0, 'type': 'p...
18  {'text': '牧原股份#002714', 'color': 0, 'type': 'p...
19  {'text': '神火股份#000933', 'color': 0, 'type': 'p...

1                                              \
0   {'bold': 1, 'text': '+4.45%', 'color': -1}
1   {'bold': 1, 'text': '+3.26%', 'color': -1}
2   {'bold': 1, 'text': '+0.78%', 'color': -1}
3   {'bold': 1, 'text': '+2.94%', 'color': -1}
```

```
4    {'bold': 1, 'text': '+3.11%', 'color': -1}
5    {'bold': 1, 'text': '+3.58%', 'color': -1}
6    {'bold': 1, 'text': '+5.86%', 'color': -1}
7    {'bold': 1, 'text': '+1.31%', 'color': -1}
8    {'bold': 1, 'text': '+5.31%', 'color': -1}
9    {'bold': 1, 'text': '+0.17%', 'color': -1}
10   {'bold': 1, 'text': '+1.90%', 'color': -1}
11   {'bold': 1, 'text': '+5.34%', 'color': -1}
12   {'bold': 1, 'text': '+3.11%', 'color': -1}
13   {'bold': 1, 'text': '+5.34%', 'color': -1}
14   {'bold': 1, 'text': '+1.22%', 'color': -1}
15   {'bold': 1, 'text': '+2.55%', 'color': -1}
16   {'bold': 1, 'text': '+7.78%', 'color': -1}
17   {'bold': 1, 'text': '+0.80%', 'color': -1}
18   {'bold': 1, 'text': '+4.64%', 'color': -1}
19   {'bold': 1, 'text': '+4.89%', 'color': -1}
```

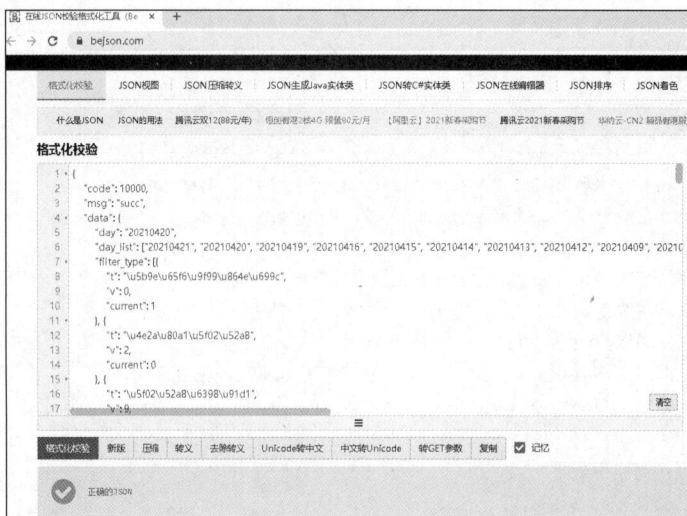

图 9.27　JSON 校验工具

在这里，我们使用的是 pandas.DataFrame.from_records()函数。该函数是为了解决数据分析任务而创建的，它是 Python 成为强大而高效数据分析环境的重要因素之一。

9.2.7　JSON 格式的多层嵌套

我们发现在 pandas.DataFrame.from_records()函数中，每个单元格都是像{'bold': 1, 'text': '+4.45%', 'color': -1}这样的 JSON 格式，这就是 JSON 的多层嵌套。

对于嵌套 JSON，主要有以下两种做法：

（1）利用 df["1"].apply(pd.Series)进行转化。

调用 df["1"]列，然后调用 apply()函数，其实就是对原有单元格中对应字典进行分列操作。

如果要合并到原单元格，用户可以在后面增加 merge(df, left_index=True, right_index = True)命令。详细代码如下：

```
df = (df["1"].apply(pd.Series).merge(df, left_index=True, right_index = True)
```

不过，这是一个不太友好的方案，因为随着 JSON 嵌套层级的增加，有些 key 与 value 还是被埋在嵌套对象中，如图 9.28 所示。我们就用手动递推来实现 JSON 嵌套显示，而每一层嵌套都要使用上面的方法进行转化。对于 JSON 复杂格式了解不深的读者，这是比较麻烦的数据处理工作。即便对于专业的数据分析师，也希望快速拿到 JSON 数据并结构化，以便快速进行数据分析工作。

```
▼{code: 10000, msg: "succ", data: {day: "20210420",…}}
   code: 10000
 ▼data: {day: "20210420",…}
    day: "20210420"
  ▶day_list: ["20210420", "20210419", "20210416", "20210415", "20210414", "20210413", "20…
  ▶filter_type: [{t: "实时龙虎榜", v: 0, current: 1}, {t: "个股异动", v: 2, current: 0},…
  ▼filters: [{t: "AI诊股", t_attr_color: "#f2233b", current: 1, key: "zg"},…]
    ▶0: {t: "AI诊股", t_attr_color: "#f2233b", current: 1, key: "zg"}
    ▶1: {t: "双资金", t_attr_color: "#f2233b", current: 0, key: "szjh"}
    ▶2: {t: "近均线", t_attr_color: "#f2233b", current: 0, key: "kjjx"}
    ▶3: {t: "利好", t_attr_color: "#f2233b", current: 0, key: "lhsj"}
    last_time: "1500"
    need_export: 1
```

图 9.28　JSON 多层嵌套

所以更多的时候，我们使用 Pandas 中的 json_normalize()函数。

（2）利用 json_normalize()函数进行转化。Pandas 的官方文档中提到：将半结构化 JSON 数据规范化为平面表，所以只需运行如下命令即可。

```
data_r= json.loads(r)
df = json_normalize(data_r)
df.head()
```

当然，json_normalize()函数还可以控制递归每个子对象的深度，详见 json_normalize()函数官方文档。以下是以 JSON 对象深度 4 级为例。

```
# 只深入嵌套第 4 级
pd.json_normalize(r, record_path="code", max_level =4)
```

所以如图 9.28 所示的 JSON 嵌套可以变成为标准 DataFrame 结构，如图 9.29 所示。其 Python代码中只是增加如下代码：

```
#print(json_normalize(data=b[0]))
print(json_normalize(data=b[0]).info())
```

其返回值如下，是标准的 DataFrame 结构。

```
<class 'pandas.core.frame.DataFrame'>
RangeIndex: 20 entries, 0 to 19
Data columns (total 10 columns):
color                  20 non-null int64
icon_target.param.code  10 non-null object
```

```
icon_target.param.type  5 non-null float64
icon_target.type        15 non-null object
icon_target.url         15 non-null object
icons                   15 non-null object
param.code              20 non-null object
remark                  20 non-null object
text                    20 non-null object
type                    20 non-null object
dtypes: float64(1), int64(1), object(8)
memory usage: 1.6+ KB
None
```

```
          icon_target.url                                          icons  \
0                     NaN                                            NaN
1   /bankuai/detail_hangye  [https://qcg-sta.oss-cn-qingdao.aliyuncs.com/i...
2   /bankuai/detail_hangye  [http://dxw-sta.oss-cn-qingdao.aliyuncs.com/im...
3   /bankuai/detail_hangye  [http://dxw-sta.oss-cn-qingdao.aliyuncs.com/im...
4                /sy/fggc  [http://dxw-sta.oss-cn-qingdao.aliyuncs.com/im...
5   /bankuai/detail_hangye  [https://qcg-sta.oss-cn-qingdao.aliyuncs.com/i...
6                /sy/fggc  [http://dxw-sta.oss-cn-qingdao.aliyuncs.com/im...
7                /sy/fggc  [http://dxw-sta.oss-cn-qingdao.aliyuncs.com/im...
8                /sy/fggc  [http://dxw-sta.oss-cn-qingdao.aliyuncs.com/im...
9                     NaN                                            NaN
10                    NaN                                            NaN
11  /bankuai/detail_hangye  [http://dxw-sta.oss-cn-qingdao.aliyuncs.com/im...
12  /bankuai/detail_hangye  [https://qcg-sta.oss-cn-qingdao.aliyuncs.com/i...
13                    NaN                                            NaN
14               /sy/fggc  [http://dxw-sta.oss-cn-qingdao.aliyuncs.com/im...
15  /bankuai/detail_hangye  [https://qcg-sta.oss-cn-qingdao.aliyuncs.com/i...
16  /bankuai/detail_hangye  [http://dxw-sta.oss-cn-qingdao.aliyuncs.com/im...
17                    NaN                                            NaN
18  /bankuai/detail_hangye  [https://qcg-sta.oss-cn-qingdao.aliyuncs.com/i...
19  /bankuai/detail_hangye  [https://qcg-sta.oss-cn-qingdao.aliyuncs.com/i...

   param.code                                          remark        text  \
0      000799  <font color='#333333'>82分：回踩5日线 + 双资金平均5亿 + 人气...    酒鬼酒#000799
1      600111  <font color='#333333'>87分：双资金平均4.9亿 + 人气指数85分 ...   北方稀土#600111
2      000858  <font color='#333333'>57分：回踩5日线,突破10、20日线 + 双资...    五粮液#000858
3      603259  <font color='#333333'>71分：回踩5日线,突破10、20日线 + 双资...   药明康德#603259
4      601012  <font color='#333333'>83分：双资金平均5.2亿 + 3利好事件 + ...   隆基股份#601012
5      002241  <font color='#333333'>74分：双资金平均3.7亿 + 1利好事件 + ...   歌尔股份#002241
6      600392  <font color='#333333'>79分：双资金平均2.9亿 + 1利好事件 + ...   盛和资源#600392
7      600809  <font color='#333333'>85分：回踩5、10日线 + 双资金平均2.6亿...   山西汾酒#600809
8      300274  <font color='#333333'>82分：双资金平均4.2亿 + 1利好事件 + ...   阳光电源#300274
9      000568  <font color='#333333'>84分：首次回踩60日线 + 双资金平均2.7亿...   泸州老窖#000568
10     600010  <font color='#333333'>69分：突破5、10、20日线 + 双资金平均2...   包钢股份#600010
11     300896  <font color='#333333'>76分：1利好事件 + 人气指数98分 + 医美...    爱美客#300896
12     002709  <font color='#333333'>77分：人气指数96分 + 氟化工板块人气龙1<...   天赐材料#002709
```

图 9.29　将 JSON 多层嵌套转化为 DataFrame

通过本小节的学习，读者可以使用 Fiddler 工具对手机 App 进行抓包、对抓包过来的网址及返回的 JSON 数据结构进行分析、在线 JSON 校验格式化、将 JSON 多层嵌套转化为 DataFrame 等操作。

9.3　“游资”与“机构”抓包并获得 API

通过上面的学习，我们已经可以使用 Fiddler 工具抓包并爬取股票数据。现结合第 8 章内容对“游资”与“机构”数据进行 Fiddler 抓包。

9.3.1　“游资”抓包

2021 年 4 月 22 日，手机 App 的“游资”界面与对应 Fiddler 获取网址的网站返回的“游资”内容如图 9.30 和图 9.31 所示。

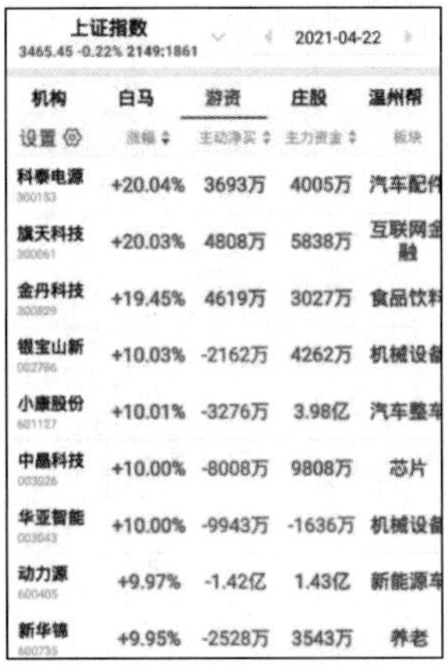

图 9.30 手机 App 的“游资”界面

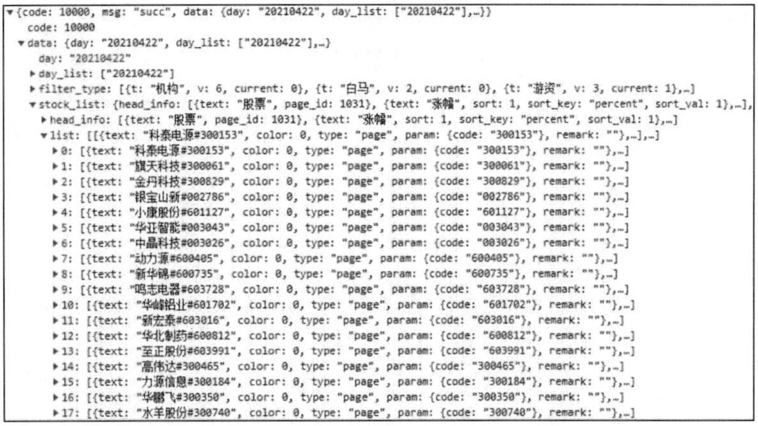
▼{code: 10000, msg: "succ", data: {day: "20210422", day_list: ["20210422"],…}}
code: 10000
▼data: {day: "20210422", day_list: ["20210422"],…}
day: "20210422"
▶day_list: ["20210422"]
▶filter_type: [{t: "机构", v: 6, current: 0}, {t: "白马", v: 2, current: 0}, {t: "游资", v: 3, current: 1},…]
▼stock_list: {head_info: [{text: "股票", page_id: 1031}, {text: "涨幅", sort: 1, sort_key: "percent", sort_val: 1},…],
▶head_info: [{text: "股票", page_id: 1031}, {text: "涨幅", sort: 1, sort_key: "percent", sort_val: 1},…]
▼list: [[{text: "科泰电源#300153", color: 0, type: "page", param: {code: "300153"}, remark: ""},…],…]
▶0: [{text: "科泰电源#300153", color: 0, type: "page", param: {code: "300153"}, remark: ""},…]
▶1: [{text: "旗天科技#300061", color: 0, type: "page", param: {code: "300061"}, remark: ""},…]
▶2: [{text: "金丹科技#300829", color: 0, type: "page", param: {code: "300829"}, remark: ""},…]
▶3: [{text: "银宝山新#002786", color: 0, type: "page", param: {code: "002786"}, remark: ""},…]
▶4: [{text: "小康股份#601127", color: 0, type: "page", param: {code: "601127"}, remark: ""},…]
▶5: [{text: "华亚智能#003043", color: 0, type: "page", param: {code: "003043"}, remark: ""},…]
▶6: [{text: "中晶科技#003026", color: 0, type: "page", param: {code: "003026"}, remark: ""},…]
▶7: [{text: "动力源#600405", color: 0, type: "page", param: {code: "600405"}, remark: ""},…]
▶8: [{text: "新华锦#600735", color: 0, type: "page", param: {code: "600735"}, remark: ""},…]
▶9: [{text: "鸣志电器#603728", color: 0, type: "page", param: {code: "603728"}, remark: ""},…]
▶10: [{text: "华峰铝业#601702", color: 0, type: "page", param: {code: "601702"}, remark: ""},…]
▶11: [{text: "新宏泰#603016", color: 0, type: "page", param: {code: "603016"}, remark: ""},…]
▶12: [{text: "华北制药#600812", color: 0, type: "page", param: {code: "600812"}, remark: ""},…]
▶13: [{text: "至正股份#603991", color: 0, type: "page", param: {code: "603991"}, remark: ""},…]
▶14: [{text: "高伟达#300465", color: 0, type: "page", param: {code: "300465"}, remark: ""},…]
▶15: [{text: "力源信息#300184", color: 0, type: "page", param: {code: "300184"}, remark: ""},…]
▶16: [{text: "华鹏飞#300350", color: 0, type: "page", param: {code: "300350"}, remark: ""},…]
▶17: [{text: "水羊股份#300740", color: 0, type: "page", param: {code: "300740"}, remark: ""},…]

图 9.31 网站返回的“游资”内容

我们观察到网站返回的内容就是手机 App 上显示的内容，将返回的 JSON 数据转换成 DataFrame 结构的形式。

Python 代码如下：

```
import pandas as pd
import requests
import json
import simplejson
from pandas.io.json import json_normalize
url ="http://api.quchaogu.com/dxwapp/lhb/funds?pagecount=20&lhsj=0&end_time=1500&
RANKS_TAG=RANK_STRENGTH&day=20210422&start_time=930&filter_type=0&szjh=0&last_time=
1500&KEY_ACTIVITY_TAB_PV=/sslhb&page=1&zg=1&kjjx=0&apiversion=8.9&backgroundcolor=
white&vaid=&oaid=&device_id=a865166028641465"

r = requests.get(url)
if r.status_code==200:
    a=json.loads(r.text)
    b=pd.DataFrame.from_records(a['data']['stock_list']['list'])
    print(json_normalize(data=b[0])[["param.code","text","remark"]])
```

其返回值为：

```
param.code        text remark
0      300153     科泰电源#300153
1      300061     旗天科技#300061
2      300829     金丹科技#300829
3      600769     祥龙电业#600769
4      601127     小康股份#601127
5      003026     中晶科技#003026
6      003043     华亚智能#003043
7      600405     动力源#600405
```

8	002900	哈三联#002900
9	600735	新华锦#600735
10	603728	鸣志电器#603728
11	300465	高伟达#300465
12	601702	华峰铝业#601702
13	603991	至正股份#603991
14	603016	新宏泰#603016
15	300556	丝路视觉#300556
16	300350	华鹏飞#300350
17	300312	邦讯技术#300312
18	300184	力源信息#300184
19	600812	华北制药#60081

9.3.2　"机构"抓包

2021 年 4 月 22 日，手机 App 的"机构"界面与对应 Fiddler 获取网址的网站返回的"机构"内容如图 9.32 和图 9.33 所示。

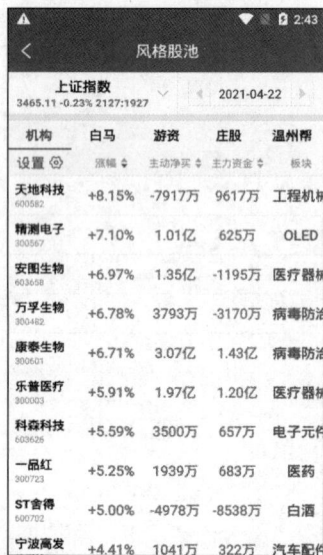

图 9.32　手机 App 的"机构"界面

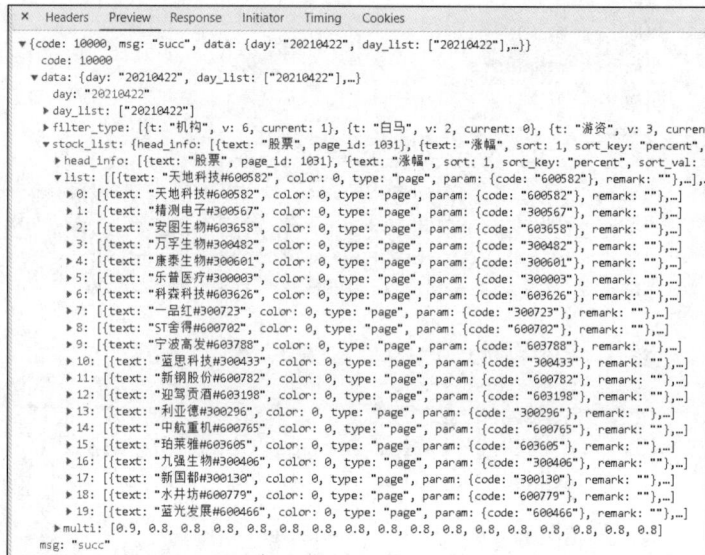

图 9.33　网站返回的"机构"内容

爬取方法同 9.3.1 小节。通过观察，我们发现"机构"与"游资"的网址都类似，其区别在于传入参数的内容。

"游资"界面传入的参数 type 是 3，如图 9.34 所示。

"机构"界面传入的参数 type 是 6，如图 9.35 所示。

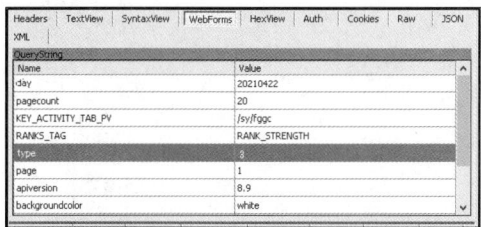

图 9.34　"游资"界面传入的参数

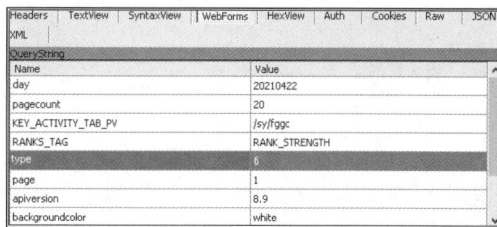

图 9.35　"机构"界面传入的参数

9.4　小结

如果想爬取多页"机构"与"游资"的股票信息，用户可以修改参数 page 的值。如图 9.34 所示，第一页对应的 page=1。获取多页可以使用 for 循环，将多页股票信息分别爬取出来，再使用 DataFrame 中的 merge()函数来合并 DataFrame。

使用 Fiddler 抓包工具抓取了含有 API 接口的网址，再利用 request 顺利爬取股票信息。使用这种方法有以下两大优势：

（1）股票信息可回溯，有历史数据。因为使用手机 App 时，发现时间是不可以调整的，如图 9.36 所示。也就是说，即便使用 Appium 爬取股票数据，数据也都是当日股票信息。如果想获取几天前或固定日期的股票信息，Appium 是没办法做到的。

而使用 Fiddler 抓包之后，获取了网站的 API。其实手机 App 就是获取网站的 API 数据，加工之后，把数据呈现给使用者。而手机 App 又增加了设置时间日期，并把设置时间锁死或只能为当日时间，这样使用者就没办法回测历史数据。

图 9.36　时间不可调整

有了 API 接口之后，我们可以获取任意时间内的股票信息，而不是只能获取当日股票信息。

（2）更加便捷。不使用 Appium 及手机模拟器，直接在 Python 中输入正确的 API 接口，就能直接获取和手机 App 上一样的信息，其便捷性、高效性是不言而喻的。

9.5 习题

通过下面的习题来检验本章的学习。

（1）在 9.3 节的基础上获取股票对应的板块。

（2）对排名前 30 股票的板块进行汇总统计。

CHAPTER 3

第 3 篇

个人实践

第10章

实战：爬取资源整合及可视化

量化获取数据是重要的一步。数据获取之后，就需要对数据进行整合，涉及工具主要是 Pandas 库中的各种函数。

本章主要涉及的知识点：

- 数据整合思路。思路与流程是数据整合的重点。
- 数据整合。会使用 Pandas 中的各种函数对数据进行清洗、整理、转换。

10.1　数据整合思路

我们整合股票各种可获取的数据源，将其在一个 DataFrame 中显示。通过数据对比、数据检索、数据分析，更加直观地表现出股票的强弱。然后将合并股票的逻辑变为函数，通过调用函数将数据显示出来。数据整合流程图如图 10.1 所示。

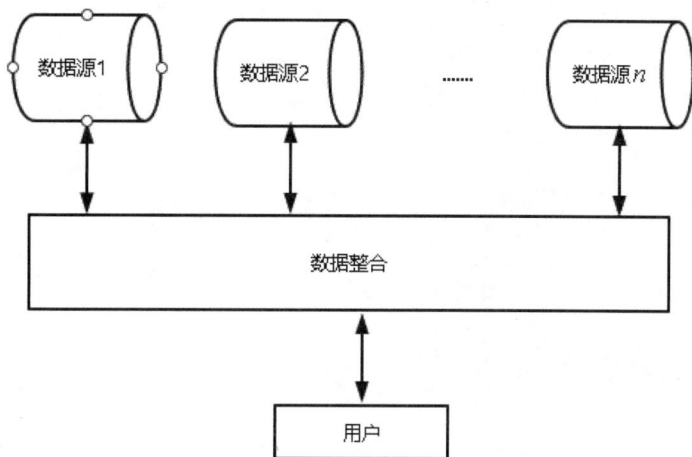

图 10.1　数据整合流程图

因为要数据整合，所以我们对能够获取什么数据、数据清洗、数据拼接、数据相关性验证等过程都要有所了解。数据整合的核心有两点：数据源的价值性和数据整合逻辑性。例如，如果想要整合股票资金流、股票人气、股票人气 TOP100、股票换手率、股票板块、热门板块、股票游资与否，用户可以通过对股票 code 的拼接将上面数据都显示在一张表格上。从中精选股票作为股票池，然后对其进行个股技术分析、量化。

10.1.1　获取当日资金数据

使用 5.2 节中编写的 Python 程序作为获取资金流的方法。经过加工，可以获取当日（2021 年 4 月 23 日）净流入超过 2 亿元的股票，将净流入降序排列，单位是亿元，如图 10.2 所示。

	code	name	价格	涨幅	主净入√	主占比√
0	000858	五粮液	280.00	3.25	10.12	17.54
1	002340	格林美	10.00	10.01	9.89	14.95
2	600031	三一重工	32.93	3.98	7.55	14.52
3	000333	美的集团	83.86	4.50	5.40	14.44
4	300059	东方财富	31.59	3.54	4.66	5.88
5	000100	TCL科技	9.14	1.67	4.49	16.33
6	300015	爱尔眼科	70.63	10.97	4.12	7.35
7	000568	泸州老窖	249.61	3.84	3.58	9.72
8	000725	京东方A	7.28	2.25	3.38	5.14
9	603259	药明康德	150.12	6.78	3.27	9.22
10	600438	通威股份	35.40	3.54	3.26	9.34
11	300274	阳光电源	78.94	6.53	3.12	6.75
12	600196	复星医药	48.29	4.39	2.74	9.87
13	300760	迈瑞医疗	435.30	6.90	2.70	9.23
14	002240	盛新锂能	25.85	10.00	2.63	14.54
15	002466	天齐锂业	42.32	4.73	2.63	6.35
16	300563	神宇股份	18.96	20.00	2.52	35.47
17	601899	紫金矿业	10.78	1.70	2.40	7.87
18	002407	多氟多	22.59	7.06	2.38	15.29
19	300750	宁德时代	371.50	2.52	2.31	5.44
20	002497	雅化集团	18.54	4.16	2.04	15.85

图 10.2　主力净流入降序排列

10.1.2　拼接股票人气数据

以 2021 年 4 月 23 日股票净流入排名第 1 的五粮液为例。当日人气为两市排名第 55 名，如图 10.3 所示。

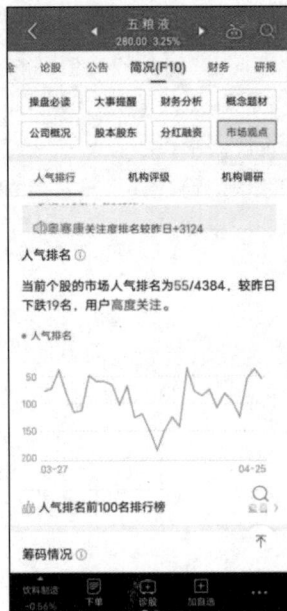

图 10.3　五粮液人气排名

Python 代码如下：

```
import requests
import json
from bs4 import BeautifulSoup
header={
    'Host': 'basic.10jqka.com.cn',
    'Connection': 'keep-alive',
    'Accept': 'application/json, text/plain, */*',
    'User-Agent': 'Mozilla/5.0 (Linux; Android 5.1.1; SM-G9730 Build/LMY48Z; wv)
AppleWebKit/537.36 (KHTML, like Gecko) Version/4.0 Chrome/52.0.2743.100 Mobile Safari/
537.36 Hexin_Gphone/10.24.03 (Royal Flush) hxtheme/0 innerversion/G037.08.490.1.32
followPhoneSystemTheme/0 userid/80738749 hxNewFont/1 isVip/0',
    'Accept-Encoding': 'gzip, deflate',
    'Accept-Language': 'zh-CN,en-US;q=0.8',
    'Cookie': 'user=MDpsdHNqaW06Ok5vbmU6NTAwOjkwNzM4NzQ5OjcsMTExMTExMTExMTEsNDA7NDQsM
TEsNDA7NiwxLDQwOzUsMSw0MDsxLDEwMSw0MDsyLDEsNDA7MywxLDQwOzUsMSw0MDs4LDAwMDAwMDAwMDAwM
DAwMDAwMDAwMDAxLDQwOzEwMiwxLDQwOjI3Ojo6ODA3Mzg3NDk6MTYxOTE3O3DcxODo6OjEyNjc2MjMwMDA6N
DAwMDgyOjA6MWZiNThkNTI2OGE3NmY3MTFlGM0NjI4OWQ5NGJlZTQzOjow; userid=80738749; u_name=
ltsjim; escapename=ltsjim; ticket=eecee652c32fbde00d9ca32153f06c95; user_status=0; hxmPid=
free_stock_paihangbang_601816; v=Aw1XFqaAMew7zvW_6Viar6WaFSKH6kG8yx6lkE-
SSaQTRiZYFzpRjFtutWHc',
    'X-Requested-With': 'com.hexin.plat.android'
    }
url='http://basic.10jqka.com.cn/api/stockph/focusday.php?code={}'.format("000858")
r = requests.get(url,headers=header)
r_text=r.text.encode('utf-8')#r_text=r.text.encode('utf-8').decode('unicode_escape')
soup = BeautifulSoup(r_text, "lxml")
json.loads(soup.text)["data"]["history"]["rank"][-1]
```

其返回值为：

```
55
```

我们将上面代码变成 ths_renqi()函数，并在资金数据最后增加一列 ths_rq。Python 代码如下：

```
import requests
import json
from bs4 import BeautifulSoup
import time
import pandas as pd
import shiyan
def ths_renqi(code):
    header={
    'Host': 'basic.10jqka.com.cn',
    'Connection': 'keep-alive',
    'Accept': 'application/json, text/plain, */*',
    'User-Agent': 'Mozilla/5.0 (Linux; Android 5.1.1; SM-G9730 Build/LMY48Z; wv)
```

```
AppleWebKit/537.36 (KHTML, like Gecko) Version/4.0 Chrome/52.0.2743.100 Mobile Safari/
537.36 Hexin_Gphone/10.24.03 (Royal Flush) hxtheme/0 innerversion/G037.08.490.1.32
followPhoneSystemTheme/0 userid/80738749 hxNewFont/1 isVip/0',
    'Accept-Encoding': 'gzip, deflate',
    'Accept-Language': 'zh-CN,en-US;q=0.8',
    'Cookie': 'user=MDpsdHNqaW06Ok5vbmU6NTAwOjkwNzM4NzQ5OjcsMTExMTExMTExMTEsNDA7NDQs
MTEsNDA7NiwxLDQwOzUsMSw0MDsxLDEwMSw0MDsyLDEsNDA7MywxLDQwOzUsMSw0MDs4LDAwMDAwMDAwMDAw
MDAwMDAwMDAwMDAxLDQwOzEwMiwxLDQwOjI3Ojo6ODA3Mzg3NDk6MTYxOTE3ODNcxODo6OjEyNjc2MjMwMDA6
NDAwMDgyOjA6MWZiNThkNTI2OGE3NmY3MTFlOGM0NjI4OWQ5NGdlZTQzOzow; userid=80738749; u_name=
ltsjim; escapename=ltsjim; ticket=eecee652c32fbde00d9ca32153f06c95; user_status=0; hxmPid=
free_stock_paihangbang_601816; v=Aw1XFqaAMew7zvW_6Viar6WaFSKH6kG8yx6lkE-
SSaQTRiZYFzpRjFtutWHc',
    'X-Requested-With': 'com.hexin.plat.android'
    }
    url='http://basic.10jqka.com.cn/api/stockph/focusday.php?code={}'.format(code)
    r = requests.get(url,headers=header)
    r_text=r.text.encode('utf-8')#r_text=r.text.encode('utf-8').decode
('unicode_escape')
    soup = BeautifulSoup(r_text, "lxml")
    return json.loads(soup.text)["data"]["history"]["rank"][-1]
def url_today_zhenghe(numb=20):
    #资金流
    pd.set_option('display.max_rows', None)
    url_today=shiyan.url_get_main()
    url_today=url_today.reset_index()#去index()
    renqi_list=[]
    url_today=url_today[:numb]
    print("{}秒后显示, 请耐心等待".format(numb))
    for i in url_today.code.tolist():
        renqi_=ths_renqi(i)
        renqi_list.append(renqi_)
        time.sleep(0.9)
    url_today["ths_rq"]=renqi_list
    return url_today
    """
```

	index	code	name	价格	涨幅	主净入√	主占比√	ths_rq
0	0	000858	五粮液	280.00	3.25	10.12	17.54	52
1	1	002340	格林美	10.00	10.01	9.89	14.95	1
2	2	600031	三一重工	32.93	3.98	7.55	14.52	10
3	3	000333	美的集团	83.86	4.50	5.40	14.44	73"""

```
url_today_zhenghe(numb=40)
```

其返回值如图 10.4 所示。

	index	code	name	价格	涨幅	主净入√	主占比√	ths_rq
0	0	000858	五粮液	280.00	3.25	10.12	17.54	52
1	1	002340	格林美	10.00	10.01	9.89	14.95	1
2	2	600031	三一重工	32.93	3.98	7.55	14.52	10
3	3	000333	美的集团	83.86	4.50	5.40	14.44	73
4	4	300059	东方财富	31.59	3.54	4.66	5.88	20
5	5	000100	TCL科技	9.14	1.67	4.49	16.33	38
6	6	300015	爱尔眼科	70.63	10.97	4.12	7.35	14
7	7	000568	泸州老窖	249.61	3.84	3.58	9.72	151
8	8	000725	京东方A	7.28	2.25	3.38	5.14	5
9	9	603259	药明康德	150.12	6.78	3.27	9.22	69
10	10	600438	通威股份	35.40	3.54	3.26	9.34	63

图 10.4　拼接人气 DataFrame

其主要思想就是将资金 DataFrame 中的 code 进行遍历。将返回的人气排名保存到 list 中，然后将 list 插入资金 DataFrame 的最后一列。当然后续数据可视化可以将 DataFrame 中主力占比与人气进行柱形化显示，使 DataFrame 更加便捷、易读，详见 10.2 节。

10.1.3　拼接股票人气 TOP100 数据

以股票人气 TOP100 股票为例，如图 10.5 所示。其中数据是按人气 hot_rank 升序排列，这 100 支股票都是 2021 年 4 月 23 日近几日内有打板或热门的股票。

	行业	市值	增长	code	name	hot_rank	几天	几板
0	锂电池	476.20	0	002340	格林美	1	1	1
1	新能源汽车	368.27	1	601127	小康股份	2	5	4
2	业绩增长	54.77	78	603538	美诺华	3	2	2
3		2441.49	3	000725	京东方A	4		
4	无人驾驶+碳中和	29.63	3	002630	华西能源	5	5	3
5		232.53	173	002223	鱼跃医疗	6		
6	上修业绩	42.48	35	002581	未名医药	7	1	1
7		1824.28	-6	000661	长春高新	8		
8	新能源汽车	37.97	1	002786	银宝山新	9	6	5
9		4404.20	19	600276	恒瑞医药	10		
10		2794.18	-6	600031	三一重工	11		
11	业绩预增	74.93	-6	688068	热景生物	12	9	6
12		29.32	96	002762	金发拉比	13		
13		1108.42	-3	002241	歌尔股份	14		
14		1243.20	144	300433	蓝思科技	15		
15	钢铁	85.54	-2	600581	八一钢铁	16	2	2
16	次新股	10.97	80	605177	东亚药业	17	1	1
17		2425.77	-14	300015	爱尔眼科	18		
18		2253.06	-4	300059	东方财富	19		
19		867.36	1	603799	华友钴业	20		
20	氢能源	58.31	-3	002665	首航高科	21	1	1

图 10.5　股票人气 TOP100

Python 代码如下：

```
import requests
import json
```

```python
from bs4 import BeautifulSoup
headers={'Accept': 'text/html,application/xhtml+xml,application/xml;q=0.9,image/webp,
image/apng,*/*;q=0.8,application/signed-exchange;v=b3;q=0.9',
'Accept-Encoding': 'gzip, deflate, br',
'Accept-Language': 'zh-CN,zh;q=0.9',
'Cache-Control': 'max-age=0',
'Connection': 'keep-alive',
'Cookie': 'v=A_nOCr7EvcWz-mFRdDTuBY8ICG7QBu241_oRTBsudSCfohOYY1b9iGdKIR2o',
'Host': 'basic.10jqka.com.cn',
'If-Modified-Since': 'Thu, 18 Feb 2021 05:46:40 GMT',
'sec-ch-ua': '"\\Not;A\"Brand";v="99", "Google Chrome";v="85", "Chromium";v="85"',
'sec-ch-ua-mobile': '?0',
'Sec-Fetch-Dest': 'document',
'Sec-Fetch-Mode': 'navigate',
'Sec-Fetch-Site': 'none',
'Sec-Fetch-User': '?1',
'Upgrade-Insecure-Requests': '1',
'User-Agent': 'Mozilla/5.0 (Windows NT 6.1; ) AppleWebKit/537.36 (KHTML, like Gecko)
Chrome/85.0.4168.2 Safari/537.36'

}
url = "https://basic.10jqka.com.cn/api/stockph/popularity/top/"
r = requests.get(url, headers = headers)
result_=pd.DataFrame(json.loads(r.text)['data']["list"])

a=result_ #增加内容
a.rename(columns={"change":"涨幅","change_reason":"行业","change_section":"几天",
"change_days":"几板","hot_rank_chg":"增长","circulate_market_value":"市值"}, inplace = True)
a["市值"]=pd.to_numeric(a["市值"])
a["市值"]=round(a["市值"]/100000000,2)#一亿，保留2位
result_=a[["name","涨幅","行业","几天","几板","市值","price","增长","code","hot_rank"]]
"""change                     100 non-null object
change_days                100 non-null object
change_reason              100 non-null object
change_section             100 non-null object
change_type                100 non-null object
circulate_market_value     100 non-null object
code                       100 non-null object
hot_rank                   100 non-null int64
hot_rank_chg               100 non-null int64
market_id                  100 non-null object
name                       100 non-null object
price                      100 non-null object
stock_cnt                  100 non-null int64
"""
print(result_)
```

其返回值为：

	name	涨幅	行业	几天	几板	市值	price	增长	code	hot_rank
0	格林美	10.01	锂电池	1	1	476.20	10.00	0	002340	1
1	小康股份	9.99	新能源汽车	5	4	368.27	38.21	1	601127	2
2	美诺华	10.01	业绩增长	2	2	54.77	37.05	78	603538	3
3	京东方A	2.25				2441.49	7.28	3	000725	4
4	华西能源	10.11	无人驾驶＋碳中和	5	3	29.63	3.05	3	002630	5
5	鱼跃医疗	1.92				232.53	27.65	173	002223	6
6	未名医药	9.96	上修业绩	1	1	42.48	10.60	35	002581	7
7	长春高新	1.65				1824.28	480.17	-6	000661	8
8	银宝山新	10.01	新能源汽车	6	5	37.97	10.00	1	002786	9
9	恒瑞医药	0.97				4404.20	83.00	19	600276	10
10	三一重工	3.98				2794.18	32.93	-6	600031	11
11	热景生物	20.00	业绩预增	9	6	74.93	174.13	-6	688068	12
12	歌尔股份	-2.18				1108.42	37.23	-2	002241	13
13	金发拉比						29.32	95	002762	14
14	蓝思科技	1.94				1243.20	28.45	144	300433	15
15	八一钢铁	10.06	钢铁	2	2	85.54	5.58	-2	600581	16
16	东亚药业	9.99	次新股	1	1	10.97	38.63	80	605177	17
17	东方财富	3.54				2253.06	31.59	-3	300059	18
18	爱尔眼科	10.97				2425.77	70.63	-15	300015	19
19	华友钴业	2.84				867.36	76.00	1	603799	20
20	首航高科	10.13	氢能源	1	1	58.31	2.50	-3	002665	21
21	英科医疗	10.29				415.06	173.60	3	300677	22
22	立讯精密	0.05				2627.02	37.39	-11	002475	23
23	北汽蓝谷	0.35				263.11	14.42	-8	600733	24
24	宜华健康	10.16	医疗服务	1	1	27.97	3.47	8	000150	25
25	顺丰控股	3.72				2942.50	65.53	-13	002352	26
26	长江健康	5.59				81.57	6.80	-3	002435	27
27	长安汽车	-4.11				628.78	16.12	-5	000625	28
28	TCL科技	1.67				1178.85	9.14	-2	000100	29
29	中国平安	-0.15				8044.34	74.26	8	601318	30
30	华海药业	3.26				290.19	19.95	209	600521	31
⋮										
80	楚天龙	-9.99				23.10	29.47	-11	003040	81
81	长城汽车	-0.82				2032.55	33.72	-7	601633	82
82	华菱钢铁	9.04				446.92	9.05	-29	000932	83
83	金龙鱼	2.33				299.51	78.92	-21	300999	84
84	宁德时代	2.52				5041.25	371.50	-9	300750	85
85	中钢国际	5.41				102.79	8.18	13	000928	86
86	韵达股份	9.98	快递物流	1	1	397.66	14.22	-20	002120	87
87	赣锋锂业	2.37				836.65	101.25	-3	002460	88
88	新华锦	-10.00				28.43	7.56	-20	600735	89
89	和佳医疗	1.71				33.65	5.36	840	300273	90
90	拱东医疗	10.01	次新股	1	1	19.70	70.37	1	605369	91
91	正川股份	5.09				71.49	47.28	71	603976	92
92	动力源	-1.04				36.85	6.66	-22	600405	93

93	迈瑞医疗	6.90				2172.73	435.30	7	300760	94
94	东方雨虹	3.19				983.80	58.50	-23	002271	95
95	中兴通讯	-1.15				1125.97	29.19	0	000063	96
96	诚邦股份	10.07	碳中和	5	3	16.67	8.20	-3	603316	97
97	华兰生物	0.28				681.08	43.31	52	002007	98
98	爱美客	-5.25				285.30	577.77	-20	300896	99
99	金发科技	2.00				537.37	20.88	-9	600143	100

我们将上面代码改成调用 ths_top100()函数，并将其保存在 shiyan.py 中。为减少重复代码，直接使用 shiyan.ths_top100()，即可调用 ths_top100()返回值，如图 10.6 所示。

图 10.6　调用 ths_top100()函数

将资金数据 DataFrame 与 ths_top100()合并。Python 代码如下：

```
a=url_today_zhenghe(numb=40)
result_=shiyan.ths_top100()[["行业",'市值',"增长","code","hot_rank"]]
b=pd.merge(a, result_, how='outer', on=['code'])
print(b)
```

其返回值为：

	index	code	name	价格	涨幅	主净入√	主占比√	ths_rq	行业\市值	增长	hot_rank
0	0.0	000858	五粮液	280.00	3.25	10.12	17.54	52.0	10628.27	-28.0	64.0
1	1.0	002340	格林美	10.00	10.01	9.89	14.95	1.0	锂电池	476.20	0.0 1.0
2	2.0	600031	三一重工	32.93	3.98	7.55	14.52	10.0	2794.18	-6.0	11.0
3	3.0	000333	美的集团	83.86	4.50	5.40	14.44	73.0	5765.38	-23.0	78.0
4	4.0	300059	东方财富	31.59	3.54	4.66	5.88	20.0	2253.06	-2.0	17.0
5	5.0	000100	TCL 科技	9.14	1.67	4.49	16.33	38.0	1178.85	-2.0	29.0
6	6.0	300015	爱尔眼科	70.63	10.97	4.12	7.35	14.0	2425.77	-10.0	14.0
7	7.0	000568	泸州老窖	249.61	3.84	3.58	9.72	151.0	NaN	NaN	NaN NaN
8	8.0	000725	京东方A	7.28	2.25	3.38	5.14	5.0	2441.49	3.0	4.0
9	9.0	603259	药明康德	150.12	6.78	3.27	9.22	69.0	2215.81	-4.0	66.0
10	10.0	600438	通威股份	35.40	3.54	3.26	9.34	63.0	1517.90	-21.0	65.0
⋮											
100	NaN	603976	NaN	NaN	NaN	NaN	NaN	NaN	71.49	76.0	87.0
101	NaN	605369	NaN	NaN	NaN	NaN	NaN	NaN	次新股	19.70	4.0 88.0

		code								amount		
102	NaN	300273	NaN	NaN	NaN	NaN	NaN	NaN	33.65	840.0	90.0
103	NaN	600735	NaN	NaN	NaN	NaN	NaN	NaN	28.43	-23.0	92.0
104	NaN	600405	NaN	NaN	NaN	NaN	NaN	NaN	36.85	-22.0	93.0
105	NaN	002271	NaN	NaN	NaN	NaN	NaN	NaN	983.80	-22.0	94.0
106	NaN	002007	NaN	NaN	NaN	NaN	NaN	NaN	681.08	55.0	95.0
107	NaN	000063	NaN	NaN	NaN	NaN	NaN	NaN	1125.97	0.0	96.0
108	NaN	300671	NaN	NaN	NaN	NaN	NaN	NaN	89.34	-23.0	97.0
109	NaN	600143	NaN	NaN	NaN	NaN	NaN	NaN	537.37	-9.0	100.0

其主要思想就是将资金 DataFrame 与人气 TOP100 进行拼接。后期我们可以对人气 TOP100 中的 NAN 值进行填充，主要是观察主力资金净流入情况。

10.1.4　拼接股票换手率数据

下面使用 tushare 库筛选换手率（turnoverratio）超过 3 的股票。代码如下：

```
import tushare as ts
csv_data=ts.get_today_all()
csv_data["turnoverratio"]=round(csv_data["turnoverratio"],2)#换手率保留2位
csv_data=csv_data[csv_data["turnoverratio"]>3]
csv_data=csv_data.sort_values(by="turnoverratio", ascending=False)
```

其返回值为：

	code	name	changepercent	trade	open	high	low	settlement	volume	turnoverratio	amount	per	pb	mktcap	nmc
1871	300978	N东箭	258.432	30.18	29.99	31.90	28.93	8.42	29920051	74.98	904860693	0.000	8.761	1.275717e+06	1.204327e+05
1870	300979	N华利	201.023	100.00	76.00	100.00	76.00	33.22	52373777	68.03	4586653387	0.000	18.288	1.167000e+07	7.698368e+05
316	605117	德业股份	-8.173	57.64	69.05	69.05	56.72	62.77	23937620	56.10	1511622241	19.539	8.507	9.837246e+05	2.459326e+05
27	688639	华恒生物	18.567	43.04	35.21	44.00	35.21	36.30	12902136	54.43	522355306	0.000	6.694	4.648320e+05	1.020253e+05
1874	300975	C商络	-4.051	27.00	26.01	28.89	25.50	28.14	21016076	49.35	566070624	0.000	9.047	1.134000e+06	1.149833e+05
3070	002762	金发拉比	-6.045	14.30	15.00	15.96	13.70	15.22	87826686	45.59	1284679150	110.000	5.170	5.062558e+05	2.754673e+05
2854	002997	瑞鹏具	10.013	25.38	24.28	25.38	23.76	23.07	20852012	45.43	519979119	25.636	4.408	4.659768e+05	1.164942e+05
86	688498	科美诊断	3.473	24.13	23.45	25.56	22.30	23.32	14345140	43.29	350374687	0.000	9.789	9.676130e+05	7.996459e+04
2811	003043	华亚智能	-10.000	72.54	76.00	79.00	72.54	80.60	8403757	42.02	620964641	60.450	10.908	5.803200e+05	1.450800e+05
3196	002630	华西能源	4.590	3.19	3.29	3.36	2.92	3.05	400567008	41.23	1275882669	102.903	1.185	3.766752e+05	3.099284e+05
269	605378	野马电池	-9.091	34.70	36.61	36.66	34.40	38.17	12535936	37.60	444803217	29.160	5.942	4.626898e+05	1.156898e+05
671	603324	盛剑环境	-10.000	40.23	40.23	41.89	40.23	44.70	11561302	37.31	467737545	30.710	5.318	4.985302e+05	1.246607e+05
⋮															
2455	300363	博腾股份	-10.052	51.90	58.59	59.86	51.56	57.70	13523766	3.03	737738850	85.082	8.306	2.815848e+06	2.319686e+06
3156	002670	国盛金控	-4.740	10.45	10.80	10.98	10.42	10.97	492638302	3.03	527241921	-55.262	1.790	2.022163e+06	1.696401e+06
2650	300165	天瑞仪器	2.477	4.55	4.48	4.64	4.43	4.44	9685420	3.03	44026411	91.000	1.324	2.261308e+05	1.453314e+05
2040	300795	米奥会展	-1.134	17.44	17.69	18.00	17.35	17.64	1120200	3.03	19783991	21.012	3.881	1.746860e+05	6.438149e+04
2273	300549	优德精密	-4.353	16.26	16.83	16.91	16.15	17.00	3008400	3.02	49609567	101.625	4.251	2.168108e+05	1.618968e+05
3708	002111	威海广泰	-1.735	19.26	19.43	19.69	19.00	19.60	10221802	3.02	196692441	19.069	2.280	7.353998e+05	6.512478e+05
3036	002799	环球印务	-0.710	22.38	22.81	22.99	21.98	22.54	5413875	3.01	121010334	39.964	6.016	4.028400e+05	4.028333e+05
346	603995	甬金股份	1.320	30.70	30.28	30.90	29.86	30.30	3107675	3.01	94827526	17.056	2.273	7.153634e+05	3.172053e+05

```
1289 600710  苏美达   1.890    6.47  6.33  6.53  6.27  6.35    39372442 3.01    251695474 15.405 1.620  8.454669e+05  8.454669e+05
1076 rows × 15 columns
```

然后对 10.1.3 小节中合并的 DataFrame 与股票换手率进行拼接。例如，2021 年 4 月 26 日股票拼接后的 DataFrame 如图 10.7 所示。

数据分析：2021 年 4 月 26 日资金流入除了异常的 N 华利（300979），资金净流入最大值为乐普医疗（300003），达 3 亿元。两市全程无热点板块。hot_rank 列为 NAN 即为人气 100 名之外，可以参考 ths_rq 列；turnoverratio（换手率）列为 NAN 即为当日换手率小于 3。

由于篇幅限制，笔者在这里仅推荐几个抓取整合股票的思路。

（1）抓取股票的人气龙头，如图 10.8 所示。

Out [7]:

	index	code	name	价格	涨幅	主净入√	主占比√	ths_rq	行业	市值	增长	hot_rank	turnoverratio
0	0.0	300979	N华利	100.00	201.02	22.51	49.08	6.0		76.98	311.0	6.0	68.03
1	1.0	300003	乐普医疗	30.89	6.77	3.36	16.50	85.0		472.00	250.0	85.0	4.33
2	2.0	600460	士兰微	30.95	7.32	2.70	8.04	9.0		406.08	62.0	9.0	8.40
3	3.0	000807	云铝股份	12.09	6.71	2.70	10.85	89.0		340.21	240.0	89.0	7.29
4	4.0	000928	中钢国际	9.00	10.02	2.69	30.96	15.0	碳中和	113.10	84.0	15.0	7.97
5	5.0	002142	宁波银行	41.71	2.46	2.67	13.04	359.0		NaN	NaN	NaN	NaN
6	6.0	002601	龙蟒佰利	33.72	5.41	2.64	14.56	136.0		NaN	NaN	NaN	3.53
7	7.0	300760	迈瑞医疗	439.00	0.85	2.58	8.99	327.0		NaN	NaN	NaN	NaN
8	8.0	601919	中远海控	16.12	3.93	2.50	6.49	74.0		1395.56	28.0	74.0	NaN
9	9.0	002456	欧菲光	9.04	6.98	2.47	15.01	16.0		241.23	-1.0	16.0	6.83
10	10.0	002415	海康威视	64.00	1.22	2.46	11.32	130.0		NaN	NaN	NaN	NaN
11	11.0	300978	N东箭	30.18	258.43	2.30	25.37	41.0		12.04	842.0	41.0	74.98
12	12.0	002027	分众传媒	10.48	4.17	2.28	11.32	149.0		NaN	NaN	NaN	NaN
13	13.0	601899	紫金矿业	11.15	3.43	2.24	4.12	33.0		2189.90	8.0	33.0	NaN
14	14.0	300142	沃森生物	60.00	5.52	2.04	3.94	66.0		900.24	59.0	66.0	5.77
15	15.0	002371	北方华创	166.40	1.48	1.97	14.39	351.0		NaN	NaN	NaN	NaN
16	16.0	002241	歌尔股份	37.23	0.00	1.93	4.98	52.0		1108.42	-41.0	52.0	3.48
17	17.0	000661	长春高新	485.00	1.01	1.88	6.57	87.0		1842.63	-84.0	87.0	NaN
18	18.0	603986	兆易创新	184.05	5.13	1.87	9.88	166.0		NaN	NaN	NaN	NaN
19	19.0	000100	TCL科技	9.23	0.98	1.73	3.60	54.0		1190.45	-25.0	54.0	3.98
20	20.0	600223	鲁商发展	15.52	5.72	1.71	10.19	79.0		156.62	108.0	79.0	10.61

图 10.7　2021 年 4 月 26 日股票拼接后的 DataFrame

病毒防治 +2.33%

个股　事件　AI诊断　操作必看

AI诊断　业务　行业龙　人气龙　04-26

设置　涨幅　30分主动　主动净买　主力资金

之江生物	+19.99%	-2927万	6311万	1.27亿
硕世生物	+15.19%	-2094万	1.25亿	7155万
美泰生物	+13.52%	929万	4045万	6216万
四环生物	+10.10%	-514万	-1.17亿	9513万
美诺华	+10.01%	-5344万	-3.21亿	3933万
景峰医药	+10.00%	-644万	-4281万	1.29亿
未名医药	+10.00%	-120万	-2344万	1963万
正川股份	+10.00%	-1133万	-2980万	6381万
联环药业	+9.97%	-1071万	-4268万	6671万
圣湘生物	+8.17%	19.49万	3887万	-2653万
康希诺	+7.83%	545万	4330万	8955万
透景生命	+7.75%	372万	782万	202万
楚天科技	+7.41%	卖	8459万	-7.59万

图 10.8　人气龙头

（2）股票异动，如图 10.9 所示。

（3）股票热门板块，如图 10.10 所示。

（4）股票基金持仓信息，如图 10.11 所示。

（5）股票股东人数信息，如图 10.12 所示。

对以上数据进行整合、拼接，变成一个 DataFrame。

图 10.9　股票异动

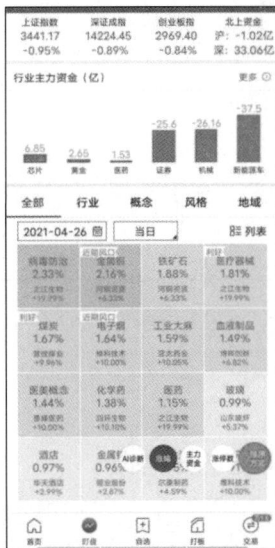

图 10.10　股票热门板块

图 10.11　股票基金持仓

图 10.12　股票股东人数

10.2　数据可视化

经过数据的获取、清洗、筛选、拼接等处理之后，我们可以将所要信息在一个表格或多个表格中显示。但是表格的缺点是不直观，使用折线图、箱体图、柱状图等图表则可以更加直观地显示数据和突出重点。将繁杂的数据变得更易于理解，可以提高运营决策效率。

10.2.1　折线图

股票操作者经常使用的是"蜡烛图"。蜡烛图中包括开盘价、收盘价、最高价、最低价，如图 10.13 所示。

图 10.13　Python 蜡烛图

当然，这里还应该加上重要股票的成交量数据。叠加而成的图表如图 10.14 所示。

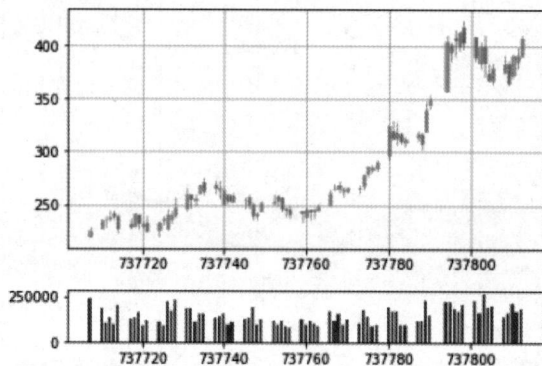

图 10.14　在 Python 蜡烛图中加成交量

热门股票经常存在一个问题，就是行情已经启动，市场热钱都在流入，会存在股票价格虚高的情况。如果此时盲目进入，可能会追在高位，所以要结合蜡烛图等图表进行分析。

如图 10.15 所示，在蜡烛图中增加了均线指标，分别是 MA5 与 MA30 均线。

懂缠论的读者肯定会知道高低点。如图 10.16 所示就是通过 MA5 与 MA30 计算出局部高低点，并绘制出来。

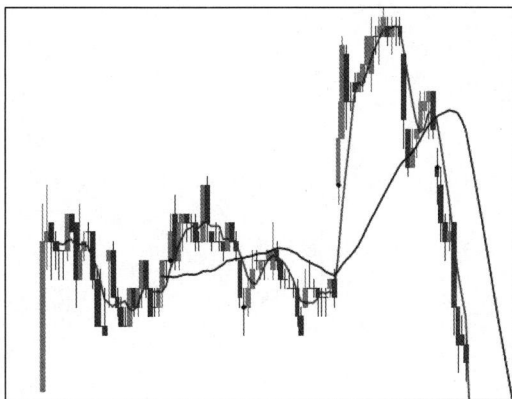

图 10.15　MA5 与 MA30 均线

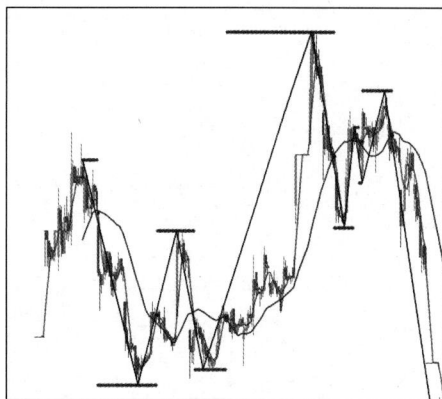

图 10.16　局部高低点

　　当有许多数据时，蜡烛图会过于密集，我们可以将其看成折线。此时用折线图表示价格，显示更加简洁，且节省绘图时间，如图 10.17 所示。

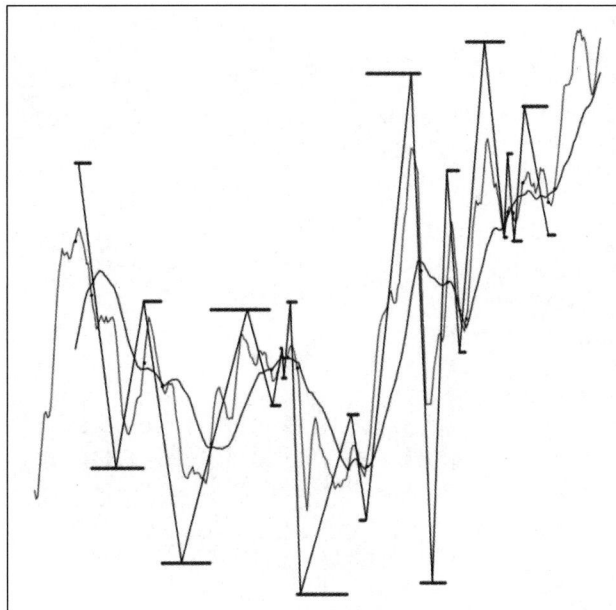

图 10.17　用折线图显示价格

　　当价格突破价格成交密集区时，应该引起我们的关注。股票短期分时图也大多数是折线图，用户通过它能够及时看出价格变动。

　　绘制折线图及短期高低点，Python 代码如下。

　　（1）获取股票价格。

```
import pandas as pd
import tushare as ts
```

```
import numpy as np
import talib as tb
import warnings
import numpy as np
warnings.filterwarnings('ignore')
df_30min=pd.DataFrame(ts.get_hist_data("002701", ktype='30'))[:200] #获取30分钟K线数据
df_30min=df_30min[::-1]
df_30min["tdate"]=pd.to_datetime(df_30min.index)#转换成datetime格式化
# df_30min["month"]=df_30min.tdate.apply(lambda x: x.month)
df=df_30min[["open","high","low","close"]]
df["ma5"]=df.close.rolling(window=5).mean()
df["ma30"]=df.close.rolling(window=30).mean()
con=df.ma5>df.ma30#计算
df["position"]=con#覆盖到列中
df["cross"]=df.position.rolling(window=2).sum()
con_cross=df[df.cross==1]
df["cross"]=df[df.cross==1]

print(con_cross,con_cross.shift(-1))
```

其返回数据为：

date	open	high	low	close	ma5	ma30	position	cross
2020-01-13 14:00:00	4.84	4.85	4.81	4.82	4.838	4.784000	True	1.0
2020-01-15 10:30:00	4.75	4.77	4.72	4.75	4.796	4.802000	False	1.0
2020-01-20 10:00:00	4.88	4.97	4.86	4.93	4.798	4.787000	True	1.0
2020-01-23 10:00:00	4.90	4.92	4.86	4.89	4.950	4.952667	False	1.0
2020-02-06 11:00:00	4.34	4.37	4.34	4.34	4.352	4.343333	True	1.0
2020-02-11 13:30:00	4.47	4.47	4.44	4.44	4.452	4.488000	False	1.0
2020-02-14 10:00:00	4.50	4.51	4.46	4.50	4.478	4.467667	True	1.0
date	open	high	low	close	ma5	ma30	position	cross
2020-01-13 14:00:00	4.75	4.77	4.72	4.75	4.796	4.802000	False	1.0
2020-01-15 10:30:00	4.88	4.97	4.86	4.93	4.798	4.787000	True	1.0
2020-01-20 10:00:00	4.90	4.92	4.86	4.89	4.950	4.952667	False	1.0
2020-01-23 10:00:00	4.34	4.37	4.34	4.34	4.352	4.343333	True	1.0
2020-02-06 11:00:00	4.47	4.47	4.44	4.44	4.452	4.488000	False	1.0
2020-02-11 13:30:00	4.50	4.51	4.46	4.50	4.478	4.467667	True	1.0
2020-02-14 10:00:00	NaN	NaN	NaN	NaN	NaN	NaN	NaN	NaN

（2）绘制折线图。

```
con_cross=(df.cross==1)
df.loc[con_cross,"cross"]=df.loc[con_cross].ma5
df["cross"]=df["cross"].replace(0,np.nan).replace(2,np.nan)
#构造时间

all_cross=df.loc[con_cross]
all_cross["end_date"]=df.loc[con_cross].shift(-1).tdate
```

```
#print(all_cross)
#阶段最高、最低点
df.loc[:,"mark"]=pd.np.nan
for i in all_cross.itertuples():
    #print(i.tdate,i.end_date,i.position)
    con_dur=(df.tdate>=i.tdate)&(df.tdate<=i.end_date)
    #print(con_dur)
    df_con_dur=df.loc[con_dur]
    #print(df_con_dur.info())
    #position为True时，MA5>MA30，有最高点；position为False时，有最低点
    if df_con_dur.empty:
        continue
    if i.position==True:
        max_price=df_con_dur.high.max()
        df.loc[con_dur,"mark"]=max_price
        max_price_date=df_con_dur.loc[df_con_dur.high==max_price].tdate.iloc[0]
        #print(max_price_date)
        all_cross.loc[all_cross.tdate==i.tdate,"maxmin_price"]=max_price
        all_cross.loc[all_cross.tdate==i.tdate,"maxmin_price_date"]=max_price_date
    else:
        min_price=df_con_dur.low.min()
        df.loc[con_dur,"mark"]=min_price
        min_price_date=df_con_dur.loc[df_con_dur.low==min_price].tdate.iloc[0]
        #print(min_price_date)
        all_cross.loc[all_cross.tdate==i.tdate,"maxmin_price"]=min_price
        all_cross.loc[all_cross.tdate==i.tdate,"maxmin_price_date"]=min_price_date
df.loc[:,"beenline"]=pd.np.nan
for i in range(0,all_cross.tdate.count()-1) :
    #print(i,i+1)
    pre=all_cross.iloc[i][["maxmin_price","maxmin_price_date","position"]]
    nex=all_cross.iloc[i+1][["maxmin_price","maxmin_price_date"]]
    pre_date=pre.maxmin_price_date
    pre_price=pre.maxmin_price
    nex_date=nex.maxmin_price_date
    nex_price=nex.maxmin_price
    if pre.position==True:
        con_pre_nex_date=(df.tdate>=pre_date)&(df.tdate<=nex_date)
        lenth=df.loc[con_pre_nex_date].tdate.count()
        diff_line=pd.np.linspace(pre_price,nex_price,lenth)
        df.loc[con_pre_nex_date,"beenline"]=diff_line
    else:
        con_pre_nex_date=(df.tdate>=pre_date)&(df.tdate<=nex_date)
        lenth=df.loc[con_pre_nex_date].tdate.count()
        diff_line=pd.np.linspace(pre_price,nex_price,lenth)
        df.loc[con_pre_nex_date,"beenline"]=diff_line
#print(df)
```

```
fig, ax = plt.subplots(figsize=(15, 15)) ## 创建图片和坐标轴
#mpf.candlestick2_ohlc(ax,df.open,df.high,df.low,df.close,width=1.0,colorup='r',colo
rdown='green', alpha=1)
l=[i for i in range(df.tdate.count())]
ax.plot(l,df.ma5,"g-")
ax.plot(l,df.ma30,"b-")
ax.plot(l,df.cross,"k.")
ax.plot(l,df.mark,"b.")
ax.plot(l,df.beenline,"k-")
```

通过以上代码即可快速绘制股票折线图。

10.2.2 箱体图

箱体图，即箱线图，并非股票箱体理论图。它用 5 条线表示最小值（下边界）、最大值（上边界）、中位数、上四分位数、下四分位数，用户通过它还可以直观识别数据中异常离群值与数据的偏重，如图 10.18 所示。

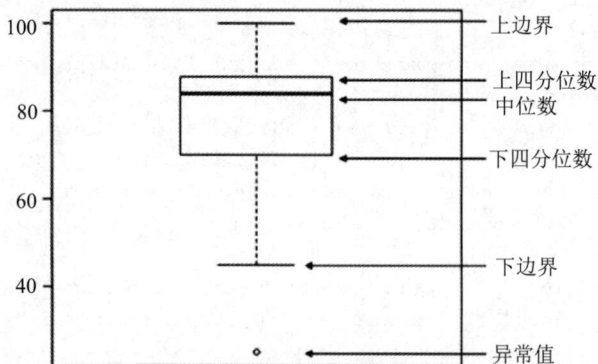

图 10.18　箱体图

我们要制作的箱体图（见图 10.20），横坐标为行业 industry，纵坐标为当日股票成交额预测 amount_predict。此外，首先要明白数据筛选的过程。

（1）获取当日股票数据并筛选，换手率按降序排列。

2021 年 4 月 29 日获取当日股票数据如下：

```
        code    name_x    change percent    trade    open    high    low    settlement volume
turnoverratio ...  MA_30         MA_120        H_10 L_10 MA_C_50 vol_min     vol_max
vol_max2    V/MA_120      basi_50
9   002762    金发拉比    10.000    15.62    14.21    15.62    13.82    14.20    88411628
45.90    ...  3.783200e+06 6.282102e+06 5.26 4.71 5.0028    5.548320e+06 5.548320e+06
6.282102e+06 14.073575    1.942912
12  000908    景峰医药    -6.156    6.25    7.22    7.22    6.25    6.66    270560208
```

```
37.40     ...  3.820090e+07 2.668365e+07 4.75 3.87 4.1816   2.203332e+07 3.820090e+07
3.820090e+07 10.139550   -7.212550
 18  002932  明德生物 0.644   104.73   110.00   114.47   103.87   104.06   10304624
34.35     ...  2.532827e+06 1.974956e+06 73.60 68.00 74.6582  1.040640e+06 2.532827e+06
2.532827e+06 5.217648 -8.543201
 22  003020  立方制药 -1.776   46.46   46.42   48.94   45.01   47.30   7411696
32.00     ...  1.526243e+06 1.526243e+06 34.12 31.68 33.3912  1.014120e+06 1.526243e+06
1.526243e+06 4.856169 -3.507511
 23  003026  中晶科技 2.639   85.17   84.25   91.20   82.77   82.98   7613904
30.52     ...  5.408177e+06 5.408177e+06 73.18 62.10 70.9822  4.185540e+06 5.408177e+06
5.408177e+06 1.407850 0.743567
 24  002996  顺博合金 4.264   20.54   19.32   21.60   19.31   19.70   16001617
30.19     ...  6.818877e+06 9.518277e+06 15.84 12.75 14.0108  9.518277e+06 9.518277e+06
9.518277e+06 1.681146 1.279013
 25  600956  新天绿能 4.078   12.25   11.67   12.89   11.51   11.77   40023137
29.70     ...  9.102470e+06 1.233780e+07 8.48 7.23 8.3920   1.233780e+07 1.233780e+07
1.233780e+07 3.243945 -0.142993
 ...
```

下面先看一下执行 dataframe.info() 的结果。

```
<class 'pandas.core.frame.DataFrame'>
Int64Index: 171 entries, 9 to 534
Data columns (total 39 columns):
code                    171 non-null object
name_x                  171 non-null object
changepercent           171 non-null float64
trade                   171 non-null float64
open                    171 non-null float64
high                    171 non-null float64
low                     171 non-null float64
settlement              171 non-null float64
volume                  171 non-null int64
turnoverratio           171 non-null float64
amount                  171 non-null float64
per                     171 non-null float64
pb                      171 non-null float64
mktcap                  171 non-null float64
nmc                     171 non-null float64
liutongliang            171 non-null float64
volume_predict          171 non-null float64
turnoverratio_predict   171 non-null float64
amount_predict          171 non-null float64
ts_code                 171 non-null object
name_y                  171 non-null object
area                    171 non-null object
industry                171 non-null object
list_date               171 non-null object
dxw                     53 non-null object
```

```
renqi                    147 non-null  float64
time                     171 non-null  object
close_yestday            171 non-null  float64
MA_5                     171 non-null  float64
MA_30                    169 non-null  float64
MA_120                   171 non-null  float64
H_10                     171 non-null  float64
L_10                     171 non-null  float64
MA_C_50                  171 non-null  float64
vol_min                  171 non-null  float64
vol_max                  171 non-null  float64
vol_max2                 171 non-null  float64
V/MA_120                 171 non-null  float64
basi_50                  171 non-null  float64
dtypes: float64(29), int64(1), object(9)
memory usage: 58.4+ KB
```

这里面有股票当日开盘价（open）、收盘价（close）、最高价（high）、最低价（low）、换手率（turnoverratio）、成交量（volume）、成交额（amount）、流通股（liutongliang）、行业（industry）、人气（renqi）、5 日成交量（MA_5）、30 日成交量（MA_30）、120 日成交量（MA_120）、10 日最高价（H_10）、10 日最低价（L_10）等，它们是衡量股票所必备的信息。

我们对 dataframe[["code","name_x","industry","amount","turnoverratio"]] 进行显示，按换手率降序排列，如图 10.19 所示。

	code	name_x	industry	amount	turnoverratio
9	002762	金发拉比	服饰	13.57	45.90
12	000908	景峰医药	化学制药	18.38	37.40
18	002932	明德生物	医疗保健	11.32	34.35
22	003020	立方制药	化学制药	3.45	32.00
23	003026	中晶科技	半导体	6.65	30.52
24	002996	顺博合金	铝	3.26	30.19
25	600956	新天绿能	供气供热	4.90	29.70
32	605136	丽人丽妆	其他商业	3.29	22.84
34	002647	仁东控股	多元金融	16.13	21.02
36	300697	电工合金	铜	6.78	19.54
37	002433	太安堂	中成药	6.35	19.05
39	300061	旗天科技	互联网	7.51	18.77
40	002612	朗姿股份	服饰	26.61	18.67
42	300941	创识科技	软件服务	3.34	18.16
43	300350	华鹏飞	仓储物流	4.26	18.07
44	603035	常熟汽饰	汽车配件	10.44	17.79
45	600172	黄河旋风	矿物制品	10.01	17.25
47	600735	新华锦	商贸代理	4.47	17.06
48	603990	麦迪科技	软件服务	8.36	16.75
49	000150	宜华健康	医疗保健	5.34	16.51
50	300098	高新兴	通信设备	10.52	15.93

图 10.19　DataFrame 按换手率降序排列

（2）对行业进行箱体图表示。代码如下：

```
import seaborn as sns
sns.set(style="whitegrid")
sns.boxplot(x="industry", y="amount_predict", data=data_df[2], palette="Set3")
```

行业箱体图如图 10.20 所示。

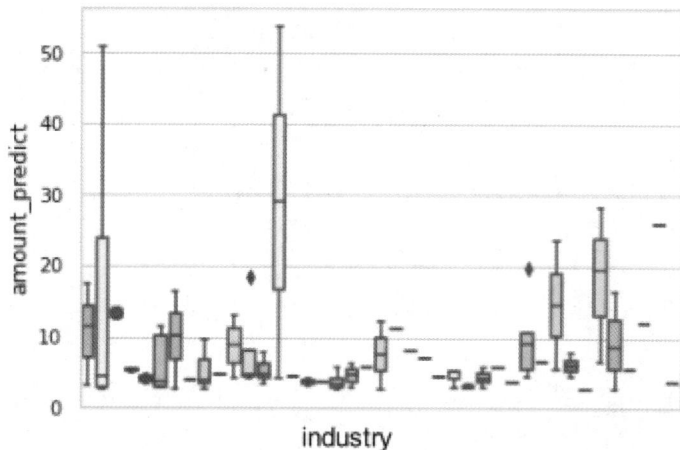

图 10.20　行业箱体图

我们比较关心成交额与行业的关系，也就是成交额与板块的关系。当板块成交额流入变多时，其行业也就是热门板块。

从箱体图中可以看出，因为当日成交额都是即时数据，所以当日成交额总量也与时间有关。我们增加了预测函数 predict()，组成了 amount_predict，从而观察当日股票成交额预测与行业的关系。

当箱体图显示一字横线时，即表示该行业只有一支股票上榜。当箱体图显示有离群点时，即表示该板块的某支股票比较强势，会超过上边界，所以要重点观察其成交额异常值。

10.2.3　柱状图

将数据整合之后，数据内部数值可以用柱状图表示。使用 dataframe.style.bar()函数可以将数据变成柱状图显示，更直观地呈现数据分布情况，以提高筛选效率。

分别从不同网站获取股票资金流与股票人气数据并拼接好，并对['涨幅','主占比 √']列进行柱状图显示操作，如图 10.21 所示。

从图 10.21 中可以清晰、直观地看出价格涨幅及主力占比情况，从而提高筛选效率。我们不喜欢打板操作，所以不选择涨幅很高的股票，而是喜欢选择涨幅不高、主力占比较大且资金流入较高的股票进行关注。

	index	code	name	价格	涨幅	主净入√	主占比√	ths_rq	行业	市值	增长	hot_rank
0	0	000858	五粮液	280	3.25	10.12	17.54	52		10628.3	-16	52
1	1	002340	格林美	10	10.01	9.89	14.95	1	锂电池	476.2	0	1
2	2	600031	三一重工	32.93	3.98	7.55	14.52	10		2794.18	-5	10
3	3	000333	美的集团	83.86	4.5	5.4	14.44	73		5765.38	-18	73
4	4	300059	东方财富	31.59	3.54	4.66	5.88	20		2253.06	-5	20
5	5	000100	TCL科技	9.14	1.67	4.49	16.33	38		1178.85	-11	38
6	6	300015	爱尔眼科	70.63	10.97	4.12	7.35	14		2425.77	-10	14
7	7	000568	泸州老窖	249.61	3.84	3.58	9.72	151	nan	nan	nan	nan
8	8	000725	京东方A	7.28	2.25	3.38	5.14	5		2441.49	2	5
9	9	603259	药明康德	150.12	6.78	3.27	9.22	69		2215.81	-7	69

图 10.21　柱状图

Python 代码是在 10.1.2 小节中拼接股票人气数据之后，增加如下代码：

```
a.style.\
        bar(width=100,subset=['涨幅','主占比√'],color='lightpink').\
        background_gradient(subset=['ths_rq'], cmap='spring') # 指定色系#background_gradient
(cmap='Reds',axis = 0,low = 0,high = 1,subset = ['ths_rq'])
```

从 10.21 中可以得到笔者个人比较喜欢的一些没有涨停的股票，如五粮液、三一重工、TCL 科技、京东方 A 等。读者可以结合个股技术线及大盘热门股票进行更加针对性的技术操作。

10.3　小结

当我们获取了较多的股票信息资源时，如当日资金数据、多日资金数据、人气数据、人气 TOP100、短期异动、热门板块、基金持仓、股东人数信息、股票换手率、流通量等，要通过建立一个数学或物理模型将数据整合成相互关联的科学表格。

笔者是将当日资金作为起始表，通过对股票 code 的相互关联，开始对多表进行拼接、整合。其思路是短期资金流入将会对股价短期上涨产生影响。对于没有标准的金融股票行业和以人气情绪为主要导向的股票市场来说，构建关联数据的逻辑性与科学性、合理性显得尤为重要。

而数据可视化只是将已经整合好的数据更高效、简单地显示出来，其重要程度远不如数据分析、数据挖掘。

当然，受限于数据获取，笔者只能获取当日资金流入情况、当日股票人气数据、股票换手率、当日股票行情数据，而当日即时数据也优劣参半。

（1）优势：当日即时数据对股票短期异动有较快的反馈。因为中国 A 股是"T+1"制度，能当日买次日卖，对于短线操作者起到短线监控作用。用户可根据当日行情和个人以往经验，进行股票操作，次日拉升即可卖出获利。

（2）劣势：因为通过爬虫获取的是当日即时数据，不是 API，所以只能获取当日资金流入情况，不能获取特定时间的资金流入。其不可追溯性给量化造成了很大的麻烦，给数据模型的评价带来不便。

下面介绍解决部分劣势的方法。

① 改变数据源，采用等效替换数据等方法。当数据获取受限时，解决的办法肯定是更换数据源。因为数据不是我们创造的，我们只是数据库的"搬运工"，所以当数据不符合要求时，要想尽办法寻找等效数据源。笔者就找到了有 API 的资金流入数据源，如图 10.22 所示。

手机 App 资金榜界面上显示出可以对时间进行选择，也就是说，如果获取其 API，将会对历史资金进行追溯。

例如，想要获取特定时间的资金流入情况（2021 年 4 月 28 日），手机 App 上的显示如图 10.23 所示。

图 10.22　有 API 的数据源

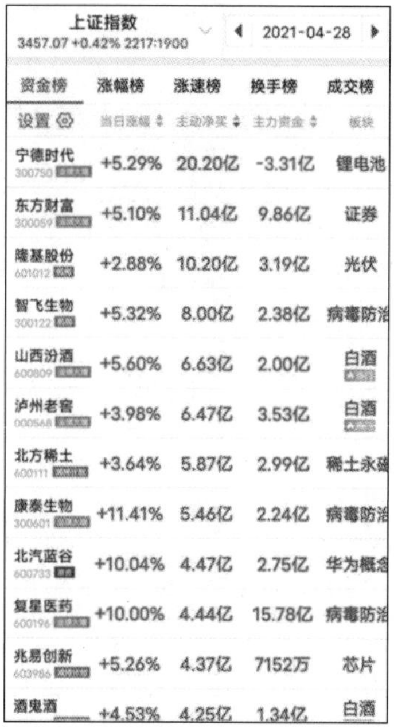

图 10.23　手机 App 特定时间资金榜

通过网页获取 API 所显示的结果，与手机 App 上股票资金信息相互对应，如图 10.24 所示。

当然，除了获取 API 数据源的方法，如果不想改变思路，或者没找到获取数据源的方法，还应该怎样解决问题呢？

还有一个方法，不过比较传统。因为当日资金数据源只能记录当日信息，所以每日对数据源进行获取与保存。保存到本地的数据源，其实就有了时间的标签。以后再读取本地的数据源，就保证了历史数据的真实性与可靠性。

② 改变思路与数据结构，采用等效替换思路等方法。针对①中传统且费力的人工获取每日记录资金流向的方法改变思路，将思路等效化。

例如，股票换手率可以从 tushare 库中直接获取 turnoverratio 列得到，还可以通过以下公式进行计算：

流通股（liutongliang）=流通市值（nmc）/现价（trade）

换手率（turnover_jisuan）=成交量（volume）/流通股（liutongliang）

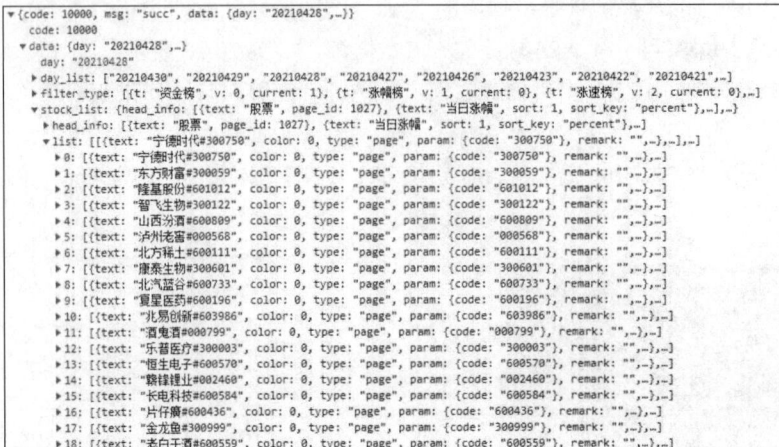

图 10.24　通过网页获取 API 结果

Python 代码如下：

```
import tushare as ts
csv_data=ts.get_today_all()
csv_data["turnoverratio"]=round(csv_data["turnoverratio"],2)  # 换手率保留两位
csv_data["liutongliang"]=csv_data["nmc"]/csv_data["trade"]    # 增加流通盘的列
csv_data["turnover_jisuan"]=csv_data["volume"]/csv_data["liutongliang"]/100   #股/100=手
csv_data["volume"]>20000000                                   # 20 万手
print(csv_data[["turnover_jisuan","turnoverratio"]])
```

其返回结果为：

	turnover_jisuan	turnoverratio
0	1.452595	1.45
1	8.222569	8.22
2	2.423670	2.42
3	2.583774	2.58
4	16.365824	16.37
5	4.386417	4.39
6	5.401681	5.40
7	13.070269	13.07
8	19.311189	19.31
9	3.153813	3.15

10	7.830627	7.83
11	23.988881	23.99
12	6.366016	6.37
13	10.901424	10.90
14	4.812303	4.81
15	7.126648	7.13
16	5.798480	5.80
⋮		
4379	0.000000	0.00
4380	1.373228	1.37
4381	1.085655	1.09
4382	0.764762	0.76
4383	0.173969	0.17
4384	0.137371	0.14
4385	0.806776	0.81

```
[4386 rows x 2 columns]
```

其换手率 turnoverratio 与计算的换手率 turnover_jisuan 的结果是一样的。

如果等效替换思路没有更好的方法，就只能对数据结构的逻辑进行反复的迭代。查看该数据是否为必要数据，如果为必要数据，就只能在此结构上对数据进行每日人工获取记录并保存。

10.4 习题

通过下面的习题来检验本章的学习。

（1）量化就是研究与探索的过程，请结合自身实践，整合数据资源。

（2）将整合的资源用数据可视化的方式显示出来。

第*11*章

实战：策略主体框架研发

量化交易（也称自动化交易）是一种应用数学模型帮助投资者进行判断，并且根据计算机程序发送的指令进行交易的投资方式，它极大地减少了投资者情绪波动的影响。量化交易的主要优势如下：

（1）快速检测。

（2）客观、理性。

（3）自动化。

量化交易的核心是筛选策略，策略也是依靠数学或物理模型来创造，把数学语言变成计算机语言。量化交易的流程是从数据的获取到数据的分析、处理，最后编写交易的主体框架。

本章主要涉及的知识点：

- 数据获取。
- 数据预处理。
- 数据处理与分析。
- 通过本章的示例，演示如何实现 get_data.py 数据主体框架模块化。

11.1　数据获取

数据分析工作的第一步就是获取数据，也就是数据采集。获取数据的方式有很多，一般来讲，数据来源主要分为两大类：外部来源（外部购买、网络爬取、免费开源数据等）和内部来源（自己企业销售数据、财务数据等）。

因为我们不生产数据，所以只能从外部获取数据。其主要获取途径是通过网站 API 及第三方开源库 tushare。

11.1.1　新浪 API 讲解

如果想实时获得某支股票的数据，新浪 API 提供免费接口。下面以 000001 平安银行为例，访问网址"http://hq.sinajs.cn/list=sz000001"，可得如下数据：

```
var hq_str_sz000001="平安银行, 21.530,21.730,20.510,21.650,20.500,20.500,20.510
85586140,1789855548.260,1631519,20.500,45900,20.490,285400,
20.480,35900,20.470,45000,20.460,52500,20.510,108400,20.520,1700,20.530,900,20.540,
57000,20.550,2021-03-19,11:30:00,00";
```

以上这个字符串由许多数据拼接在一起,每个数据以逗号进行分隔,每个位置代表的意义如下:

0：平安银行",股票名称；

1："21.530",今日开盘价；

2："21.730",昨日收盘价；

3："20.510",当前价格；

4："21.650",今日最高价；

5："20.500",今日最低价；

6："20.500",竞买价，即"买一"报价；

7："20.510",竞卖价，即"卖一"报价；

8："85586140",成交的股票数，由于股票交易以 100 股为基本单位，所以在使用时，通常把该值除以 100；

9："1789855548.260",成交金额，单位为"元"，而且为了一目了然，通常以"万元"为成交金额的单位，所以通常把该值除以 10000；

10："1631519"，"买一"数量；

11："20.500"，"买一"报价；

12："45900"，"买二"数量；

13："20.490"，"买二"报价；

14："285400"，"买三"数量；

15："20.480"，"买三"报价；

16："35900"，"买四"数量；

17："20.470"，"买四"报价；

18："45000"，"买五"数量；

19："20.460"，"买五"报价；

20："52500"，"卖一"申报 52500 股，即 525 手；

21："20.510"，"卖一"报价；

(22, 23), (24, 25), (26, 27), (28, 29) 分别为"卖二"至"卖四"的情况；

30："2021-03-19"，日期；

31："11:30:00,00"，时间。

当然，我们不可能每次都手动输入网址，而是要自动输出这些数据。所以在 Jupyter Notebook 下编写 Python 代码如下：

```
import requests
url = "http://hq.sinajs.cn/list=sz000001"
r = requests.get(url)
if r.status_code==200:
    print(r.text)
```

可以获得同样股票数据。

示例非常简单，每个输出元素代表的意义已经在上文中给出，因此这里不进行详细说明。此时获取的只是单支股票的实时数据，股票历史数据 API 如下：

```
http://money.finance.sina.com.cn/quotes_service/api/json_v2.php/CN_MarketData.getKLineData?symbol=sz000001&scale=60&ma=60&datalen=100
# 参数：股票编号、分钟间隔（5、15、30、60）、均值（5、10、15、20、25）、查询个数点（最大值 242）
```

获取的数据是类似下面的 JSON 数组：day（日期）、open（开盘价）、high（最高价）、low（最低价）、close（收盘价）、volume（成交量）等，如图 11.1 所示。

```
▼ 1018:
    day:          "2021-03-19 14:00:00"
    open:         "20.510"
    high:         "20.610"
    low:          "20.400"
    close:        "20.450"
    volume:       "34531900"
    ma_price5:    20.986
    ma_volume5:   29758218
▼ 1019:
    day:          "2021-03-19 15:00:00"
    open:         "20.450"
    high:         "20.490"
    low:          "20.370"
    close:        "20.400"
    volume:       "23465994"
    ma_price5:    20.754
    ma_volume5:   32060993
```

图 11.1　JSON 数组

多股票实时数据及历史数据的获取，也可以使用更加便捷的第三方库，以提高效率。

11.1.2 使用第三方库 tushare 获取历史股票数据

tushare 是一个免费、开源的 Python 财经数据接口包。其主要实现对股票等金融数据从数据采集、清洗加工到数据存储的过程，能够为金融分析人员提供快速、整洁和多样的便于分析的数据，以减轻他们在数据获取方面的工作量。

安装 tushare 库，在 Jupter Notebook 下输入以下命令：

```
%pip install tushare
```

输出结果为：

```
Defaulting to user installation because normal site-packages is not writeable
Looking in indexes: https://pypi.douban.com/simple
Requirement already satisfied: tushare in /usr/local/lib/python3.6/site-packages (1.2.60)
Requirement already satisfied: lxml>=3.8.0 in /usr/local/lib/python3.6/site-packages
(from tushare) (4.5.2)
Requirement already satisfied: simplejson>=3.16.0 in /usr/local/lib/python3.6/site-
packages (from tushare) (3.17.2)
Requirement already satisfied: bs4>=0.0.1 in /usr/local/lib/python3.6/site-packages
(from tushare) (0.0.1)
Requirement already satisfied: websocket-client>=0.57.0 in /usr/local/lib/python3.6/
site-packages (from tushare) (0.57.0)
Requirement already satisfied: requests>=2.0.0 in /usr/local/lib/python3.6/site-
packages (from tushare) (2.23.0)
Requirement already satisfied: beautifulsoup4 in /usr/local/lib/python3.6/site-packages
(from bs4>=0.0.1->tushare) (4.9.1)
Requirement already satisfied: six in /usr/local/lib/python3.6/site-packages (from
websocket-client>=0.57.0->tushare) (1.14.0)
Requirement already satisfied: urllib3!=1.25.0,!=1.25.1,<1.26,>=1.21.1 in /usr/local/lib/
python3.6/site-packages (from requests>=2.0.0->tushare) (1.25.8)
Requirement already satisfied: idna<3,>=2.5 in /usr/local/lib/python3.6/site-packages
(from requests>=2.0.0->tushare) (2.9)
Requirement already satisfied: certifi>=2017.4.17 in /usr/local/lib/python3.6/site-
packages (from requests>=2.0.0->tushare) (2020.6.20)
Requirement already satisfied: chardet<4,>=3.0.2 in /usr/local/lib/python3.6/site-
packages (from requests>=2.0.0->tushare) (3.0.4)
Requirement already satisfied: soupsieve>1.2 in /usr/local/lib/python3.6/site-packages
(from beautifulsoup4->bs4>=0.0.1->tushare) (2.0.1)
Note: you may need to restart the kernel to use updated packages.
```

重启 Kernel，然后输入以下命令：

```
import tushare
print("tushare 版本号{}".format(tushare.__version__))
```

输出结果为：

```
tushare 版本号 1.2.60
```

获取个股历史交易数据（包括均线数据），用户可以通过参数设置获取日 K 线、周 K 线、月 K 线，以及 5 分钟、15 分钟、30 分钟和 60 分钟 K 线数据。本接口只能获取近 3 年的日线数据，适合搭配均线数据进行选股和分析。Python 代码如下：

```
import tushare as ts
ts.get_hist_data('000001')  #一次性获取全部日 K 线数据
'''
参数说明如下。
code：股票代码，即 6 位数字代码，或者指数代码（sh=上证指数、sz 表示深圳成指、hs300 表示沪深、300 指数、sz50 表示上证 50、zxb 表示中小板、cyb 表示创业板）；
start：开始日期，格式 YYYY-MM-DD
end：结束日期，格式 YYYY-MM-DD
ktype：数据类型，D 表示日 K 线、W 表示周、M 表示月、5 表示 5 分钟、15 表示 15 分钟、30 表示 30 分钟、60 表示 60 分钟，默认为 D；
retry_count：当网络异常后重试次数，默认为 3；
pause：重试时停顿秒数，默认为 0；
例如：
ts.get_hist_data('000001', ktype='W')          #获取周 K 线数据
ts.get_hist_data('000001', ktype='M')          #获取月 K 线数据
ts.get_hist_data('000001', ktype='5')          #获取 5 分钟 K 线数据
ts.get_hist_data('000001', ktype='15')         #获取 15 分钟 K 线数据
ts.get_hist_data('000001', ktype='30')         #获取 30 分钟 K 线数据
ts.get_hist_data('000001', ktype='60')         #获取 60 分钟 K 线数据
ts.get_hist_data('sh')                         #获取上证指数 K 线数据
ts.get_hist_data('sz')                         #获取深圳成指 K 线数据
ts.get_hist_data('hs300')                      #获取沪深 300 指数 K 线数据
ts.get_hist_data('000001',start='2021-01-01',end='2021-03-20')
#获取 000001 从 2021-01-01 到 2021-03-20 的 K 线数据
'''
```

运行结果显示如下：

```
date          open    high    close   low     volume      price_change  p_change
ma5    ma10    ma20    v_ma5   v_ma10  v_ma20  turnover
 2021-03-19   21.53   21.65   20.47   20.37   1525622.25  -1.26         -5.80    21.332
21.226  21.679  987430.82   1018810.00  1238724.05  0.79
 2021-03-18   21.30   21.73   21.73   21.00   691610.19   0.53          2.50     21.534
21.413  21.848  821746.50   954264.92   1208572.09  0.36
 2021-03-17   21.45   21.55   21.20   20.90   821488.62   -0.46         -2.12    21.442
21.532  21.976  893156.34   1006461.84  1249253.13  0.42
 2021-03-16   21.60   22.11   21.66   21.27   939684.31   0.06          0.28     21.282
21.713  22.107  958741.91   1116276.50  1304122.04  0.48
 2021-03-15   21.40   22.12   21.60   21.11   958748.75   0.12          0.56     21.120
```

```
 21.712    22.253    1043184.13    1169650.58    1304242.50    0.49
  2021-03-12   21.37    21.70    21.48    21.20    697200.62    0.21    0.99    21.120
 21.697    22.413    1050189.18    1186314.36    1310518.30    0.36
  2021-03-11   20.58    21.38    21.27    20.56    1048659.38    0.87    4.26    21.292
 21.687    22.586    1086783.34    1229092.02    1326437.05    0.54
```

返回值说明如下。

date：日期；

open：开盘价；

high：最高价；

close：收盘价；

low：最低价；

volume：成交量；

price_change：价格变动；

p_change：涨跌幅；

ma5：5 日均价；

ma10：10 日均价；

ma20：20 日均价；

v_ma5：5 日均量；

v_ma10：10 日均量；

v_ma20：20 日均量；

turnover：换手率（注：指数无此项）。

11.1.3　使用第三方库 tushare 获取所有股票即时数据

个股历史交易数据属于延迟数据。面对即时变动的价格数据，我们可以使用更加便捷的当日实时行情，以便在 Python 量化中快速把握行情，选择出当日符合条件的优秀股票。

下面使用第三方库 tushare 中的 get_today_all()函数获取所有股票的即时数据（如果是节假日，即为上一交易日）。代码如下：

```python
import tushare as ts
ts.get_today_all()
```

运行结果为：

```
[Getting data:]############################################
     code      name changepercent trade     open      high     low  settlement    volume
turnoverratio amount        per       pb       mktcap       nmc
0    688981    中芯国际   0.800    55.41    55.00    55.68    54.89    54.97    14030653
1.28057  776340936   0.000    4.208    4.375368e+07  6.071013e+06
1    688819    天能股份   1.683    49.53    48.80    50.60    48.80    48.71    7841343
```

```
7.75923 391190396     0.000     7.152     4.814811e+06 5.005418e+05
 2   688788   科思科技   3.161   106.05   103.20   107.11   101.92   102.80   417281
2.50900 43674350 26.740   7.487     8.010405e+05 1.763755e+05
 3   688777   中控技术   1.436   74.18   73.28   74.80   73.28   73.13   663585
1.70007 49111790 0.000     15.504   3.665115e+06 2.895459e+05
 4   688699   明微电子   1.205   67.20   66.68   67.83   65.06   66.40   1247584
7.37591 83237221 46.345   9.527     4.997530e+05 1.136642e+05
 5   688698   伟创电气   1.188   17.88   17.76   18.05   17.47   17.67   1856376
5.06874 33072306 41.581   7.298     3.218400e+05 6.548369e+04
 6   688696   极米科技   -1.224   484.00   515.00   515.00   481.30   490.00   688184
6.66049 342939886     67.503   23.215   2.420000e+06 5.000853e+05
 7   688689   银河微电   1.115   23.58   23.55   23.98   23.20   23.32   1835648
6.28576 43435401 42.107   4.083     3.027672e+05 6.886129e+04
 8   688687   凯因科技   1.577   27.05   26.62   27.27   26.58   26.63   1520589
3.93693 41069441 61.477   4.165     4.593859e+05 1.044771e+05
 9   688686   奥普特   -0.889   254.22   252.01   262.19   245.13   256.50   260430
1.52762 65736192 73.884   22.643   2.096696e+06 4.333967e+05
 10   688680   海优新材   2.152   115.80   113.13   115.98   112.30   113.36   688364
3.56070 78955155 106.239   11.301   9.729516e+05 2.238676e+05
                       ⋮
4313 600228   ST 昌九   1.838   12.19   12.00   12.30   11.86   11.97   2027901
0.84034 24596162 -101.583 110.617   1.003562e+06 2.941691e+05
4314 600226   *ST 瀚叶   -4.947   2.69   2.81   2.85   2.69   2.83   62537773
2.55266 170627708 -12.227 2.253     8.417044e+05 6.590253e+05
4315 600225   *ST 松江   5.000   1.89   1.82   1.89   1.82   1.80   3424964
0.36712 6408758 -1.929   -12.634   1.768081e+05 1.763226e+05
4316 600221   *ST 海航   5.072   1.45   1.42   1.45   1.42   1.38   71111526
0.43266 102844237 181.250 0.780     2.436887e+06 2.383220e+06
4317 rows × 15 columns
```

返回值说明如下。

code：代码；

name：名称；

changepercent：涨跌幅；

trade：现价；

open：开盘价；

high：最高价；

low：最低价；

settlement：昨日收盘价；

volume：成交量；

turnoverratio：换手率；

amount：成交金额；

per：市盈率；

pb：市净率；

mktcap：总市值；

nmc：流通市值；

rows：行数；

columns：列数。

数据的获取是数据研究的根本。一个快速、准确而稳定的 API 会极大缩短个人获取数据的时间，从而将研究者的精力更多地投入数据处理与建模中。tushare 库也是笔者获取数据的主要方式之一，它为量化工作提供了稳定而强大的数据来源，从而使数据的采集简单地使用一行代码就可以实现。

11.2　数据预处理

无论是量化策略还是单纯的机器学习项目，数据预处理都是非常重要的一环。从量化学习的视角来看，数据预处理主要包括数据清洗、排序、缺失值或异常值处理、统计量分析、相关性分析和主成分分析（PCA）等。

因为先前本书采集的都是规整股票数据，因此本章要介绍的数据预处理就是预先剔除掉不符合条件的股票数据，然后对剩余股票进行优化筛选。本章主要使用的是 Pandas 库，读者应该着重理解筛选思路。

11.2.1　清洗掉 ST 股票

ST 股票通常表示对财务状况或其他状况出现异常的上市公司股票，对其交易要进行特别处理（Special Treatment）。由于"特别处理"，在简称前冠以 ST，因此这类股票称为 ST 股。

哪支股票的名称前加上 ST，就是给市场一个警示，该股票存在投资风险，起警告作用，但这种股票风险大，收益也大，如果加上*ST，就表示该股票有退市风险，要警惕的意思，具体就是在 2021 年 4 月左右，如果公司向证监会交的财务报表连续 3 年亏损，就有退市的风险。股票的交易规则也由报价日涨跌幅限制为涨幅 5%、跌幅 5%。

我们要回避这类"地雷股"（ST 股票），因而可以使用如下代码来清洗掉 ST 股票。

```
import tushare as ts
csv_data=ts.get_today_all()
csv_data[~csv_data.name.str.contains('ST')]
```

我们对 csv_data 的 name 列进行操作，筛选出包含 ST 字母的行，并对整个 DataFrame 取反，进而筛选出不含 ST 股票的行。经过观察，我们发现在运行结果中没有 ST 股票，股票行数也变成 4019 行，实现了数据的初步清洗。

11.2.2　清洗掉没成交量的股票

首先要明确定义，什么是没有成交量的股票。没有成交量不是成交量为零，而是一支股票单位时间的成交量不活跃。成交量是反映股市上人气聚散的一面镜子。人气旺盛、买卖踊跃，成交量自然放大；相反人气低迷、买卖不活跃，成交量必定萎缩。成交量是观察庄家大户动态的有效途径。市面上也有诸多介绍"量价关系"原理与形态的书籍，这里笔者不作太多讲解，想了解的读者可以自己去深入研究一下。

下面开始清洗没成交量的股票，在原来的基础上增加代码如下：

```
import tushare as ts
csv_data=ts.get_today_all()
csv_data=csv_data[~csv_data.name.str.contains('ST')]
csv_data[csv_data["volume"]>15000000]#15 万手
```

在以上代码中，我们对 csv_data 的 volume 列进行操作。15 万手是过滤掉不活跃、没成交量的股票，主要以小盘股居多。

其运行结果为：

	code	name	changepercent	trade	open	high	low	settlement	volume
turnoverratio	amount		per	pb		mktcap	nmc		
249	605368	蓝天燃气	10.000	17.05	15.48	17.05	15.32	15.50	16748571
25.57034	277325539		20.793	3.863		7.889069e+05	1.116775e+05		
263	605268	王力安防	4.876	15.70	15.01	16.35	14.72	14.97	15430630
23.03079	239167466		27.544	5.751		6.845200e+05	1.051900e+05		
267	605228	神通科技	4.855	11.23	10.93	11.46	10.80	10.71	23589105
29.48638	262184723		33.029	4.037		4.716600e+05	8.984000e+04		
270	605208	永茂泰	10.021	26.02	24.58	26.02	24.22	23.65	21029863
44.74439	529247256		21.154	2.951		4.891760e+05	1.222940e+05		
281	605166	聚合顺	1.031	10.78	10.98	11.26	10.51	10.67	17760801
22.51423	192777074		25.667	3.055		3.401597e+05	8.504019e+04		
⋮									
4258	600710	苏美达	3.538	5.56	5.37	5.62	5.34	5.37	43159132
3.30279	238031463		16.353	1.393		7.265527e+05	7.265527e+05		
4262	600691	阳煤化工	-1.056	2.81	2.83	2.84	2.77	2.84	23080800
1.31410	64767070		-12.738	1.423		6.676509e+05	4.935458e+05		
4271	600644	乐山电力	3.317	6.23	6.17	6.35	6.14	6.03	26818019
4.98105	167495215		37.598	2.019		3.354236e+05	3.354236e+05		
992 rows × 15 columns									

Index 出现了调行现象，即为去掉成交量小于 15 万手的股票。股票行数也由 4019 行变成 992 行。

11.2.3 清洗掉成交额过小的股票

成交额是成交价格与成交数量的乘积，它是指当天已成交股票的金额总数。成交量的多少取决于市场的投资热情。我们每天看大盘，一个重要的指标就是大 A 股成交量是否超过一万亿元，超过即为成交活跃。

筛选成交额超过 1 亿元的股票，代码如下：

```
import tushare as ts
csv_data=ts.get_today_all()
csv_data=csv_data[~csv_data.name.str.contains('ST')]
csv_data=csv_data[csv_data["volume"]>15000000]          #15 万手
csv_data["amount"]=round(csv_data["amount"]/100000000,2) #1 亿元，保留两位
csv_data[(csv_data["amount"]>1)]
```

其运行结果是 853 行。筛选股票的数量没有锐减，这是因为成交额=成交价格×成交量。有些股票价格低，成交量巨大，乘积刚刚超过 1 亿元；有些股票价格高，成交量相对小一些，乘积仍然超过 1 亿元。同成交额，2 元股票相对于 20 元与 200 元股票，其成交量相差 10 倍到 100 倍之多。同成交量，有些股票成交额为 100 亿元，相对于成交额仅有 1 亿元的股票，也有百倍之多。

用户可以对 1 亿元这个参数进行调参，不过笔者不是特别支持。因为将成交额变大即是对大盘股产生偏重，而前面成交量的筛选也已经对大盘股的成交量进行了偏重筛选，这样双重筛选下来，就会全部变成大盘股，数据偏置严重，没有合理性。预处理的思想也是先将数据进行简单的筛选。笔者认为后期的策略相对于这里的调参更为重要，策略是日后交易的核心。

11.2.4 清洗掉换手率低的股票

换手率=某一段时期内的成交量/流通总股数×100%。一般情况下，大多数股票每日换手率在 1%～2.5%之间（不包括初上市的股票）。70%股票的换手率基本在 3%以下，3%就成为一种分界。当一支股票的换手率在 3%～7%之间时，该股进入相对活跃状态。当换手率在 7%～10%之间时，则为强势股的出现，股价处于高度活跃中。

筛选换手率超过 3 的股票，代码如下：

```
import tushare as ts
csv_data=ts.get_today_all()
csv_data=csv_data[~csv_data.name.str.contains('ST')]
csv_data=csv_data[csv_data["volume"]>15000000]#15 万手
csv_data["amount"]=round(csv_data["amount"]/100000000,2)      #1 亿元，保留两位
csv_data=csv_data[(csv_data["amount"]>1)]
csv_data["liutongliang"]=csv_data["nmc"]/csv_data["trade"]    #增加流通盘的列
csv_data["turnoverratio"]=round(csv_data["turnoverratio"],2)  #换手率保留两位
csv_data[csv_data["turnoverratio"]>3]
```

其运行结果是 457 行，筛选股票的数量减半。换手率低于 3%当然也有不错的股票，但是根据正态分布，我们不选取小概率事件。选择换手率较好的股票，意味着该支股票的交投越活跃，人们购买该支股票的意愿越高，该股票属于热门股。

换手率高一般意味着股票流通性好，进出市场比较容易，不会出现想买买不到、想卖卖不出的现象，具有较强的变现能力。然而值得注意的是，换手率较高的股票，往往也是短线资金追逐的对象，投机性较强，股价起伏较大，风险也相对较大。

11.2.5 将换手率降序排列并保存数据

换手率是最重要的一个指标，所以将筛选出来的股票换手率进行降序排列并保存，以备日后取证与研究。

降序排列用 sort_values()函数，保存用 to_csv()函数。这两个函数都很常用，也比较简单。代码如下：

```
import tushare as ts
csv_data=ts.get_today_all()
csv_data=csv_data[~csv_data.name.str.contains('ST')]
csv_data=csv_data[csv_data["volume"]>15000000]          #15 万手
csv_data["amount"]=round(csv_data["amount"]/100000000,2)  #1 亿元，保留两位
csv_data=csv_data[(csv_data["amount"]>1)]
csv_data["liutongliang"]=csv_data["nmc"]/csv_data["trade"]  #增加流通盘的列
csv_data["turnoverratio"]=round(csv_data["turnoverratio"],2)  #换手率保留两位
csv_data=csv_data[csv_data["turnoverratio"]>3]
csv_data=csv_data.sort_values(by="turnoverratio", ascending=False)
csv_data.to_csv("data 当日数据.txt",encoding = "utf-8")
```

经过一系列的数据清洗与筛选，选择出符合要求的股票数据并保存到 Jupter Notebook 中。我们将上述代码进行函数化处理，并命名为 get_data.py。

```
impor t tushare as ts
def  today_data():
    csv_data=ts.get_today_all()
    csv_data=csv_data[~csv_data.name.str.contains('ST')]
    csv_data=csv_data[csv_data["volume"]>15000000]          #15 万手
    csv_data["amount"]=round(csv_data["amount"]/100000000,2)  #1 亿元，保留两位
    csv_data=csv_data[(csv_data["amount"]>1)]
    csv_data["liutongliang"]=csv_data["nmc"]/csv_data["trade"]  #增加流通盘的列
    csv_data["turnoverratio"]=round(csv_data["turnoverratio"],2)  #换手率保留两位
    csv_data=csv_data[csv_data["turnoverratio"]>3]
    csv_data=csv_data.sort_values(by="turnoverratio", ascending=False)
    return csv_data
```

以后，只要运行如下代码，就会将得到的 **csv_data** 显示出来：

```
impor t get_data
get_data.today_data()
```

模块化后，将去掉大量重复代码，更加专注一个功能，也会增强代码的可读性。

11.2.6 扩展题

（1）在使用 tushare 库时，会遇到某些股票有缺失值或异常值情况。异常股票数据如下：

325	603988	中电电机	0.0	12.480	0.0	0.0	0.0	12.480	0	0.0	0	26.000	3.873	2.935296e+05	2.935296e+05
1261	600707	彩虹股份	0.0	11.800	0.0	0.0	0.0	11.800	0	0.0	0	655.556	2.251	4.234300e+06	2.920394e+06
2403	300362	天翔环境	0.0	0.000	0.0	0.0	0.0	1.490	0	0.0	0	-0.340	-0.374	6.511288e+04	4.165372e+04
2616	300145	中金环境	0.0	0.000	0.0	0.0	0.0	2.890	0	0.0	0	289.000	1.132	5.558737e+05	5.104660e+05
3397	002369	卓翼科技	0.0	0.000	0.0	0.0	0.0	5.390	0	0.0	0	59.889	1.570	3.108786e+05	3.103524e+05

怎样去掉缺失值或异常值？

（2）高频使用 tushare 库中的 get_today_all()函数会令服务器负担增大，出现以下错误代码（HTTPError: HTTP Error 456:），导致数据没法获取，程序无法继续运行，此时需要一个或两个方案来解决 get_today_all()报错的问题。

```
[Getting data:]########
-------------------------------------------------------------------------
HTTPError
...
/usr/local/lib/python3.6/urllib/request.py in http_error_default(self, req, fp, code, msg, hdrs)
    648 class HTTPDefaultErrorHandler(BaseHandler):
    649 def http_error_default(self, req, fp, code, msg, hdrs):
--> 650 raise HTTPError(req.full_url, code, msg, hdrs, fp)
    651
    652 class HTTPRedirectHandler(BaseHandler):

HTTPError: HTTP Error 456:
```

（3）统计量分析、相关性分析、主成分分析（PCA）等都与统计分析相关，笔者为什么在数据预处理时没有提及？

答案：

（1）在这里介绍一下缺失值或异常值处理。通过观察发现，异常值所在行的价格为0。这是因为 tushare 库在爬取网站时会遇到一些特殊情况或者爬不到的情况，使用 0 进行占位。而价格为 0 本身是没有任何意义的，可以删掉其所在行。

用户可以通过如下代码删掉异常值：

```
csv_data=csv_data[~csv_data['open'].isin([0])] #过滤开盘异常
```

（2）获取所有股票的 6 位数字代码，使用 ts.get_realtime_quotes()函数获取数据，然后进行数据组合。

（3）至于统计量分析、相关性分析、主成分分析（PCA）等都是与统计分析相关的，笔者认为这些分析都是基于几支股票或几类股票去研究，大多数基于长趋势，也不是实时量化所关注的重点，在这里略过。

11.3　数据后续处理

此处的数据后续处理不同于数据挖掘后处理，仅指对 11.2 节所得结果进行后续深入处理。

11.3.1　遍历筛选股票

遍历一般是使用 for 循环来实现，我们将模块化后筛选的当日 400 多支股票进行遍历操作。

```
impor t get_data
csv_data=get_data.today_data()
for code in csv_data.code:
    print(code )
```

运行结果为：

```
[Getting data:]#############################################300955
002996
605368
003037
688609
600956
003035
003039
...
002539
002067
300077
000883
```

11.3.2　跳过停牌等问题股票

当用 tushare 获取股票时，是获取全部，不会跳过当日停牌股票。这样给我们后续工作造成很大的困难，因为在遍历时，所有股票都是使用当日数据，停牌股票使用的是停牌日数据。编写指标都是关于时间的函数，停牌股时间长度有问题，技术指标会失真，当日结果也会报错。

笔者使用对比时间长度的方法跳过停牌股。例如，002647 仁东控股于 2021 年 3 月 9 停牌，其近 20 日中成交日比标准 20 日的成交日要少交易 5 天。只要遍历成交日比标准交易日少的股票，就是异常停牌过。

接下来，我们需要编写函数求构造时间（time_start()）、标准交易日天数（time_jg()）、个股交易日天数（len_fangzhi_szcode(szcode,start_time,today_time)）、re 正则表达式（gu_zhengze_sz(code)）。详细代码如下：

```python
import get_data
from datetime import datetime, date,timedelta
import re
import time
import tushare as ts

global pro   #在使用前初次声明
ts.set_token('b31e0ac207a5a45e0f7503aff25bf6bd929b88fe1d017a034ee0d530')
pro = ts.pro_api()

def gu_zhengze_sz(code):
    if re.match(r'^6.*',code):
        i_code_temp=code+'.SH'
    if re.match(r'^(0|3).*',code):
        i_code_temp=code+'.SZ'
    return i_code_temp
def len_fangzhi_szcode(szcode,start_time,today_time):
    time_=pro.daily(ts_code=szcode,start_date=start_time,end_date=today_time)
['trade_date']
    return len(time_)
def len_fangzhi(start_time,today_time):
    time_=pro.daily(ts_code='000001.SZ',start_date=start_time, end_date=today_time)
['trade_date']
    print("{}到{}一共{}天".format(start_time,today_time,len(time_)))     #两时间间距 15 天
    return len(time_),time_[0],time_[1]
def time_jg():
    len_time,time_0,time_1=len_fangzhi(start_time,today_time)
    if str(datetime.now())[11:13]<=str(15):
        time_t=time_0
    else:
        time_t=time_1
    #print(str(datetime.now())[11:13]==time_t)                        #False
    print("fc 时间",time_t)                                            #fc 时间 20200408
    return time_t,len_time
def time_start():
    """今天时间 today_time 格式 20200307"""
    today_time=str(datetime.now())[:11]
    start_time=str(datetime.now() - timedelta(days=20))[:11]
    today_time= re.sub(r'\D', "",today_time)
    start_time= re.sub(r'\D', "",start_time)
```

```
    #('20200731', '20200820', '16:12')
    return start_time,today_time,str(datetime.now())[11:16]

csv_data=get.get_data()
start_time,today_time,today_hour=time_start()#时间('20200731', '20200820', '16:12')
time_t,len_time=time_jg()
for code in  csv_data.code:
    szcode=gu_zhengze_sz(code)
    len_time_sz=len_fangzhi_szcode(szcode,start_time,today_time)
    print(code,' , 该股票在近 20 日中成交日{}天'.format(len_time_sz))
```

运行结果为:

```
 [Getting data:]##########################################
20210304 到 20210324 一共 15 天
fc 时间 20210323
300955,该股票在近 20 日中成交 1 天
002996,该股票在近 20 日中成交 15 天
605368,该股票在近 20 日中成交 15 天
003037,该股票在近 20 日中成交 15 天
688609,该股票在近 20 日中成交 2 天
600956,该股票在近 20 日中成交 15 天
003035,该股票在近 20 日中成交 15 天
003039,该股票在近 20 日中成交 13 天
300945,该股票在近 20 日中成交 15 天
002893,该股票在近 20 日中成交 15 天
000007,该股票在近 20 日中成交 15 天
300140,该股票在近 20 日中成交 15 天
600212,该股票在近 20 日中成交 14 天
002174,该股票在近 20 日中成交 15 天
...
601995,该股票在近 20 日中成交 15 天
600255,该股票在近 20 日中成交 14 天
600166,该股票在近 20 日中成交 15 天
600075,该股票在近 20 日中成交 15 天
600710,该股票在近 20 日中成交 15 天
```

近 20 日是 20210304 到 20210324,标准成交日一共 15 天。

以上结果从第四行开始,股票按换手率降序排列,后面是该股票在近 20 日中成交日天数。我们发现,近 20 日 300955 成交日只有 1 天,说明该股票今天上市。688609 同样是新股。003039 与 600212 成交日少于标准交易日,说明近 20 日停牌过。

我们要去掉停牌异常的股票,需要在 for 循环里追加 if 判断语句。追加代码如下:

```
if len_time_sz<=len_time-1:#追加判断语句,去掉停牌股票
    continue
```

这次我们遍历了筛选的股票,成交天数都是 15 天。将上述代码进行函数化处理,并保存到

get_data.py。代码如下：

```
def main():
    csv_data=get.get_data()
    start_time,today_time,today_hour=time_start()#时间('20200731', '20200820', '16:12')
    time_t,len_time=time_jg()
    for code in  csv_data.code:
        szcode=gu_zhengze_sz(code)
        len_time_sz=len_fangzhi_szcode(szcode,start_time,today_time)
        print(code,'  ,该股票在近20日中成交日{}天'.format(len_time_sz))
        if len_time_sz<=len_time-1:#追加判断语句，去掉停牌股票
        continue
```

以后可以使用 get_data.main() 函数运行程序。

11.3.3 编写 get_ma50.py 获取 MA50 日线

股价 50 日均线是股票短期重要压力与支撑位，如图 11.2 所示。

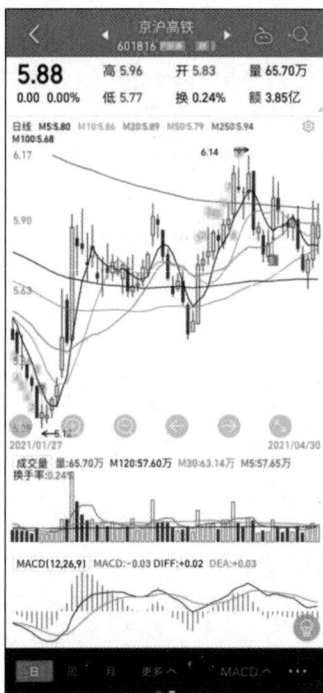

图 11.2 股价 50 日均线为重要支撑位

价格上穿 50 日均线对应 MACD 指标中的 DIFF 上穿 "0 轴线"。无论是均线理论还是 MACD 理论，都是股价走好的预兆。如果股价正式站稳 50 日均线，预示着股价有上涨的可能性，并且有的第

三方库会给 MA50 价格均线，有的不会给这个均线指标。获取收盘价格数据、制作均线指标是量化的基本操作。

我们先要熟悉一个 funcat 库。funcat 库是将同花顺、通达信等公式移植到了 Python 中，也就是说，同花顺里有的函数，funcat 库都可以一模一样地实现。

funcat 库安装命令：pip install funcat。

funcat API：

```
## API
### 行情变量

- 开盘价：'OPEN' 'O' 'o'
- 收盘价：'CLOSE' 'C' 'c'
- 最高价：'HIGH' 'H' 'h'
- 最低价：'LOW' 'L' 'l'
- 成交量：'VOLUME' 'V' 'v'


### 工具函数

- n 天前的数据：'REF' 'ref'
''' Python
REF(C, 10)                  # 10 天前的收盘价
'''


- 均线：'MA' 'ma'
''' Python
MA(C, 60)                   # 60 日均线
'''


- 金叉判断：'CROSS' 'cross'
''' Python
CROSS(MA(C, 5), MA(C, 10))  # 5 日均线上穿 10 日均线
'''


- 两个序列取最小值：'MIN' 'minimum'
''' Python
MIN(O, C)                   # K 线实体的最低价
'''


- 两个序列取最大值：'MAX' 'maximum'
''' Python
MAX(O, C)                   # K 线实体的最高价
'''


- n 天都满足条件：'EVERY' 'every'
''' Python
```

```Python
EVERY(C > MA(C, 5), 10)     # 最近 10 天收盘价都大于 5 日均线
'''
```

- n 天内满足条件的天数：'COUNT' 'count'
```Python
COUNT(C > O, 10)                # 最近 10 天收阳线的天数
'''
```

- n 天内最大值：'HHV' 'hhv'
```Python
HHV(MAX(O, C), 60)          # 最近 60 天 K 线实体的最高价
'''
```

- n 天内最小值：'LLV' 'llv'
```Python
LLV(MIN(O, C), 60)          # 最近 60 天 K 线实体的最低价
'''
```

- 求和 n 日数据：'SUM' 'sum'
```Python
SUM(C, 10)                      # 求和 10 天的收盘价
'''
```

自定义公式示例
DMA 指标（Different of Moving Average）又称为平行线差指标，是目前股市分析技术指标中的一种中短
期指标，它常用于大盘指数和个股的研判

```Python
M1 = 10
M2 = 50
M3 = 10

DDD = MA(CLOSE, M1) - MA(CLOSE, M2)
AMA = MA(DDD, M3)

print(DDD, AMA)
'''
```

以后，我们会对 funcat 库及函数构造多种指标进行单独的讲解。下面先了解 funcat 库的使用方法。

```
'''
## 单股票研究
'''Python
from funcat import *
from funcat.data.tushare_backend import TushareDataBackend

set_data_backend(TushareDataBackend())
```

```
# 设置目前天数为 2017 年 1 月 4 日
T("20170104")
# 设置关注股票为上证指数
S("000001.XSHG")

# 打印 Open High Low Close
>>> print(O, H, L, C)
3133.79 3160.1 3130.11 3158.79

# 当天涨幅
>>> C / C[1] - 1
0.0072929156356

# 打印 60 日均线
>>> MA(C, 60)
3154.78333333

# 判断收盘价是否大于 60 日均线
>>> C > MA(C, 60)
True

# 30 日最高价
>>> HHV(H, 30)
3301.21

# 最近 30 日，收盘价大于 60 日均线的天数
>>> COUNT(C > MA(C, 60), 30)
17

# 10 日均线上穿
>>> CROSS(MA(C, 10), MA(C, 20))
False
'''


## DataBackend
默认实现了一个从 tushare 库中实时拉数据选股的 Backend

为了更高的性能，可以自定义 Backend 使用本地数据。这样可以极大地提高运行速度

## TODO
- EMA
- MACD
- KDJ
- BOLL
```

了解 funcat 库的用法之后，我们可以在 11.3.2 小节的 get_data.main() 函数中继续增加以下代码：

```
listr=other.fc_get(szcode[:6],start_time,time_0,time_1)
```

fc_get()函数代码如下：

```
def fc_get(code,start_time,time_0,time_1):
    if str(datetime.now())[11:13]<=str(15):
        time_t=time_0
    else:
        time_t=time_1
    S(code)
    T(time_t)
    try:
        #print(HHV(H,10),":::::,日期报错,funcat hhv 的问题。")
        print(code[:6],"fc 时间{}".format(time_t),str(CLOSE),str(100*MA(V,5)),str(100*MA
(V,30)),str(100*MA(V,120)),HHV(H,10),LLV(L,10),MA(CLOSE,50))
        return (code[:6],"fc 时间{}".format(time_t),str(CLOSE),str(100*MA(V,5)),str
(100*MA(V,30)),str(100*MA(V,120)),HHV(H,10),LLV(L,10),MA(CLOSE,50))
    except:
        return
```

以 2021 年 4 月 30 日为例，other.fc_get()函数的返回值为：

```
[Getting data:]############################################20210412 到 20210502 一共 15 天
20210412 到 20210502 一共 15 天
fc 时间 20210430
 ('300966', 'fc 时间 20210430', '65.04', '13836179.999999998', 'nan', 'nan', 66.58, 31.96, nan)
 ('003040', 'fc 时间 20210430', '31.69', '29308380.0', 'nan', 'nan', 32.74, 25.78, nan)
 ('002997', 'fc 时间 20210430', '18.29', '17017040.0', '8827293.333333334', '4369770.833333334',
26.54, 17.5, 17.161800000000007)
 ('000908', 'fc 时间 20210430', '6.88', '157327820.0', '85623236.66666667', '41483332.5',
7.22, 5.0, 4.70839999999997)
 ('002581', 'fc 时间 20210430', '17.07', '25947920.0', '13755536.666666666', '16343268.333333332',
17.07, 9.06, 10.398799999999962)
```

我们设定返回结构形式为：（股票代码 code、funcat 获取数据时间、成交量 5 日线、成交量 30 日线、成交量 120 日线、近 10 日最高价 HHV、近 10 日最低价 LLV、价格 50 日均价）。

例如，other.fc_get()函数返回值中第 5 条数据的解析如下。

- 股票代码 code：002581（未名医药）。
- funcat 获取数据时间：fc 时间 20210430。
- 收盘价：'17.07'。
- 成交量 5 日线：'25947920.0'。
- 成交量 30 日线：'13755536.666666666'。
- 成交量 120 日线：'16343268.333333332'。
- 近 10 日最高价 HHV：17.07。
- 近 10 日最低价 LLV：9.06。

● 价格 50 日均价：10.398799999999962。

使用 funcat 库获取的数据结果与未名医药（002581）股票数据一致，如图 11.3 所示。在 other.fc_get() 函数返回的第 1 条数据中，成交量 30 日线、成交量 120 日线、价格 50 日均价均显示 nan，这是因为共同药业（300966）是次新股，上市时间是 4 月 9 日。上市时间在 4 月 12 日前且上市时间累计不够 50 个交易日，所以 MA50 会显示 nan，共同药业（300966）股价如图 11.4 所示。

以后我们会使用 fillna 方法填充 nan 值，而不是简单地使用 dropna 删掉 nan 值。使用近 10 日最低价（L_10）进行填充，代码如下：

```
data_["MA_C_50"].fillna(data_["L_10"],inplace=True)
```

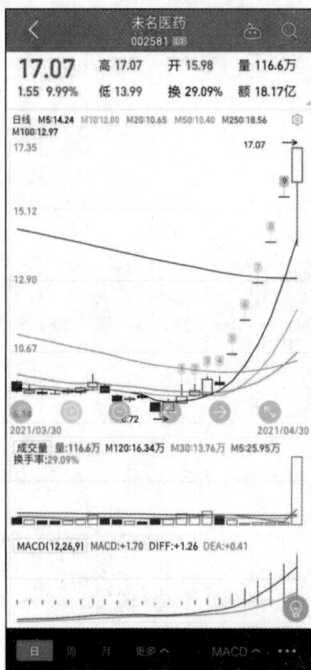

图 11.3　未名医药（002581）走势图　　　图 11.4　共同药业（300966）股价

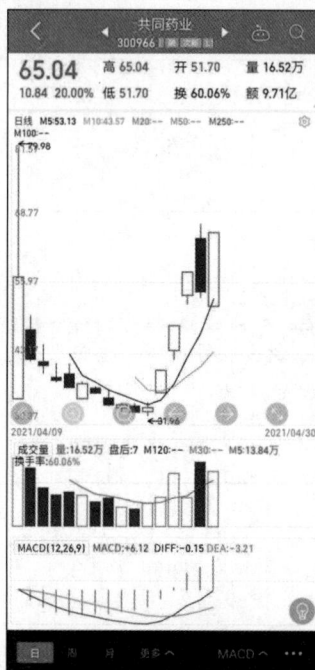

11.3.4　保存 MA50 数据并优化代码

我们可以使用 to_csv() 函数对数据进行本地保存，然后给列数命名，如果列数与命名列数相同，就再次保存数据。

Python 代码如下：

```
if len_time_sz<=len_time-1:
    continue
if today_time!=time_0 or (str(datetime.now())[11:13]>str(15)):
    listr=other.fc_get(szcode[:6],start_time,time_0,time_1)
```

```
list_collect.append(listr)
df_mongo=pd.DataFrame(list_collect)
df_mongo.to_csv("data_gp/get_ma120.txt",encoding = "utf-8")

columns_name=["code","time","close_yestday","MA_5","MA_30","MA_120","H_10",
"L_10","MA_C_50"]
if len(df_mongo.columns)==len(columns_name):
    df_mongo=pd.DataFrame(list_collect,columns=columns_name)
    df_mongo.to_csv("data_gp/get_ma120.txt",encoding = "utf-8")
```

代码优化说明如下：

（1）保存两次。

保存两次是优化的一个结果。因为有时修改 other.fc_get()函数而没有修改 columns_name 中的列。如果按 len(df_mongo.columns)==len(columns_name)，会造成报错。所以先保存一次，这样数据是必然有的，且不用重复回测运行代码，减少工作量。如果列数相同，就将列名称也保存到 DataFrame 中。

（2）对可能出现的问题报错。

1）columns_name 与 fc_get()函数返回列数不一致时，数据是保存的，并且如果满足 len(df_mongo.columns)! =len(columns_name)，就显示"请检查：列数"的提示。

2）df_mongo 数量不对。正常现有股票数量是 4000 多支。除小部分停牌股票外，每个交易日股票数量肯定是要大于 4000 支。如果 df_mongo 小于 3000 支，就显示"请检查：股票数量是否正确"的提示。

3）df_mongo 为空集。当然，有时由于 funcat 选择时间等原因，会出现 df_mongo 为空集，这样还是会报错。此时，我们可以使用 if np.sum(arr!=0)==0 判断 df_mongo 是否为空集；当然，也可以使用 DataFrame.empty 对 DataFrame 进行判断。笔者是因为 DataFrame.empty 没试验成功，才退而求其次使用这个方法。

最后优化好的代码如下：

```
def get_ma50():
    hour_start=datetime.now()#用时

    start_time,today_time,today_hour=other.time_start()#('20201128', '20201218', '22:11')
    len_time,time_0,time_1=other.len_fangzhi(start_time,today_time)#(15, '20201218', '20201217')
    data_get_ts = pro.stock_basic(exchange='', list_status='L', fields='ts_code,symbol,
name,area,industry,list_date').rename(columns={'symbol':'code'})

    list_collect=[]
    for szcode in data_get_ts.ts_code[:]:
        ##接口限制访问 500 次/分钟
        #time.sleep(0.121)
        len_time_sz=other.len_fangzhi_szcode(szcode,start_time,today_time)
        if len_time_sz<=len_time-1:                              #防止出错
            continue
        if today_time!=time_0 or (str(datetime.now())[11:13]>str(15)):#第二天或当日 15 点以后
```

```
        listr=other.fc_get(szcode[:6],start_time,time_0,time_1)
            #['代码', '603992.XSHG', 'fc 时间 20200325', 20.09, '成交量', 86524.0]
        list_collect.append(listr)
    df_mongo=pd.DataFrame(list_collect)
    df_mongo.to_csv("data_gp/get_ma120.txt",encoding = "utf-8")

columns_name=["code","time","close_yestday","MA_5","MA_30","MA_120","H_10",
"L_10","MA_C_50"]
    if len(df_mongo.columns)==len(columns_name):
        df_mongo=pd.DataFrame(list_collect,columns=columns_name)
        df_mongo.to_csv("data_gp/get_ma120.txt",encoding = "utf-8")

    #检查错误 2020.12.18
    if len(df_mongo.columns)!=len(columns_name):
        print("--->请检查：列数")
    if len(df_mongo)<3000:
        print("--->请检查：股票数量是否正确")
    arr=data_get_ts.columns.str.contains('^ts_code')#[False  False  False  False  False
False False False False False False False False False False]
    # print('True 个数：',np.sum(arr!=0))
    # print('False 个数：',np.sum(arr==0))
    if np.sum(arr!=0)==0:
        print("--->请检查：获取数量为空")
        data_get_ts = pro.stock_basic(exchange='', list_status='L', fields='ts_code,
symbol,name,area,industry,list_date').rename(columns={'symbol':'code'})
        print(data_get_ts)
    #用时
    hour_end=datetime.now()
    print("MA120 用时{}".format((hour_end-hour_start)))
    return df_mongo
```

11.4　小结

通过实战编写 get_ma50.py，获取股价 MA50 均线，并对其代码进行优化。我们要学会以下几点：

（1）初步使用第三方库（tushare、funcat）与新浪 API 接口获取股票技术数据。

（2）学会清洗数据，删除不符合思路的股票。

（3）学会使用股票开盘价、收盘价、最高价、最低价、成交量等基本信息进行当日多股票价格均线计算。

（4）面对问题及报错，反复迭代，慢慢调试，进行代码局部优化。

在第 12 章中将要对获取的数据进行指标编写，这也是许多股票市场中技术流派所崇尚的技术。

11.5 习题

通过下面的习题来检验本章的学习。

量化策略：寻找当日上涨且前 2 日上涨，价格站上 MA50 均线的股票。

第 *12* 章

实战：即时指标编写

即时指标，指的是当下指标的实时数值，它是股票数据获取之后，通过指标函数计算出来的实时数值。熟练掌握指标可以对短线操作者有指导性作用。

本章主要涉及的知识点：

- 使用 TA-Lib 库编写指标。
- 使用 funcat 库编写指标。
- 编写即时指标。

12.1　技术指标的滞后性及即时指标的优、缺点

我们知道，量化使用的是历史股票数据，回测时数据通常分为两种：一种是每日数据；另一种是分钟数据，如图 12.1 所示。

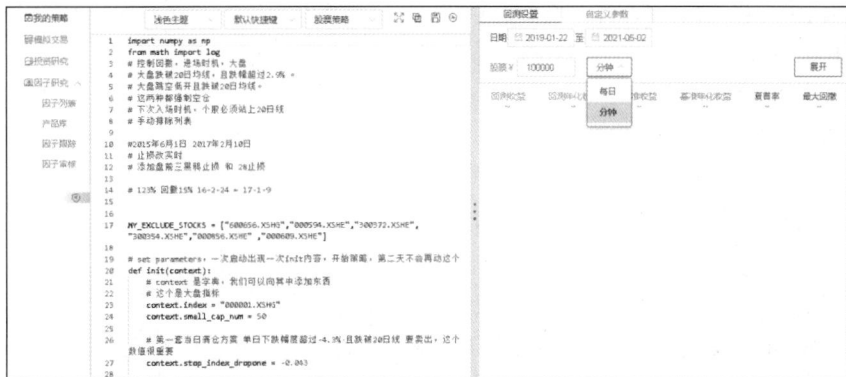

图 12.1　回测时数据分为两种

通常我们使用免费的每日数据，而分钟数据大部分都是收费的，并且是有延迟的数据。低延迟的同花顺高频数据也是贵得离谱，需要 150 万元/月。就连基本面数据也要 60 万元/月。

中国股市是实行"T+1"制度，量化回测第二天才能获取到昨日成交数据，然后发出提醒，等你买卖时至少是第二天。再加上指标都是滞后于价格 1 天左右，其实等你真正买到筛选的股票时，都是第三天了。整整要滞后信号发出后 2 天以上，这样极大降低了量化的准确性与盈利性。

再加上回测模型中只有通过优化的几支或几类股票，只能适应市场中小部分时间。即便股票池大一些，也都采用了手动调参等方法进行股票收益最大化的优化，都不能代表其模型的可靠性与科学性。所以我们走的还是技术流派。通过对技术流派中的大众指标、即时指标进行研究和编写，寻找出符合即时指标的股票，缩减量化时的滞后性。

即时指标弥补了时间上指标的滞后性，这是它的优势。当然其劣势也是因为指标不是那么的滞后，会导致指标不稳定波动。

例如，上午看到的 MACD 即时指标是金叉状态，下午再看 MACD 即时指标可能就没有叉上，这是因为 MACD 指标用的是收盘价。在每日盘中，收盘价即为现成交价（Trade）。当 Trade 价格上涨时，会造成即时 MACD 中 DIFF 线上穿 DEA 线，形成金叉情况。当 Trade 价格回落时，会造成 DIFF 线没有上穿 DEA 线。正是因为当日 Trade 价格的波动，才引起了 MACD 的变化。但是如果只用当日 15:00 的收盘价，必然会和历史 MACD 指标一样延迟滞后，也就没有了即时指标的及时性。所以在承担一定风险的情况下，要接受价格的波动。毕竟市场有交易、有分歧才会产生波动与成交量。

市面上的任何指标、公式与理论都在尝试解答市场盘口问题。包括缠论的顶分型与低分型，都是使用 K 线图来解释市场的强弱。通过小级别的 K 线图，一而再，再而衰，三而竭，从而确定市场的顶部。

即时指标通过编写函数将实时价格放入函数内，计算函数结果并发出金叉或买入信号。

12.2 常用指标及指标对比

从"裸 K"线到蜡烛图，从东方缠论到西方图形理论，股票交易的理论与方法也在不断进步。现在我们看到的常用指标有 MACD、KDJ、DMI 等，当然还有一些特殊指标，如同花顺主力买卖、同花顺筹码峰等。

3.2 节已经对 MACD 作了较为详尽的介绍，这里不再对 MACD 指标的定义及计算方法进行重复介绍。

12.2.1 不同指标的对比（MACD 与 KDJ）

本小节我们会将经常使用的指标加以对比，并熟悉指标设计思想及会出现的问题。

我们将 MACD(12.26.9)与 KDJ(9.5.5)这两组指标加以对比，如图 12.2 和图 12.3 所示。

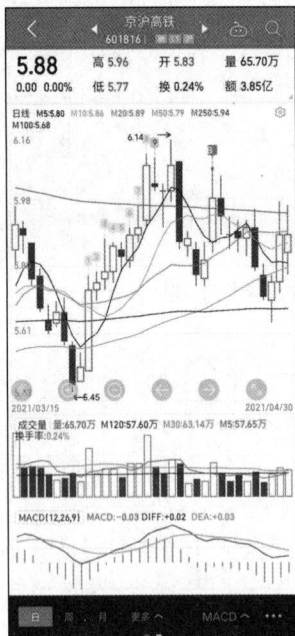

图 12.2 中的 MACD(12.26.9)DIFF 与 DEA 还没有发生金叉，而图 12.3 中的 KDJ(9,5,5)已经金叉，这说明 KDJ 比 MACD 优越吗？不是的，因为 KDJ 的函数构造是先计算 RSV（未成熟随机值）。RSV= (close − LLV(low, n)) / (HHV(high, n) − LLV(low, n))×100，相当于收盘价在最高价与最低价区间中所在的位置。

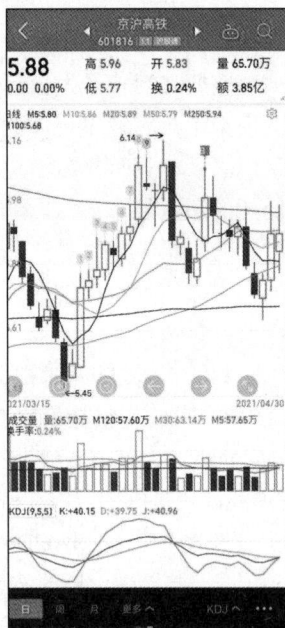

图 12.2　MACD(12,26,9)　　　　图 12.3　KDJ(9,5,5)

所以 KDJ 相比 MACD，在短期选择上会更加敏感。当然，也不是所有 KDJ 金叉都是底部反弹信号。有的低位盘整也会使 KDJ 产生金叉，产生虚假信号。待盘整几日后继续下跌。

12.2.2　同指标不同参数的对比（KDJ(9,5,5)与KDJ(9,3,3)）

12.2.1 小节中介绍的是 MACD(12,26,9)与 KDJ(9,5,5)这两组指标在短期选择上反应灵敏。而同指标 KDJ(9,5,5)与 KDJ(9,3,3)不同参数，也会在参数数字较小的设定上对短期选择较为灵敏，如图 12.4 所示。

图 12.4　KDJ(9,3,3)

同一时间，同一股票，当指标 KDJ(9,3,3)产生金叉时，KDJ(9,5,5)却还没有产生金叉。因为股票短期存在不稳定性，所以即便 KDJ(9,3,3)产生金叉，我们也不能完全说该股票已经企稳。毕竟 KDJ 函数中的(close－LLV(low, n))值开始变小，即 close 价格继续变小，是会将金叉直接变为低位死叉并继续向下的。

12.2.3　历史指标

我们知道，所有的指标都是基于价格（close、open、high、low）的，很多指标公式中用 EMA 或 MA 取平均值，所以指标通常慢于价格。当价格已经发生变化时，指标较晚才会计算出并发信号。

KDJ 指标中的 K、D、J 计算公式为

$$K = EMA(RSV, (M1 \times 2 - 1))$$
$$D = EMA(K, (M2 \times 2 - 1))$$
$$J = K \times 3 - D \times 2$$

其中，EMA 是指数移动平均值，它比 MA 更加灵敏，是一种指数式递减加权的移动平均值。

MACD 指标中的 DIFF、DEA、MACD 计算公式为

$$DIFF = EMA(close, short) - EMA(close, long)$$
$$DEA = EMA(DIFF, M)$$
$$MACD = (DIFF - DEA) \times 2$$

MACD 指标中也含有 EMA 等指数移动平均值，然后对 EMA 再取 EMA，进行双平滑操作。在国内 A 股是实行"T+1"政策，导致指标滞后性明显。当然，历史指标是基于最终收盘价格的，指标结果会比较稳定。

12.2.4　即时指标

即时指标可以进行当日指标计算与筛选，具有即时性。下面以 2021 年 5 月 13 日耀皮玻璃（600819）当日数据为例，对即时指标进行讲解。

10 时 53 分，耀皮玻璃（600819）价格为 5.98，涨幅为-0.66%，如图 12.5 所示。

10 时 59 分，耀皮玻璃（600819）价格为 6.03，涨幅为 0.17%，如图 12.6 所示。

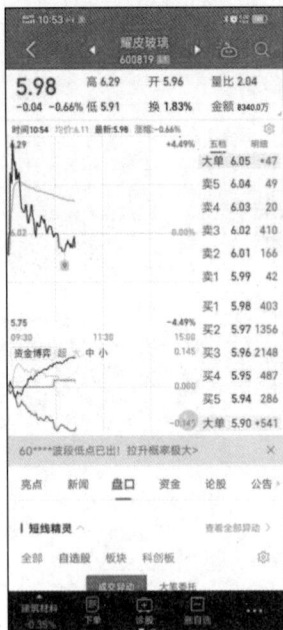

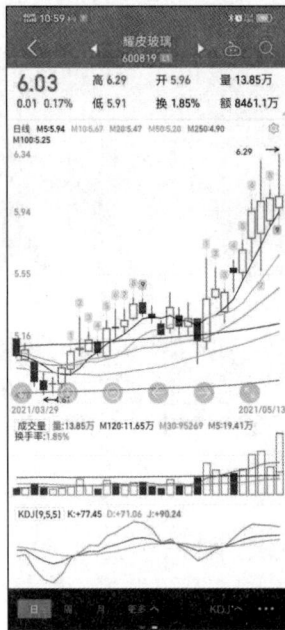

图 12.5　耀皮玻璃（600819）10 时 53 分价格为 5.98　　图 12.6　耀皮玻璃（600819）10 时 59 分价格为 6.03

6 分钟之内,价格波动了将近 1%。而 13 时 29 分,耀皮玻璃(600819)价格为 5.84,涨幅为-2.99%,如图 12.7 所示。

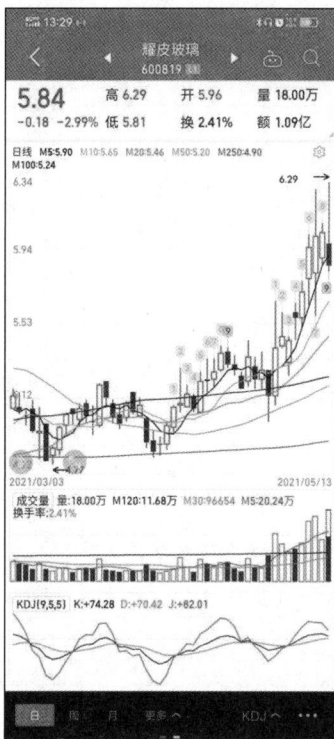

图 12.7　耀皮玻璃(600819)13 时 29 分价格为 5.84

其瞬时指标 KDJ(9,5,5)也由 10 时 59 分的 K 值为 77.45、D 值为 71.06 变成 13 时 29 分的 K 值为 74.28、D 值为 70.42。即时指标的局限性也因为是即时股票数据,指标数值会时刻改变,不稳定。

12.3　使用 TA-Lib 库计算技术指标

TA-Lib(Technical Analysis Library,技术分析库)是 Python 金融量化的高级库,是股市与期货市场最常引用的技术库之一。它包含 150 多种技术指标,常用技术指标有 MACD、KDJ、RSI、BOLL、MI 等。

12.3.1　TA-Lib 库简介

TA-Lib 库包含 10 个板块,常用指标如表 12.1 所示。

表 12.1 TA-Lib 库的常用指标

板　　块	常用指标	指标全称/说明
Overlap Studies（重叠指标）	BBANDS	Bollinger Bands
	EMA	Exponential Moving Average
	MA	Moving Average
	SAR	Parabolic SAR
Momentum Indicators（动量指标）	ADX	Average Directional Movement Index
	MACD	Moving Average Convergence/Divergence
	RSI	Relative Strength Index
	STOCH	Stochastic
Volume Indicators（交易量指标）	AD	Chaikin A/D Line
	OBV	On Balance Volume
Cycle Indicators（周期指标）	—	—
Price Transform（价格变换）	—	—
Volatility Indicators（波动率指标）	ATR	Average True Range
Pattern Recognition（模式识别）	CDL2CROWS	Two Crows
	CDLDOJI	Doji
Statistic Functions（统计函数）	STDDEV	Standard Deviation
	VAR	Variance
Math Transform（数学变换）	SIN	Vector Trigonometric Sin
	COS	Vector Trigonometric Cos
	SQRT	Vector Square Root
Math Operators（数学运算）	MAX	highest value over a specified period
	MIN	lowest value over a specified period
	SUM	Summation

我们也可以访问 TA-Lib 库的官方网址，对每个指标的具体用法进行了解。

12.3.2 TA-Lib 库中 MA 指标的使用

这里以 MA 为例，对 TA-Lib 库中指标的使用进行讲解。

单击 Overlap Studies 后，打开如图 12.8 所示的界面。图 12.8 的上面是函数缩写及全称，下面是函数应用。MA() 中需要传入 close 值，timeperiod（时间周期）默认为 30 天。

```
MA - Moving average
real = MA(close, timeperiod=30, matype=0)
```

Overlap Studies Functions

BBANDS - Bollinger Bands

```
upperband, middleband, lowerband = BBANDS(close, timeperiod=5, nbdevup=2, nbdevdn=2, matype=0)
```

Learn more about the Bollinger Bands at tadoc.org.

DEMA - Double Exponential Moving Average

```
real = DEMA(close, timeperiod=30)
```

Learn more about the Double Exponential Moving Average at tadoc.org.

EMA - Exponential Moving Average

NOTE: The `EMA` function has an unstable period.

```
real = EMA(close, timeperiod=30)
```

Learn more about the Exponential Moving Average at tadoc.org.

HT_TRENDLINE - Hilbert Transform - Instantaneous Trendline

NOTE: The `HT_TRENDLINE` function has an unstable period.

```
real = HT_TRENDLINE(close)
```

Learn more about the Hilbert Transform - Instantaneous Trendline at tadoc.org.

KAMA - Kaufman Adaptive Moving Average

NOTE: The `KAMA` function has an unstable period.

```
real = KAMA(close, timeperiod=30)
```

Learn more about the Kaufman Adaptive Moving Average at tadoc.org.

MA - Moving average

```
real = MA(close, timeperiod=30, matype=0)
```

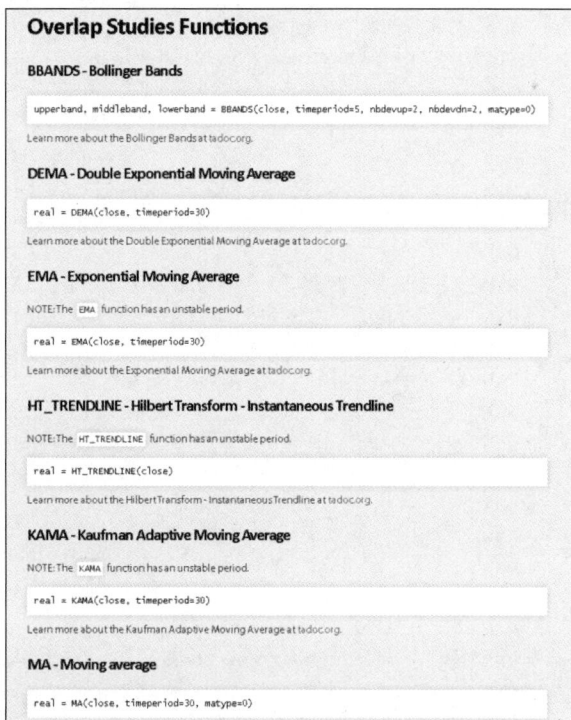

图 12.8　TA-Lib 库中指标的使用方法

Python 代码如下：

```
import tushare as ts
import pandas as pd
import numpy as np
from talib import *

df=ts.get_k_data('600600')
print(df.info())
df["real"] = talib.MA(df.close, timeperiod=30)
df['MA10_rolling'] = df['close'].rolling(30).mean()
print(df[["real",'MA10_rolling']])
```

其返回值为：

```
     real        MA10_rolling
0    NaN         NaN
1    NaN         NaN
2    NaN         NaN
3    NaN         NaN
4    NaN         NaN
5    NaN         NaN
6    NaN         NaN
```

7	NaN	NaN
8	NaN	NaN
9	NaN	NaN
10	NaN	NaN
11	NaN	NaN
12	NaN	NaN
13	NaN	NaN
14	NaN	NaN
15	NaN	NaN
16	NaN	NaN
17	NaN	NaN
18	NaN	NaN
19	NaN	NaN
20	NaN	NaN
21	NaN	NaN
22	NaN	NaN
23	NaN	NaN
24	NaN	NaN
25	NaN	NaN
26	NaN	NaN
27	NaN	NaN
28	NaN	NaN
29	32.247000	32.247000
⋮		
631	83.910667	83.910667
632	84.410667	84.410667
633	85.034000	85.034000
634	85.625667	85.625667
635	86.102667	86.102667
636	86.444667	86.444667
637	86.802333	86.802333
638	87.215333	87.215333
639	87.655000	87.655000
640	88.170000	88.170000

```
[641 rows x 2 columns]
```

从返回结果可以发现：talib.MA(df.close, timeperiod=30)计算的结果与 pd. rolling(30).mean()的结果是一样的。更复杂的技术分析指标，talib 模块都可以很方便地通过函数计算给出结果。

12.4 分析 funcat 库指标

既然 TA-Lib 库已经很方便、全面了，为什么还要介绍 funcat 库呢？笔者是想告诉大家，其实 funcat 库更方便，笔者使用它更多一些。

12.4.1 funcat 库简介

funcat 库将同花顺、通达信、文华财经等的公式移植到了 Python 中，更符合中国人的习惯。其对于有同花顺、通达信编写公式基础的朋友更加友好，这部分朋友迁移学习的成本几乎为 0，即学即会。通过使用 funcat 库，用户可以完全将重点放到指标编写与策略研究中，而不需要考虑太多指标编写的底层逻辑。

funcat 库中的 API 如表 12.2 所示。

表 12.2 funcat 库中的 API

行情变量/函数	使用方法
开盘价	OPEN（简称为 O）
收盘价	CLOSE（简称为 C）
最高价	HIGH（简称为 H）
最低价	LOW（简称为 L）
成交量	VOL（简称为 V）
n 天前的数据（REF）	REF(C, 10)：10 天前的收盘价
金叉判断（CROSS）	CROSS(MA(C, 5), MA(C, 10))：5 日均线上穿 10 日均线
两个序列取最小值（MIN）	MIN(O, C)：K 线实体的最低价
两个序列取最大值（MAX）	MAX(O, C)：K 线实体的最高价
n 天都满足条件（EVERY）	EVERY(C > MA(C, 5), 10)：最近 10 天收盘价都大于 5 日均线
n 天内满足条件的天数（COUNT）	COUNT(C > O, 10)：最近 10 天收阳线的天数
n 天内最大值（HHV）	HHV(MAX(O, C), 60)：最近 60 天 K 线实体的最高价
n 天内最小值（LLV）	LLV(MIN(O, C), 60)：最近 60 天 K 线实体的最低价
n 天数据求和（SUM）	SUM(C, 10)：10 天的收盘价求和
求绝对值（ABS）	ABS(C − O)
收阳线或收盘价大于昨收	(C > O) | (C > REF(C, 1))
均线（MA）	MA(C, 60)：60 日均线

12.4.2 funcat 库指标

funcat 库主要包含市面上的 12 种指标：KDJ（随机指标）、DMI（趋向指标）、MACD（指数平滑异同移动平均线）、RSI（相对强弱指标）、BOLL（布林带指标）、W&R（威廉指标）、BIAS（乖离率）、ASI（振动升降指标）、VR（容量比率）、ARBR（人气意愿指标）、DPO（区间震荡线）、TRIX

（三重指数平均移动平均线）。

指标代码如下：

```python
def KDJ(N=9, M1=3, M2=3):
    """
    KDJ: 随机指标
    """
    RSV = (CLOSE - LLV(LOW, N)) / (HHV(HIGH, N) - LLV(LOW, N)) * 100
    K = EMA(RSV, (M1 * 2 - 1))
    D = EMA(K, (M2 * 2 - 1))
    J = K * 3 - D * 2

    return K, D, J

def DMI(M1=14, M2=6):
    """
    DMI: 趋向指标
    """
    TR = SUM(MAX(MAX(HIGH - LOW, ABS(HIGH - REF(CLOSE, 1))), ABS(LOW - REF(CLOSE, 1))), M1)
    HD = HIGH - REF(HIGH, 1)
    LD = REF(LOW, 1) - LOW

    DMP = SUM(IF((HD > 0) & (HD > LD), HD, 0), M1)
    DMM = SUM(IF((LD > 0) & (LD > HD), LD, 0), M1)
    DI1 = DMP * 100 / TR
    DI2 = DMM * 100 / TR
    ADX = MA(ABS(DI2 - DI1) / (DI1 + DI2) * 100, M2)
    ADXR = (ADX + REF(ADX, M2)) / 2

    return DI1, DI2, ADX, ADXR

def MACD(SHORT=12, LONG=26, M=9):
    """
    MACD: 指数平滑异同移动平均线
    """
    DIFF = EMA(CLOSE, SHORT) - EMA(CLOSE, LONG)
    DEA = EMA(DIFF, M)
    MACD = (DIFF - DEA) * 2

    return MACD

def RSI(N1=6, N2=12, N3=24):
    """
    RSI: 相对强弱指标
    """
    LC = REF(CLOSE, 1)
```

```
    RSI1 = SMA(MAX(CLOSE - LC, 0), N1, 1) / SMA(ABS(CLOSE - LC), N1, 1) * 100
    RSI2 = SMA(MAX(CLOSE - LC, 0), N2, 1) / SMA(ABS(CLOSE - LC), N2, 1) * 100
    RSI3 = SMA(MAX(CLOSE - LC, 0), N3, 1) / SMA(ABS(CLOSE - LC), N3, 1) * 100

    return RSI1, RSI2, RSI3

def BOLL(N=20, P=2):
    """
    BOLL：布林带指标
    """
    MID = MA(CLOSE, N)
    UPPER = MID + STD(CLOSE, N) * P
    LOWER = MID - STD(CLOSE, N) * P

    return UPPER, MID, LOWER

def WR(N=10, N1=6):
    """
    W&R：威廉指标
    """
    WR1 = (HHV(HIGH, N) - CLOSE) / (HHV(HIGH, N) - LLV(LOW, N)) * 100
    WR2 = (HHV(HIGH, N1) - CLOSE) / (HHV(HIGH, N1) - LLV(LOW, N1)) * 100

    return WR1, WR2

def BIAS(L1=5, L4=3, L5=10):
    """
    BIAS：乖离率
    """
    BIAS = (CLOSE - MA(CLOSE, L1)) / MA(CLOSE, L1) * 100
    BIAS2 = (CLOSE - MA(CLOSE, L4)) / MA(CLOSE, L4) * 100
    BIAS3 = (CLOSE - MA(CLOSE, L5)) / MA(CLOSE, L5) * 100

    return BIAS, BIAS2, BIAS3

def ASI(M1=26, M2=10):
    """
    ASI：振动升降指标
    """
    LC = REF(CLOSE, 1)
    AA = ABS(HIGH - LC)
    BB = ABS(LOW - LC)
    CC = ABS(HIGH - REF(LOW, 1))
    DD = ABS(LC - REF(OPEN, 1))
    R = IF((AA > BB) & (AA > CC), AA + BB / 2 + DD / 4, IF((BB > CC) & (BB > AA), BB +
AA / 2 + DD / 4, CC + DD / 4))
```

```python
    X = (CLOSE - LC + (CLOSE - OPEN) / 2 + LC - REF(OPEN, 1))
    SI = X * 16 / R * MAX(AA, BB)
    ASI = SUM(SI, M1)
    ASIT = MA(ASI, M2)

    return ASI, ASIT

def VR(M1=26):
    """
    VR: 容量比率
    """
    LC = REF(CLOSE, 1)
    VR = SUM(IF(CLOSE > LC, VOL, 0), M1) / SUM(IF(CLOSE <= LC, VOL, 0), M1) * 100

    return VR

def ARBR(M1=26):
    """
    ARBR: 人气意愿指标
    """
    AR = SUM(HIGH - OPEN, M1) / SUM(OPEN - LOW, M1) * 100
    BR = SUM(MAX(0, HIGH - REF(CLOSE, 1)), M1) / SUM(MAX(0, REF(CLOSE, 1) - LOW), M1) * 100

    return AR, BR

def DPO(M1=20, M2=10, M3=6):
    DPO = CLOSE - REF(MA(CLOSE, M1), M2)
    MADPO = MA(DPO, M3)

    return DPO, MADPO

def TRIX(M1=12, M2=20):
    TR = EMA(EMA(EMA(CLOSE, M1), M1), M1)
    TRIX = (TR - REF(TR, 1)) / REF(TR, 1) * 100
    TRMA = MA(TRIX, M2)

    return TRIX, TRMA
```

12.4.3　编写 SKD 指标

通过对 funcat 库的研究，如果自己想编写指标，用户可以通过模仿 funcat 库进行编写。例如，编写 SKD 指标。慢速随机指标又称 SLOWKD，经常简写 SKD。它是优化了 KD 指标，在 KD 的基础上对 RSV 再次进行平滑处理，取 MARSV=EMA(RSV,M1)。SKD 指标的使用方法也与 KD 指标的相似，可以使用金叉买入、死叉卖出策略对股票进行买卖。金叉位置在较低处，是超卖的位置。

同花顺中 SKD 指标代码如下：

```
n:=9  m:=3
RSV:= (CLOSE - LLV(LOW, N)) / (HHV(HIGH, N) - LLV(LOW, N)) * 100
MARSV:=EMA(RSV,M1)
SK:=EMA(MARSV,M1)
SD:=MA(SK,M1)
```

下面将指标代码直接转换为 Python 函数。

```
def SKDJ(N=9, M1=3, M2=3):
    """
    SKDJ 指标
    """
    RSV = (CLOSE - LLV(LOW, N)) / (HHV(HIGH, N) - LLV(LOW, N)) * 100
    MARSV=EMA(RSV,M1)
    SK=EMA(MARSV,M1)
    SD=MA(SK,M1)
    return SK,SD
```

其思想与代码几乎一样。很容易将同花顺指标代码迁移到 Python 上。

12.4.4　编写一目均衡云指标

一目均衡云又称一目均衡表，它是由日本的一目山人（Ichimoku Sanjin）发明的，可以显示市场的支撑和阻力。一目均衡表根据交叉线与价格的相对位置来识别市场的方向，为市场提供买卖方向提示及入市位置提示。

一目均衡云有以下 5 个参数：

（1）短轴快线。短轴快线=转换线= (9 日内最高+9 日内最低)/2，以 9 日为一短线周期（周期长短可任意更改）。

（2）中轴慢线。中轴慢线=基准线= (26 日内最高+26 日内最低)/2，以 26 日为一中线周期（周期长短可以任意调节）。

（3）后移指标。后移指标=迟行带=将今日收市价后移至一中线周期。

（4）前移指标 A。前移指标 A=先行带 A= (短轴快线+中轴慢线)/2，前移至一中线周期。

（5）前移指标 B。前移指标 B=先行带 B= (52 日内最高+52 日内最低)/2，前移至一中线周期。

一目均衡云在外汇上的走势如图 12.9 所示。一目均衡云在股票上的走势如图 12.10 所示。

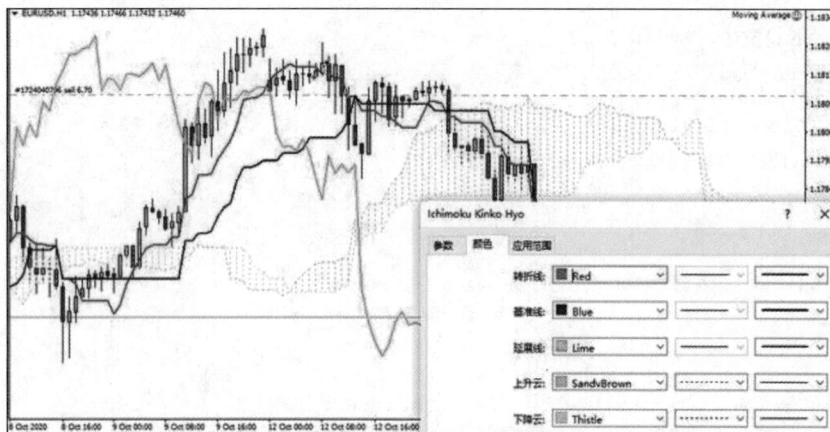

图 12.9　一目均衡云在外汇上的走势

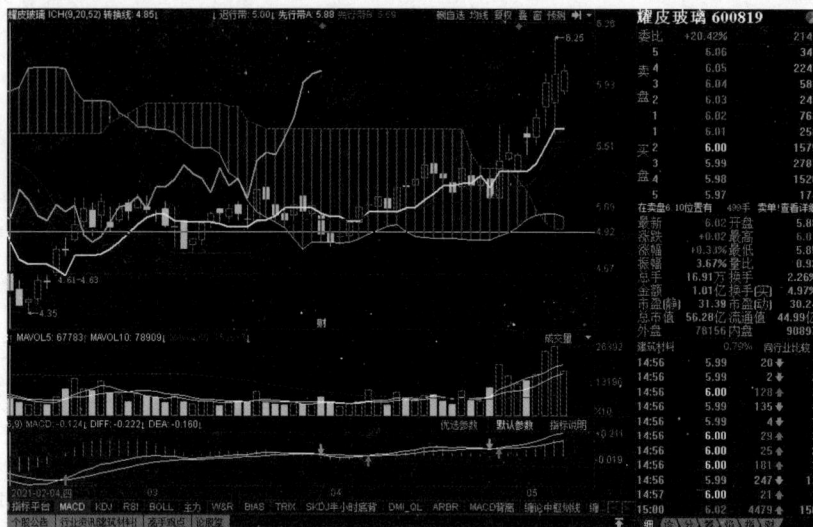

图 12.10　一目均衡云在股票上的走势

在同花顺中编写一目均衡云指标代码如下：

```
AA:=(HHV(HIGH,120)-LLV(LOW,120))/30,LINETHICK;
Var1:=(2*CLOSE+HIGH+LOW)/4;
转换线:(HHV(HIGH,n1)+LLV(LOW,n1))/2,coloraaff99,LINETHICK;
基准线:(HHV(HIGH,n2)+LLV(LOW,n2))/2,colorff6dd8,LINETHICK;
迟行带:REFX(&CLOSE,n2),colorff9224;
先行带A:REF((转换线+基准线)/2,n2),coloryellow,LINETHICK;
先行带B:REF((HHV(HIGH,n3)+LLV(LOW,n3))/2,n2),color909090;
STICKLINE (先行带A<先行带B,先行带A,先行带B,2,1.5),colorlired;
STICKLINE (先行带A>=先行带B,先行带A,先行带B,2,0.1),colorlicyan;
POLYLINE(1,先行带A),coloryellow;
POLYLINE(1,基准线),colorff6dd8;
```

```
POLYLINE(1,转换线),coloraaff99,LINETHICK;
```

下面将指标代码直接转换为 Python 函数。

```python
def Ichimoku (M1=7, M2=22,M3=44):
    zk=(HHV(HIGH,M1)+LLV(LOW,M1))/2
    zd=(HHV(HIGH,M2)+LLV(LOW,M2))/2
    hy=REF(C,M2)
    za=REF((zk+zd)/2,M2)
    zb=REF((HHV(HIGH,M3)+LLV(LOW,M3))/2,M2)
    return zk,zd,za,zb
```

其思想与代码几乎一样。很容易将同花顺指标代码迁移到 Python 上。

12.4.5 funcat 库的单股票使用方法

在 Python 中，除了 barslast（上一次条件成立到当前的周期）等关于时间的函数不能使用之外，其余大部分同花顺引用函数是可以直接使用的，只要先导入 funcat 库。例如：

```python
from funcat import *
from funcat.data.tushare_backend import TushareDataBackend

set_data_backend(TushareDataBackend())

# 设置目前天数为 2021 年 5 月 6 日
T("20210506")
# 设置关注股票为上证指数
S("000001.XSHG")

# 打印 Open、High、Low、Close 值
>>> print(O, H, L, C)
3446.07  3471.24  3426.85  3441.28
# 当天涨幅
>>> C / C[1] - 1
-0.0016188647058481553

# 打印 60 日均线
>>> MA(C, 60)
3480.1236666666696

# 判断收盘价是否大于 60 日均线
>>> C > MA(C, 60)
False

# 30 日最高价
>>> HHV(H, 30)
```

```
3497.12

# 最近 30 日，收盘价大于 60 日均线的天数
>>> COUNT(C > MA(C, 60), 30)
0

# 10 日均线上穿
>>> CROSS(MA(C, 10), MA(C, 20))
False
```

在学完 funcat 库的使用方法和自定义编写指标函数之后，还要继续深入研究一下历史指标与即时指标。

12.5　即时指标的编写思路

通过 funcat 库设定时间 T("20210506")可以获取历史数据与指标。因为要追求数据与指标稳定，即使有些第三方库会支持即时股票数据，也没有第三方库会支持即时股票指标数据，所以我们要通过即时股票数据计算出即时股票指标数据。

12.5.1　历史 TR 指标的编写思路

下面要编写即时 TR 指标并计算其数值。TR 代码如下：

```
def ATR(M1=14):
    TR=MAX(MAX((HIGH-LOW),ABS(REF(CLOSE,1)-HIGH)),ABS(REF(CLOSE,1)-LOW))
    ATR=MA(TR,M1)
    return TR,ATR
```

首先，关于即时指标，我们要理解时间上的概念。如果是昨天的 TR，则计算需要昨天的 HIGH、LOW、REF(CLOSE,1)数据。所以对于今天的 TR_today，计算需要今天的 today_high、today_low 与昨天的 CLOSE 数据。

```
TR_today=MAX(MAX((today_high-today_low),ABS(CLOSE-today_high)),ABS(CLOSE-today_low))
```

我们将 TR 公式中的 HIGH 变为 today_high、LOW 变为 today_low、REF(CLOSE,1)变为 CLOSE。相当于公式是一样的，从时间数据上将时间整体平移了一天，如表 12.3 所示。

表 12.3　股票数据与指标

时　　间	今天	昨天	前天
价格数据	today_high、today_low	HIGH、LOW	REF(CLOSE,1)
指标	TR_today	TR	

以 2021 年 5 月 13 日耀皮玻璃（600819）为例，昨天（2021 年 5 月 12 日）的走势如图 12.11 所示。

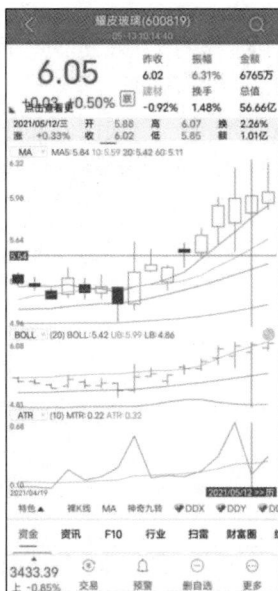

图 12.11   2021 年 5 月 12 日耀皮玻璃（600819）的走势

计算昨天 TR 指标的 Python 代码如下：

```
from funcat import *
from funcat.data.tushare_backend import TushareDataBackend

set_data_backend(TushareDataBackend())

T("20210512")
# 设置关注股票为耀皮玻璃
S("600819.XSHG")
print(O, H, L, C)
TR = MAX(MAX(HIGH - LOW, ABS(HIGH - REF(CLOSE, 1))), ABS(LOW - REF(CLOSE, 1)))
SUM(TR,10)/10
```

其返回值为：

```
5.88  6.07  5.85  6.02
0.31700000000000006
```

其中，SUM(TR,10)/10 的结果就是图 12.11 中通达信 ATR 指标中的 ATR(10)的值。我们可以使用 Python 直接获取，而不通过开打通达信软件。这样极大地降低了时间成本，为寻找优质股票指标提供了可能性。

12.5.2 即时 TR_today 指标的编写思路

以 2021 年 5 月 13 日耀皮玻璃（600819）为例，计算即时 TR_today 指标，流程如图 12.12 所示。

（1）获取当日（2021 年 5 月 13 日）14 时即时数据。

（2）根据即时数据，使用 data.loc 筛选出当日最高值 today_high 与当日最低值 today_low。

（3）通过公式(SUM(TR,9)+tr_today)/10 计算出 atr_today 数值，即为图 12.13 中的 ATR(10)指标中 ATR 的值。

2021 年 5 月 13 日 14 时耀皮玻璃（600819）的即时 TR_today 指标值如图 12.13 所示。

图 12.12　TR_today 指标计算流程

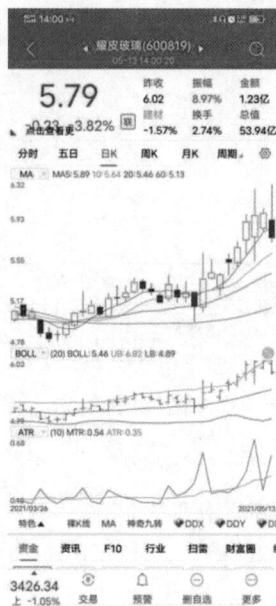

图 12.13　2021 年 5 月 13 日 14 时耀皮玻璃（600819）的即时 TR_today 指标值

计算即时 TR_today 指标的 Python 代码如下：

```
import tushare as ts
import pandas as pd
from funcat import *
from datetime import datetime, date,timedelta
import numpy as np

global pro  #在使用前初次声明
ts.set_token('b31e0ac207a5a45e0f7503aff25bf6bd929b88fe1d017a034ee0d530')
pro = ts.pro_api()
csv_data=ts.get_today_all()
```

```
today_high=csv_data.loc[csv_data['code'] =="600819", "high"]
today_low=csv_data.loc[csv_data['code'] =="600819", "low"]
tr_today=MAX(MAX((today_high-today_low),ABS(CLOSE-today_high)),ABS(CLOSE-today_low))
atr_today=(SUM(TR,9)+tr_today)/10
atr_today
```

其返回值为：

```
0.35099999999999987
```

12.5.3 历史 DMI 指标的编写思路

DMI（Directional Movement Index）指标又称为动向指标或趋向指标，它是由美国技术分析大师威尔斯·威尔德（Wells Wilder）创造的。

DMI 指标的基本原理和使用方法，在这里略过。下面直接将 DMI 指标的计算方法与笔者编写即时 DMI 指标的思路讲解给大家。

从 funcat 库中，我们知道 DMI 的以下计算公式：

```
def  DMI(M1=14, M2=6):
    """
    DMI 趋向指标
    """
    TR = SUM(MAX(MAX(HIGH - LOW, ABS(HIGH - REF(CLOSE, 1))), ABS(LOW - REF(CLOSE, 1))), M1)
    HD = HIGH - REF(HIGH, 1)
    LD = REF(LOW, 1) - LOW
    DMP = SUM(IF((HD > 0) & (HD > LD), HD, 0), M1)
    DMM = SUM(IF((LD > 0) & (LD > HD), LD, 0), M1)
    DI1 = DMP * 100 / TR
    DI2 = DMM * 100 / TR
    ADX = MA(ABS(DI2 - DI1) / (DI1 + DI2) * 100, M2)
    ADXR = (ADX + REF(ADX, M2)) / 2
    return DI1, DI2, ADX, ADXR
```

当然，用户也可以直接使用 DMI(M1=14，M2=6)函数。下面以 2021 年 5 月 12 日的耀皮玻璃（600819）为例，计算历史 DMI 指标。Python 代码如下：

```
from funcat import *
from funcat.data.tushare_backend import TushareDataBackend

set_data_backend(TushareDataBackend())

T("20210512")
# 设置关注股票为耀皮玻璃
S("600819.XSHG")
```

```
DI1, DI2, ADX, ADXR=DMI(M1=10, M2=6)
print(DI1, DI2, ADX, ADXR)
```

其返回值为：

```
37.539432176656156   10.410094637223974   39.71022772342921   39.55212804825693
```

与图 12.14 中的 DMI 指标数值相符。

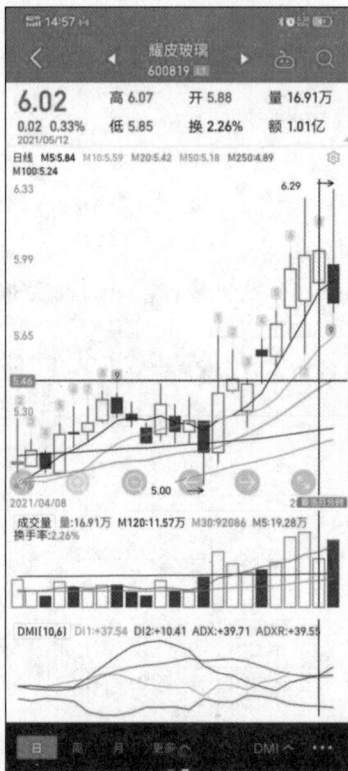

图 12.14　2021 年 5 月 12 日耀皮玻璃（600819）的 DMI 指标值

12.5.4　即时 DMI 指标的编写思路

即时 DMI 指标计算有以下两大难点：

（1）公式。公式是构造指标的思路，有数学基础，我们不能对指标公式本身加以改动。如果想改进指标，就变成符合个人需求的自定义指标公式。DMI 指标中有 TR、HD、LD、DMP、DMM、DI1、DI2。

（2）数值。我们使用 tushare 库和 funcat 库获取即时数据与历史数据，当然，也可以使用自己爬取等方法获取数据。

所需数据与指标如表 12.4 所示。

表 12.4　所需股票数据与指标

时　间	今天	昨天	前天
价格数据	today_high、today_low	HIGH、LOW	REF(CLOSE,1)
指标	tr_today、hd、ld、dmp_today、dmm_today、di1、di2	TR、HD、LD、DMP、DMM、DI1、DI2	

计算即时 DMI_today 指标的 Python 代码如下：

```python
import tushare as ts
import pandas as pd
from funcat import *
from datetime import datetime, date,timedelta
import numpy as np

global pro   #在使用前初次声明
ts.set_token('b31e0ac207a5a45e0f7503aff25bf6bd929b88fe1d017a034ee0d530')
pro = ts.pro_api()
csv_data=ts.get_today_all()
T("20210512")
# 设置关注股票为耀皮玻璃
S("600819.XSHG")
print(O, H, L, C)

today_high=csv_data.loc[csv_data['code'] =="600819", "high"]
today_low=csv_data.loc[csv_data['code'] =="600819", "low"]
today_high =today_high.item()
today_low = today_low.item()
TR = MAX(MAX(HIGH - LOW, ABS(HIGH - REF(CLOSE, 1))), ABS(LOW - REF(CLOSE, 1)))
HD = HIGH - REF(HIGH, 1)
LD = REF(LOW, 1) - LOW
tr_today=MAX(MAX((today_high-today_low),ABS(CLOSE-today_high)),ABS(CLOSE-today_low))
hd=today_high-HIGH
ld=LOW-today_low
tr_toal_today_2=(tr_today+TR)
dmp_today = IF((HD > 0) & (HD > LD), HD, 0)+IF((hd > 0) & (hd > ld),hd, 0)
dmm_today = IF((LD > 0) & (LD > HD), LD, 0)+IF((ld > 0) & (ld > hd),ld, 0)
di1 = dmp_today * 100 / tr_toal_today_2
di2 = dmm_today * 100 / tr_toal_today_2
print(di1,di2)
```

其返回值为：

```
5.88  6.07  5.85  6.02
28.947368421052573  0.0
```

2021 年 5 月 13 日耀皮玻璃（600819）的 DMI 指标图如图 12.15 所示，DMI 数值与 Python 返回值（di1,di2）一致。

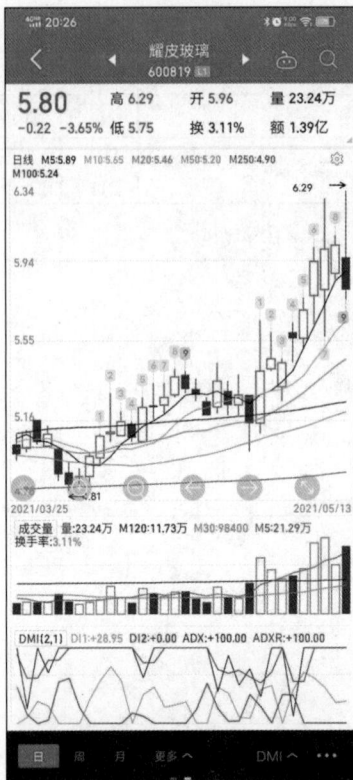

图 12.15　2021 年 5 月 13 日耀皮玻璃（600819）的 DMI 指标图

12.5.5　即时 STD 指标的编写思路

上文两个即时指标案例都是基于 funcat 公式及对 funcat 公式的改造，这种方法构造即时指标较为方便、快捷。如果想编写即时 BOLL 带策略，需要寻找即时 STD 数值，应该怎样编写即时指标呢？请读者先自己思考一下。

首先，我们要求的即时 STD 的参数是 13，需要有前 12 天交易日的 CLOSE 值与今日的即时 CLOSE 值。

获取前 12 天的 CLOSE 值的 Python 代码如下：

```
from funcat import *
from funcat.data.tushare_backend import TushareDataBackend

set_data_backend(TushareDataBackend())

T("20210512")
# 设置关注股票为耀皮玻璃
S("600819.XSHG")
```

```
for i in range(0,12):
    print(i,CLOSE[i])
```

其返回值为：

```
0 6.02
1 6.0
2 5.94
3 5.7
4 5.56
5 5.44
6 5.46
7 5.4
8 5.14
9 5.28
10 5.23
11 5.35
```

然后将今日价格与前 12 天价格都放入名为 std_today_list 的空列中。Python 代码如下：

```
today_price=csv_data.loc[csv_data['code'] =="600819", "trade"]
today_price =today_price.item()
std_today_list=[]
std_today_list.append(today_price )
for i in range(0,12):
    std_today_list.append(float(str(CLOSE[i])))
print(std_today_list)
```

其返回值为：

```
[5.8, 6.02, 6.0, 5.94, 5.7, 5.56, 5.44, 5.46, 5.4, 5.14, 5.28, 5.23, 5.35]
```

用户可以使用 np.std(std_today_list)求即时 STD(13)数值，求出所需 STD(13)数值后，再使用以下 BOLL 公式：

$$MID = MA(CLOSE, N)$$
$$UPPER = MID + STD(CLOSE, N) \times P$$
$$LOWER = MID - STD(CLOSE, N) \times P$$

即可求出动态 BOLL。

12.6 小结

通过指标公式与 funcat 库可以构造一些即时指标，如 12.5.2 小节中的即时 TR 指标、12.5.4 小节中的即时 DMI(2,1)指标、12.5.5 小节中的即时 STD(13)指标。此外，也可以将一些公式改变成即时指标。

即时指标的优势是反应灵敏,其缺点是随价格波动会不稳定,经常发出超前信号等。指标参数为短期,将其改造成即时指标比较容易。如果指标参数较大,则需要使用 for 循环获取历史数据。

在 12.5.5 小节中,关于获取耀皮玻璃即时数据与指标的 Python 代码已经很完善了,但是还有诸多需要手动填写的地方,如股票代码、时间。这些都可以通过编写一些函数来自动识别与填充,然后将即时指标编写成函数,对函数进行模块化操作。

12.7　习题

通过下面的习题来检验本章的学习。

(1)为什么 TA-Lib 库、tushare 库、funcat 库是笔者经常使用的?还有哪些金融数据库可以简化编程学习的难度,将重点放到策略中?

(2)将同花顺中的指标代码变成 Python 文件。

第13章

实战：布林带开口策略及低分型策略

　　学完即时指标的编写，就要开始学习一些策略。前面章节中的知识点都是为策略这个系统性框架服务的。反过来说，凡是策略需要的数据，都要通过实验知识点，最后变成模块并集成到策略中。

13.1　布林带开口策略

布林带又称布林线，是美国股市分析家约翰·布林根据统计学中的标准差原理设计出来的一种非常简单、实用的技术分析指标。中间线是价格均线，上下轨是均线加上 P 倍的标准差 STD。

当价格波动较小时，股票处于盘整状态，上下通道变窄，预示着市场相对平和，正处于短暂的平静期。当价格波动较大时，股票波动超过了上下轨道，预示着异常激烈的向上或向下运动即将开始。所以我们要通过布林带的开口判断股票未来走势与波动情况。

13.1.1　布林带开口简介

布林带开口是指 BOLL 公式中 STD(CLOSE, 13)数值变大，如图 13.1 所示。

2021 年 4 月 21 日，葵花药业（002737）在当日拉出一根大阳线之后，布林带开口变大，其内在因素是，经过一个月的窄幅波动以后，4 月 21 日中阳突破，创出短期高点。之后医药板块较好，葵花药业也走出一波较强上升走势。

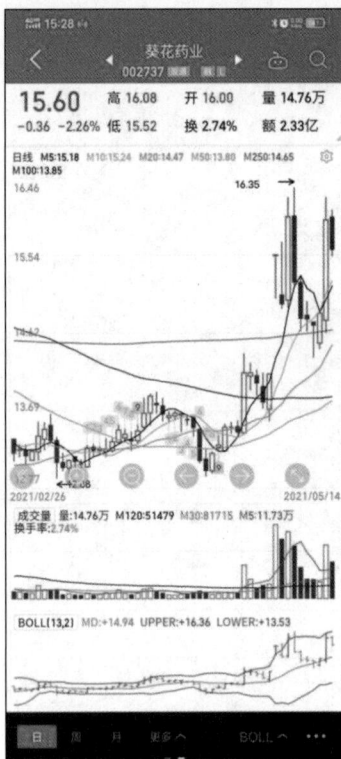

图 13.1　2021 年 4 月 21 日葵花药业（002737）的布林带开口

而以往经典布林带使用方法有以下几种：

（1）布林带中轨是均线。

（2）布林带上下轨视为压力与支撑。

（3）震荡行情，如果当日股价>当日的上轨，则卖出。

（4）震荡行情，如果当日股价<当日的下轨，则买入。

（5）趋势行情，如果当日股价>当日的上轨，超买，则买入。

（6）趋势行情，如果当日股价<当日的下轨，超卖，则卖出。

13.1.2 即时布林带开口特征代码

盘整行情占行情总时间的 80%左右，我们要做的是趋势行情，约占行情总时间的 20%，所以能抓住趋势行情是最高效的方式。

而趋势行情的衡量标准就有均线的多头排列等。其实行情最开始是一根大阳线或多根阳线打破震荡格局，之后开始拉升，期间伴随着成交量的放大。而价格高升，势必会打破布林带上轨或布林带开口。

所以我们使用布林带开口这个特征编写 boll_today>boll_yesterday。

我们使用 12.5.5 小节中的代码并编写 boll_today()函数，Python 代码如下：

```
def boll_today(code):
    code=code
    T("20210512")
    # 设置关注股票为耀皮玻璃
    S("{}".format(code))
    today_price=csv_data.loc[csv_data['code'] =="{}".format(code), "trade"]
    today_price =today_price.item()
    std_today_list=[]
    std_today_list.append(today_price )
    for i in range(0,12):
        #print(i,CLOSE[i])
        std_today_list.append(float(str(CLOSE[i])))
    print("{}".format(code),std_today_list,round(np.std(std_today_list),2))
for i in csv_data.code[:10]:
    boll_today(i)
```

其返回值为：

```
688981 [55.86, 55.47, 53.83, 54.04, 53.77, 54.74, 54.68, 55.49, 55.36, 55.0, 54.51, 55.17,
55.3] 0.65
688819 [40.12, 40.15, 39.67, 39.4, 41.18, 41.83, 42.1, 44.65, 45.53, 44.34, 45.05, 45.4,
44.82] 2.29
688788 [103.28, 99.76, 99.71, 97.5, 99.02, 100.56, 100.5, 103.24, 102.52, 102.32, 104.56,
104.61, 106.5] 2.49
688777 [78.1, 77.47, 77.99, 79.31, 83.0, 82.7, 86.8, 87.22, 82.0, 86.4, 85.4, 83.51, 85.41]
```

```
3.39
688699 [135.0, 130.0, 124.0, 126.0, 125.98, 136.01, 132.74, 127.61, 132.99, 125.0, 137.04,
114.2, 95.17] 10.78
688698 [17.8, 18.11, 18.0, 18.06, 17.86, 17.47, 17.47, 18.23, 18.08, 18.35, 18.1, 18.94,
18.95] 0.43
688696 [668.37, 636.0, 598.0, 615.0, 629.8, 696.0, 698.0, 697.5, 707.18, 654.13, 658.0,
623.5, 591.35] 38.23
688689 [25.26, 25.2, 24.97, 24.06, 24.28, 25.33, 26.25, 27.91, 27.44, 28.19, 28.41, 28.2,
26.95] 1.52
688687 [32.27, 31.12, 30.98, 33.33, 31.55, 34.35, 34.88, 32.56, 33.45, 33.1, 29.25, 27.49,
28.34] 2.18
688686 [357.2, 362.68, 334.4, 345.77, 341.88, 360.31, 325.98, 323.41, 336.0, 340.55, 331.0,
317.95, 264.96] 24.04
```

运行一条股票数据大约要 4 秒。我们将 csv_data.code [:10]修改为 csv_data.code [:100]，并增加了计时功能。其显示结果如下：

```
688399 [170.2, 173.78, 146.19, 151.05, 154.7, 164.5, 179.05, 171.0, 193.98, 189.69, 196.96,
170.99, 155.99] 15.61
用时 0:05:20.967783
688398 [37.2, 36.62, 35.82, 37.67, 38.33, 38.95, 38.21, 39.01, 39.5, 39.19, 40.39, 39.18,
39.19] 1.23
用时 0:05:24.779431
688396 [59.92, 60.0, 58.56, 57.9, 59.46, 62.55, 63.5, 67.65, 64.01, 63.84, 62.7, 61.9,
60.19] 2.6
用时 0:05:28.530390
688393 [35.95, 34.75, 34.66, 34.58, 34.6, 36.3, 37.89, 37.5, 37.82, 38.12, 38.88, 36.91,
35.65] 1.46
用时 0:05:36.022742
688390 [229.99, 238.22, 227.54, 238.0, 244.8, 256.5, 251.38, 242.4, 234.45, 241.01, 230.3,
218.5, 213.14] 11.7
用时 0:05:39.679447
```

boll_yesterday 可以使用 STD(CLOSE,13)，所以判断语句为 round(np.std(std_today_list),2)> float(str(STD(CLOSE,13)))。

将 Python 代码修改为：

```
def boll_today(code):
    code=code
    T("20210512")
    # 设置关注股票为耀皮玻璃
    S("{}".format(code))
    today_price=csv_data.loc[csv_data['code'] =="{}".format(code), "trade"]
    today_price =today_price.item()
    std_today_list=[]
    std_today_list.append(today_price )
    for i in range(0,12):
```

```
        #print(i,CLOSE[i])
        std_today_list.append(float(str(CLOSE[i])))
    if round(np.std(std_today_list),2)>float(str(STD(CLOSE,13))):
        print("{}".format(code),std_today_list,round(np.std(std_today_list),2),
STD(CLOSE,13))#


hour_start=datetime.now()
for i in csv_data.code[:100]:
    try:
        boll_today(i)
        hour_end=datetime.now()
        print("用时{}".format((hour_end-hour_start)))
    except:
        pass
```

这样，当日布林带开口的股票就会显示出来。

筛选的股票中有底部企稳一段时间的安妮股份（002235）、智度股份（000676），如图 13.2 和图 13.3 所示。也有底部才放大阳线的航新科技（300424）、五洋停车（300420），如图 13.4 和图 13.5 所示。

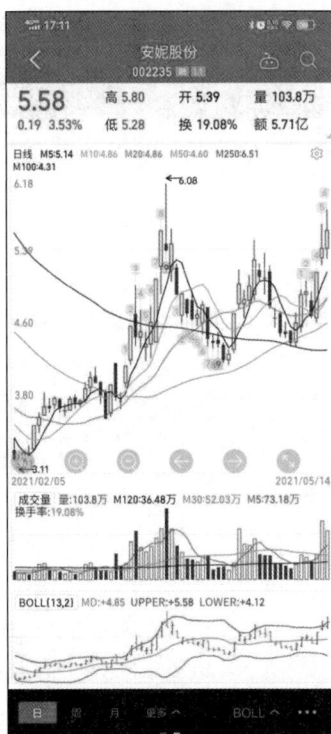

图 13.2　安妮股份（002235）

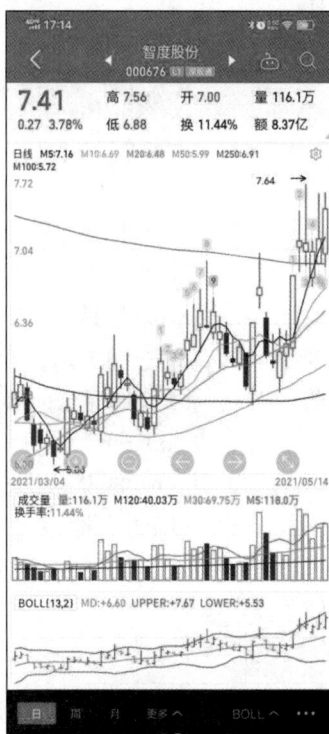

图 13.3　智度股份（000676）

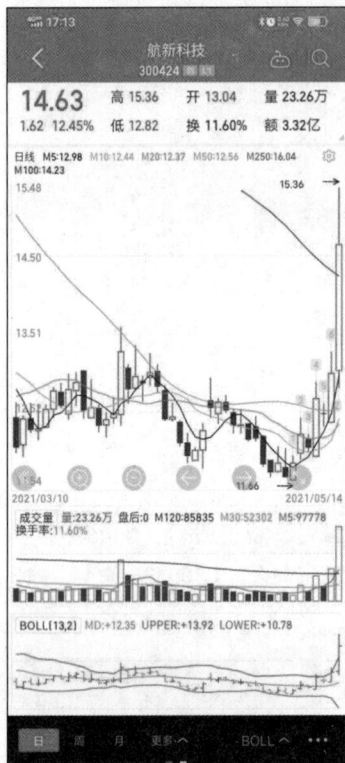

图 13.4　航新科技（300424）

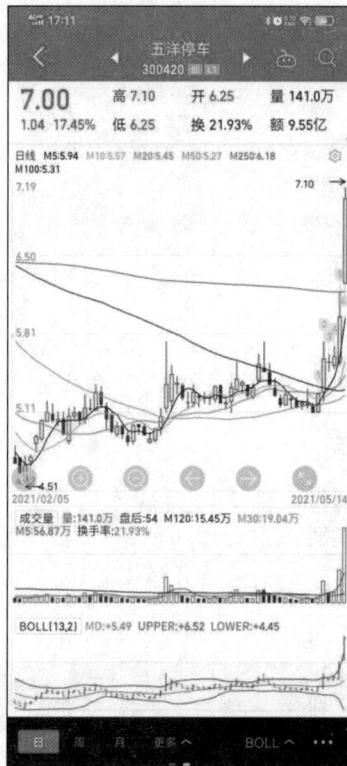

图 13.5　五洋停车（300420）

13.1.3　多股票布林带开口建模

通过学习 13.1.2 小节中的即时布林带开口特征，我们已经可以从全部股票池（4000 多支股票）中选择符合布林带开口特征的股票，但是还不完善。例如：

（1）股票筛选一条需要 4 秒的时间。

一条耗时虽短，但 500 支股票，就会耗时 500×4/60 约等于 33 分钟。其本身就相当于明明是即时数据，策略跑完，也变成 33 分钟前的数据，滞后较为严重。

（2）开口策略也会筛选出向下开口的股票。

如果直接使用 13.1.2 小节中的即时布林带开口特征代码，也会出现如图 13.6 和图 13.7 所示的股票，其开口是向下的。

（3）开口策略增加策略补丁。

针对（2）中向下开口的股票，对策略增加补丁。

（4）策略没保存。

13.1.2 小节中的代码没有对数据结果进行保存操作，这会导致过往历史数据结果不可查。一次或多次的盈利并不能说明问题。要在时间的检验下，高概率地盈利，用历史数据结果来说明问题。

（5）策略筛选完之后，还是要进行人工手动筛选。

策略筛选完之后，会随行情好坏，将筛选结果缩小到 50 支以内。对行情好、适合操作的股票要进行操作，这期间就涉及人工筛选和使用什么看盘软件的问题。

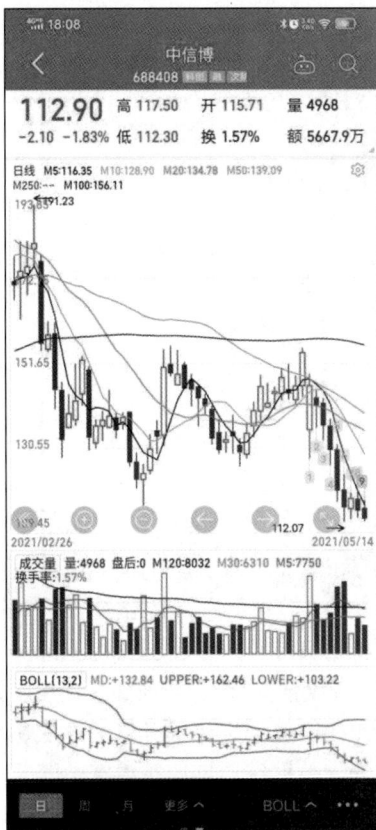

图 13.6　中信博（688408）　　　　图 13.7　赛特新材（688398）

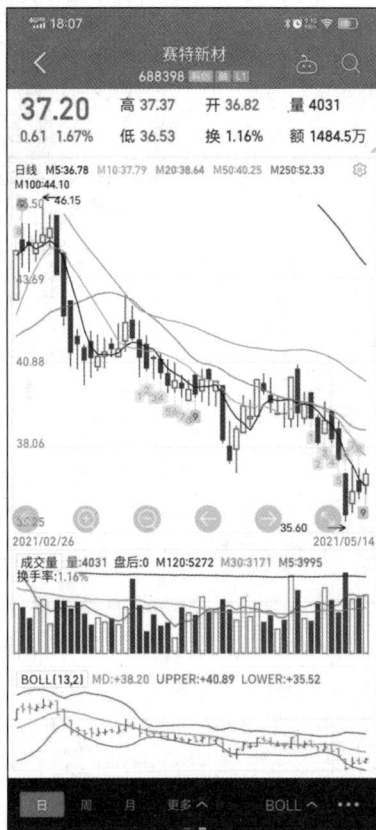

针对上面不完善的地方，笔者用以下方法对其进行处理：

（1）增加数据预处理或增加前置筛选策略。

（2）方法同（1），重点在增加筛选策略，防止出现开口向下的股票。例如，使价格盘整在 MA50 均线上。

（3）增加策略补丁。例如，在 13.1.2 小节之后增加放量等策略，会使策略更加完整、高效。

（4）预先使用 to_csv()函数对数据进行保存。对于成熟策略设计，用户可以考虑数据入库等操作。但是因为市场变化较快，板块热点轮动切换也较快。建议先使用 to_csv()函数对数据进行保存，保证数据可追溯即可。

（5）最后筛选 50 支左右的股票，需要人工筛选合理图形，以及适合操作的股票。筛选股票代码可输出到同花顺中，利用股票代码一键导入可以节省人工输入同花顺中的时间，保证了股票操作的及时性。

13.2 低分型策略

提到低分型，股友都会想到"缠论"。其实，对此在中外著作中都有提及。从《证券交易新空间》（比尔·威廉姆著）第 67 页中的分形到"1-2-3"结构（洛氏霍克交易法）等，都提到分形的概念。而"缠论"将分形的概念发扬光大，让广大股友更多地去了解分形，了解走势这个概念。

低分型，第二根 K 线是相邻三根 K 线低点中最低的。高点也是相邻三根 K 线高点中最低的，这三根 K 线组合就称为低分型，如图 13.8 所示。

低分型又有一些变形，如左侧跳空低分型、右侧跳空低分型、两侧跳空低分型等，如图 13.9 所示。

（a）左侧跳空低分型　（b）右侧跳空低分型　（c）两侧跳空低分型

图 13.8　标准低分型　　　　　　　图 13.9　低分型变形

低分型的本质是下降后转上升的局部最优入场点。所以"缠论"后面又给了"第二入场点""第三入场点"，其本质都是通过下降寻找转折的局部最优进场点，搏反弹一波上涨。

当然，"缠论"也有其局限性。笔者认为，毕竟是通过后期走势看前期局部最优点，如果是使用低分型等局部最优点去预测后期走势，或者以此为理论，想提高股票走势的胜率的方法是不可取的。通过研究判断其达成条件及信号产生后期上涨的概率进行大数据统计，还是很有必要的，后期也可以帮助机器学习等现代化人工智能学习继续研究。

13.2.1　低分型分类

低分型的变形，上文已经提到一些。低分型根据强弱，可分为强势低分型、一般低分型、弱势低分型，如图 13.10 所示。

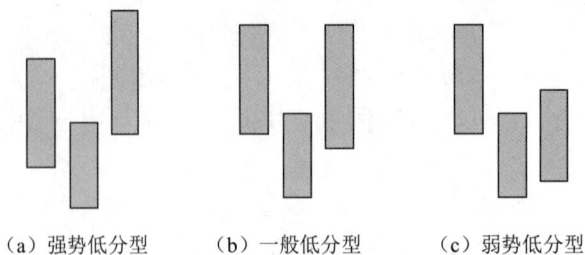

（a）强势低分型　　（b）一般低分型　　（c）弱势低分型

图 13.10　低分型强弱分类

强势低分型突破了第一天的高点，是股票走强的信号。其背后的逻辑是：本级别出现低分型，是次级别二买，延续性比三买更强，更容易成功。例如，京沪高铁（601816）在 2021 年 3 月 26 日出现低分型之后，出现了一次强力上攻，如图 13.11 所示。

赣能股份（000899）也是在 2021 年 3 月出现了一次低分型之后，出现了一波反弹，如图 13.12 所示。

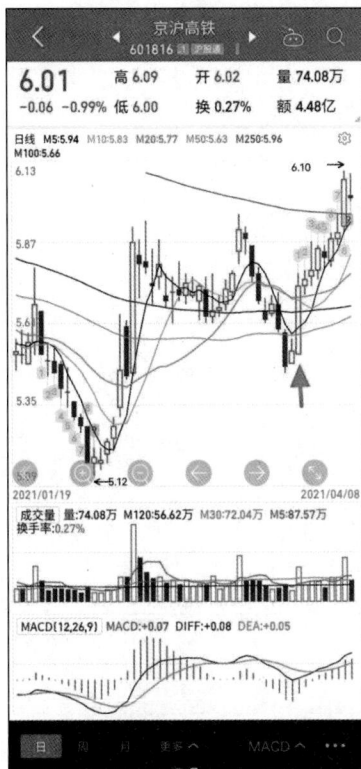

图 13.11　京沪高铁（601816）2021 年 3 月 26 日低分型　　图 13.12　赣能股份（000899）低分型

当然，任何策略都不是完美的，低分型因为是局部最优解，或者说通过低分型，大家都想使用其转折性质搏反弹一波。第 4 天的价格也很有可能会是下来的，所以我们还需要通过前期热门板块等爬虫操作，尽量使后期价格上涨，具体价格情况会随板块与个股涨幅而略有波动。

13.2.2　低分型特征代码

我们选取强势低分型作为低分型的研究对象。Python 代码如下：

```
import time
from funcat import *
from datetime import datetime, date,timedelta
def difenxing_today(code):
```

```
        code=code
        T("20210520")
        S("{}".format(code))
        today_high=csv_data.loc[csv_data['code'] =="{}".format(code), "trade"]
        today_high =today_high.item()
        print(code,today_high,H[1],HIGH)
for i in csv_data.code:
        difenxing(i)
```

其返回值为：

```
688981 54.07 55.2 55.0
688819 39.79 41.96 42.06
688788 124.01 118.8 119.31
688777 86.46 81.51 90.5
688699 160.6 146.4 162.8
688698 16.73 18.58 18.31
688696 706.0 739.99 735.0
688689 26.0 26.43 26.08
688687 34.28 37.4 37.28
688686 372.54 391.87 388.0
688685 23.93 25.86 25.79
688683 15.03 15.97 15.51
688682 78.15 82.88 81.59
688680 159.33 152.78 157.33
```

今日最高点大于两天前最高点和昨日最高点，其特征代码为 today_high>H[1]>HIGH and today_low>L[1]>L。Python 代码如下：

```
from funcat import *
def difenxing_today(code):
        code=code
        T("20210520")
        # 设置关注股票为耀皮玻璃
        S("{}".format(code))
        today_high=csv_data.loc[csv_data['code'] =="{}".format(code), "trade"]
        today_high =today_high.item()
        try:
            if today_high>H[1]>HIGH and today_low>L[1]>L:
                print(code,today_high,H[1],HIGH)
        except:
            print(None)
csv_data=csv_data.sort_values(by="turnoverratio", ascending=False)
for i in csv_data.code:
        print(i)
        difenxing_today(i)
```

其返回值为：

```
605086  32.32  31.68  31.43
003040  37.29  36.49  34.97
003036  15.98  15.87  15.77
300872  41.1   39.79  39.5
```

其龙高股份（605086）低分型走势如图 13.13 所示。楚天龙（003040）低分型走势如图 13.14 所示。

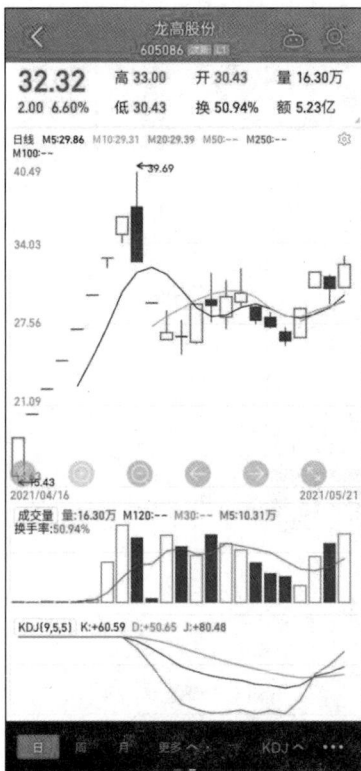

图 13.13　龙高股份（605086）低分型走势

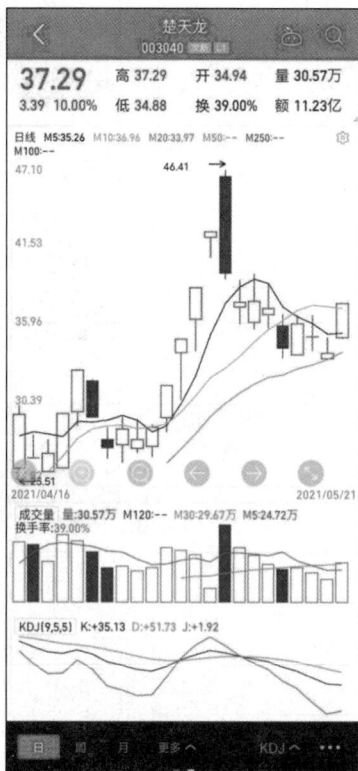

图 13.14　楚天龙（003040）低分型走势

13.2.3　多股票低分型建模

低分型策略建立在"缠论"低分型的基础上。低分型也分上涨中继低分型与下跌中继低分型，我们其实比较喜欢上涨中继低分型，图 13.13 与图 13.14 都显示的是上涨中继低分型。有时我们也会选择下跌中继低分型，如图 13.15 所示。

为避免下跌中继低分型，我们可以采用均线筛选等方法，使股价大于 MA50，或者寻找放量上涨等逻辑，使股票在低分型的同时，伴随放量突破，并创出短期高点。

图 13.15　下跌中继低分型

13.3　小结

通过对数据获取、数据处理、指标的编写、即时指标异动的编写与捕捉，并结合分型理论与数据的标准差，分别总结并编写了两套策略，即布林带开口策略与低分型策略。量化的工作即为在不同策略下筛选符合条件的、适合自己操作的股票。结合当下热门板块，会极大增加胜率。

13.4　习题

通过下面的习题来检验本章的学习。

（1）量化策略：在布林带开口策略下，筛选 CLOSE 大于 MA50 的股票。

（2）在使用量化策略获得筛选数据后，结合前几章介绍的数据爬取方法，对股票进行筛选。